# 以赛亚之歌

冯 象

# Isaiah

生活·讀書·新知 三联书店

Copyright © 2017 by SDX Joint Publishing Company.
All Rights Reserved.
本作品版权由生活·读书·新知三联书店所有。
未经许可，不得翻印。

图书在版编目（CIP）数据

以赛亚之歌/冯象著.—北京：生活·读书·新知三联书店，2017.7
ISBN 978-7-108-05931-4

Ⅰ.①以… Ⅱ.①冯… Ⅲ.①《圣经》-研究 ②法律-关系-宗教-研究 Ⅳ.① B971 ② D90-059

中国版本图书馆CIP数据核字（2017）第065579号

| | |
|---|---|
| 责任编辑 | 杨　乐 |
| 装帧设计 | 蔡立国 |
| 责任印制 | 宋　家 |
| 出版发行 | 生活·讀書·新知 三联书店 |
| | （北京市东城区美术馆东街22号 100010） |
| 网　址 | www.sdxjpc.com |
| 经　销 | 新华书店 |
| 印　刷 | 北京市松源印刷有限公司 |
| 版　次 | 2017年7月北京第1版 |
| | 2017年7月北京第1次印刷 |
| 开　本 | 880毫米×1230毫米 1/32 印张 11.25 |
| 字　数 | 268千字 |
| 印　数 | 00,001-10,000册 |
| 定　价 | 48.00元 |

（印装查询：01064002715；邮购查询：01084010542）

献给玉芬
我的彝家大嫂
人民医生

*A piè del vero il dubbio*

于是疑问如一棵新芽

在真理的脚下萌生

那一山又一山推人至绝顶的

原是天性

《神曲·天堂篇》4:130

# 目次

经书简字表 ｜ 7
前言 ｜ 9

上编

罗嘎 ｜ 15
美极了，珍珠 ｜ 26
定格在阳光明媚的六月 ｜ 37
小书的朋友 ｜ 41
"鲁迅的梦今天实现了" ｜ 45
错扮"公民" ｜ 49
说罪 ｜ 56
后悔 ｜ 65
考验 ｜ 76
回头 ｜ 87
夺福 ｜ 96
饮水思源 ｜ 107
以赛亚之歌 ｜ 114

下编

以赛亚书 ｜ 153

参考书目 ｜ 349

# 经书简字表

希伯来圣经三十九篇

**摩西五经**

| | |
|---|---|
| 创世记 | 创 |
| 出埃及记 | 出 |
| 利未记 | 利 |
| 民数记 | 民 |
| 申命记 | 申 |

**前先知**

| | |
|---|---|
| 约书亚记 | 书 |
| 士师记 | 士 |
| 撒母耳记上 | 撒上 |
| 撒母耳记下 | 撒下 |
| 列王纪上 | 王上 |
| 列王纪下 | 王下 |

**后先知**

| | |
|---|---|
| 以赛亚书 | 赛 |
| 耶利米书 | 耶 |
| 以西结书 | 结 |
| 何西阿书 | 何 |
| 约珥书 | 珥 |
| 阿摩司书 | 摩 |
| 俄巴底亚书 | 俄 |
| 约拿书 | 拿 |
| 弥迦书 | 弥 |
| 那鸿书 | 鸿 |
| 哈巴谷书 | 哈 |
| 西番雅书 | 番 |
| 哈该书 | 该 |
| 撒迦利亚书 | 亚 |
| 玛拉基书 | 玛 |

**圣录**

| | |
|---|---|
| 诗篇 | 诗 |
| 箴言 | 箴 |

| | | | | |
|---|---|---|---|---|
| 约伯记 | 伯 | | 使徒行传 | 徒 |
| 雅歌 | 歌 | | | |
| 路得记 | 得 | | 罗马书 | 罗 |
| 哀歌 | 哀 | | 哥林多前书 | 林前 |
| 传道书 | 传 | | 哥林多后书 | 林后 |
| 以斯帖记 | 斯 | | 迦拉太书 | 迦 |
| 但以理书 | 但 | | 以弗所书 | 弗 |
| 以斯拉记 | 拉 | | 腓力比书 | 腓 |
| 尼希米记 | 尼 | | 歌罗西书 | 西 |
| 历代志上 | 代上 | | 帖撒罗尼迦前书 | 帖前 |
| 历代志下 | 代下 | | 帖撒罗尼迦后书 | 帖后 |
| | | | 提摩太前书 | 提前 |
| 希腊文次经四篇 | | | 提摩太后书 | 提后 |
| | | | 提多书 | 多 |
| 智慧篇 | 智 | | 腓利门书 | 门 |
| 德训篇 | 德 | | 希伯来书 | 来 |
| 玛加伯上 | 加上 | | 雅各书 | 雅 |
| 玛加伯下 | 加下 | | 彼得前书 | 彼前 |
| | | | 彼得后书 | 彼后 |
| 新约二十七篇 | | | 约翰一书 | 约一 |
| | | | 约翰二书 | 约二 |
| 马太福音 | 太 | | 约翰三书 | 约三 |
| 马可福音 | 可 | | 犹大书 | 犹 |
| 路加福音 | 路 | | | |
| 约翰福音 | 约 | | 启示录 | 启 |

# 前言

《以赛亚书》的译注,初稿成于二〇一二年夏,一四年又从头至尾修订一遍。原先的计划,是要等先知书全部译出再同读者见面的。先知是个大题目,在清华讲过几次。有位编辑朋友来听课,十分谬赞,并用她的专业眼光评估了,说应该出"单行本"。此书便是她的建议的结果。

那门课叫"法律与宗教",每年秋季开,供研究生和高年级本科生选修。目的是让学生读一点经典,讨论一些超越法条案例"教义"学说的批判性的哲学、宗教、政治和伦理问题。《以赛亚书》做一个单元,接着《摩西五经》,同《约伯记》对照着讲。这两部书可说是(《诗篇》之外)希伯来诗歌的双璧,主题都是好人受苦、义仆牺牲,绝对主权者即以色列的唯一神与子民的关系破裂,先知陷于"代表性危机"(参《信与忘》)。从法理及政治神学的角度考察,那困局正是二十世纪革命受挫以来,求公义的人们面对着的那一道难题所指:"新天新地"和新人伦理是否可能,何以可能——如今"福地已种满了苦难"?

这些理论问题涉及复杂的解经策略跟文本分析,但课时有限,无法详论。课余遂做了些笔记,略加阐发,按主题归类,计十八章,名为《以赛亚之歌》。对于不熟悉《圣经》的读者,或可视为《以赛亚书》的导读。所以就置于上编的末尾,《说罪》等五篇解经文章之后,内容风格上作一呼应。希望多少能帮助研习者入门,一边了解经书的历史背景同古以色列的先知传统,一边聆听耶路撒冷圣者的启示,分享"一个疾苦人"的理想。

上编十三篇文章,除了《罗嘎》,都是这几年写的,大致按时间顺序排列。与之前的几本书不同,不再把法学跟宗教、文学等合集。因想这样也有好处,可较少地见出作者留意的问题与思考的演进,或者借一句细心的读者电邮里的话:跟生活的危险原貌隔开。

还有一点需要说明:先知书大部是诗体,夹注跟随诗行,很短。为了控制字数,经书的篇名一律用了约定俗成的简字,例如,创=《创世记》,赛=《以赛亚书》,诗=《诗篇》。另附一份"经书简字表",放在目录之后,俾便检索。这是去年修订《智慧书》(北京三联,2016),想到的增添注释的办法。

近来,常读到"四〇后""五〇后"学者回忆"文革"中读书的文字,如何搜寻、传阅"灰皮书""黄皮书"和手抄本之类。也有刊物邀我谈谈。但我的七十年代的"青春阅读"是个异数,因为学了外语,加上某种机缘——如生活在云南边疆大山的兄弟民族中间,可以不受干扰地收听 BBC 等"敌台"(见《宽宽信箱与出埃及记/猫头鹰的大眼》)——走了一条别样的路。其中一段难忘的经历,便是通读了英文钦定本(KJV)的《以赛亚书》。故事如下:

有个喜欢音乐的同学搞到一张亨德尔《弥赛亚》唱片,记得是伦敦交响乐团联袂澳洲女高音 Joan Sutherland(琼·苏瑟兰)。轻轻搁上他的手摇唱机,唱针沙沙地走,一起听着,觉得非常震撼。激动之余,决定整理唱词(libretto)。我的小舅舅懂西洋音乐,且天分极高,曹鹏先生指挥上海交响乐团,随便哪件乐器错了一个音符,他能够听出来。我听他聊过《弥赛亚》,知道歌词是亨德尔的好友 Charles Jennens(詹宁斯)集圣书名句而成。于是翻开钦定本,从《以赛亚书》查起:Comfort ye, comfort ye my people, saith your God, 安慰吧,安慰我的子民——言者是你们上帝（赛 40:1）。可是没听几句，就查不到经文了，毕竟手头没有合适的工具书。《圣经》属于"封资修""大毒草"，当时的政治气氛，也不敢写信回上海向小舅舅请教。只好硬着头皮，不求甚解，把《以赛亚书》念了一遍。歌词未能录出，英文倒是大有长进。当然，那是初习圣书，许多地方似懂非懂。

真正开始关注《以赛亚书》的思想，研读相关学术著作，还是出国以后。渐渐地，发现书中探究的一切疑问，无论人神关系或子民信仰的维持，皆系于对先知蒙召受命、教人"心肥肿"这一异象的诠解。故而第六章是全书的总纲——好比《红楼梦》读作一部封建社会的衰亡史，毛主席认为第四回（薄命女偏逢薄命郎，葫芦僧乱判葫芦案）提纲挈领，道理是相通的。

一晃又到了六月，课程结束，即是我的赶稿交稿之时。教学相长，授课之于我，是育人也是写作的预习。所以这儿要特别谢谢三门课的博士生助教，一达、小舟和李谦；后两位刚刚以高水平的博士论文通过了答辩，六月是他们收获的季节。

一如既往，内子担任第一读者。每一篇文章、每一章译注都承载了她的评论与修改意见。不用说，那重大的责任，是要一直延续到书稿发出、新书面世，才卸得下的。

这本书献给玉芬，我的彝家大嫂。自七一年相识迄今，四十五个春秋风风雨雨一路走来，她的慈爱常在（诗 136）——愿哀牢大山的各族儿女有福，有救恩——有她为人民医生。

二〇一六年六月于铁盆斋

上编

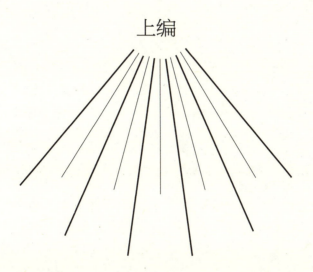

# 罗嘎

那是四十年前的旧事。或者按哀牢山寨老人们的说法，是天书上写着的人的命数：某某，初中失学，归于"知识青年"之列，下放"广阔天地"，至云南边疆一公社小学校教书。

草屋门外，一条干涸的水沟。水沟盘山似长虫蜿蜒，藏头处，壁立云霄一面峻岭，方圆一百二十里莽莽苍苍，猿啼鹿戏，主峰名曰黄连。那高峰半腰悬一座哈尼寨子，十来间竹楼，人称芭底（回音）。芭底生产队的队长叫亚伦，与《圣经》所载先知摩西的兄长同名。亚伦是狩猎的好手，常下来小学校，给我送些麂子野猪干巴之类，让我去酒厂帮他换"火水"喝。因此相熟了。

他有这么个故事，酒后透露的，未免语无伦次，过后他也忘了。幸好我留了一份记录——那阵子我口袋挂两杆笔，背包里除了英文书还塞一沓信纸，负有收集整理各族群众活学活用伟大思想先进事迹的光荣任务——稍加润色，如下：

那年六月六（农历，下同），亚伦家的阿妈尤荷贝清早起来，感觉眼跳：背时了，小公鸡没有喔喔唱，给红狐狸叼了？女儿米莲道：唱过啦，阿妈你耳朵背哩！

待出工哨子吹过，阿妈背起竹筒，上井台去打水。走到老榕树下，忽然高处一声凄厉，一道白光落在背荫地里。那老树气根四垂，虬枝蔽日，黑森森的恍若一片林子，"文革"以前是拜山神的地方。如今虽然不许向鬼神献饭了，寨民依然敬畏，不敢在树下高声，也不会去那面山坡砍柴。她心怦怦跳着，又禁不住好奇。搁下竹筒，定了定神，绕到榕树背面。草棵上两根雪白的羽毛，拿在手里，暖暖的，比那过路歇脚的黑颈鹤的翅翎稍长。往前寻寻看，哦啦！什么鸟儿掉塘子里了，还在扑腾挣扎。赶快下去捞它，原来是一头青顶白尾巴小鹰儿，伤了一只翅膀，怪可怜的。她就把鹰儿抱回家，敷了草药拿布条扎了，放在簸箕上，完了再去打水。心想：怪了，鹰娃娃咋会飞来这灵树觅食？

水缸注满，匆匆拌好猪食即上竹楼，萨哟！火塘前，坐着一个眉清目秀的少年，白裤褐衫青包头，右臂缠着布条。你是谁？阿妈惊问。少年起身道：哈宰（鹰）。接着跪下，磕了三个头，说：谢谢阿妈救命！听口音，不像本地的哈尼——黄连峰箐沟深林子密，外乡人入来极易迷路，踩着捕马鹿的陷阱丢命的也是有的——但阿妈没有追问，只请他留下养伤，一个火塘吃饭。还让他唤亚伦阿哥，称米莲阿芭（姐姐）。寨民却管他叫罗嘎（水塘），因为他是尤荷贝从老榕树背面的塘子里捞得的幺儿。

之前，黄连峰腊月未降白霜，故那一带雨季迟迟不来。到了六月里，老百姓说的"关虫"时节，梯田尚未浇透；红河的支流显露石床，各县都闹了虫灾。亚伦下山跑公社领农药，晚了一步，没分着。寨子里已有老人在说，躺下就听见坡头蚂蚱啃庄稼的声音，吵得睡不着。大伙儿慌了，嘀嘀咕咕，拜神禳灾吧。可是又怕传到公社书记的耳里，"割封建迷信的尾巴"不算，还要绑人，押到县上游街，弄不好要出人命。收工后，聚在亚伦家开小会，议论了两晚，拿不出主意。

第三晚，水烟筒递过一圈，无人吭声。亚伦叹气了：我是队长，出了事你们往我身上推吧！男人都低了头。女人娃子的火塘那边却站起一条白影：阿哥莫急，我来试试！众人一惊：罗嘎？白影道：山神河怪也好，蛙精蟹灵也罢，打倒好几年了，还拜它们做啥？亚伦猛吸一口水烟，问：那你说，咋整？罗嘎上前，举手向天，缓缓道：拜他，拜造人造鸟兽虫鱼的那一个真神，天上的阿爹！竹楼突然安静了，只有火塘里干柴在噼啪作响。有人小声嘟哝："不要摩匹（祭司／巫师）的哈尼呀，百样魔鬼捣乱"……被亚伦打断了：好。明天派人把老榕树底下收拾干净，献祭的公鸡米酒蜂蜜，算在生产队账上。可要选吉日宰牛？罗嘎回答：天上的阿爹不看吉日。他不吃公鸡米酒，榕树也不消打扫。乡亲们准备一只一岁公羊羔，要不带伤、无残疾的。我上山顶去祈祷，有米莲阿芭帮忙就行。

次日不待破晓，俩人披了蓑衣，罗嘎怀抱羔羊，米莲背着木柴和糯米粑粑，往山巅去了。傍晚，黄连峰罩上了乌云，云幕内电光烁烁。不一时，树梢乱舞，起风了。大雨滂沱而至，一串串霹雳从坡头打到坡脚，山摇地动，震耳欲聋。寨子里挤满了避雷的羚羊麂子、老熊马猴与鸦雀，见人也不躲；竹楼上颠落了看家的青蟒，木木的，跟吓昏了的耗子做一堆，踢它亦不闪开。唯有圈棚里的牲口，及陪伴主人守候雨信的鸡鸭猫狗，没有惊惶。

黎明雨歇，山腰围起一层轻纱般的白雾。众人推开寨门，放走野兽，跑上梯田查看，哦啦！遍地是僵死了的蚂蚱害虫，而庄稼绿油油的，仿佛长高了一节。一会儿，白雾深处传来一声悠扬的唿哨：是米莲，他们回来了！"知了哟，吃俩俩催人下田嘞"，姑娘们唱起新米节的歌谣。"哈尼哟，坝子里的金谷娘睡醒了"，小伙子接过她们的词儿，"萨咿——萨，她想家呀！"

有个细脚杆娃子奔来报告尤荷贝：阿婆阿婆，罗嘎回来啦！

尤荷贝把手伸进怀里，抚摸着那两根暖暖的羽毛：我晓得，我晓得！说着，挎上背篓镰刀，牵着那娃子下了竹楼。

走到老榕树跟前，刚巧太阳露出半张脸，那树就罩在金光里了。阿妈抬眼望去，笑了：金枝金叶和金光之上，盘旋着一架美丽的小鹰。

§

十月哈尼新年过后，县上召开"学代会"。亚伦代表黄连峰公社的先进集体，在大礼堂接连作了两场"活学活用干革命，战胜虫灾夺丰收"的报告。回到公社，书记批条子杀猪会餐，开誓师大会。还特别指示：小学校的上海老师也要请来，跟我一桌！

那年头一顿会餐，抵得上两个月的油水，就是"公家人"的副食定量供应，因而这指示乃是极高的"干部待遇"。酒过三巡，书记亲自给亚伦和我敬烟，说：上海老师呀，本次"学代会"，亚伦同志的发言感人得很！主席台上那个军代表胖政委，我瞧他掏出帕子，擦了好几回眼睛呢（参阅《玻璃岛·药酒》）。听说他有个想法，要抓一批边疆各族人民学大寨的典型，往省里报。形势大好哇，咯是？县领导的意图，我们做实际工作的要抓紧落实！我说：明白了，是要写材料吧？还是往日的做法，小学校屙屎文教局揩，请书记同我们头头打个招呼，我就停课跟亚伦下寨子去，好好整出个典型来！书记笑道：文教局文主任我已经通过气了，就看老师你一支笔了！

第三天，亚伦去公社马帮队借了匹小马，拿驮篮装了我的背包，说：请上路吧。

路上，他讲了些抗灾的故事与"学代会"见闻，但未提罗嘎祈雨——那"火水"浸喉咙松脱了舌头，原是不作数的——我便问他干队长的经历、家人跟寨子的状况。边听边打腹稿，对照"两报一刊"宣传的英模，觉得再添个把落后角色或阶级敌人，补几句群众的心里话，即可交差了。想到这儿，不禁暗自得意：这两星期都不用当"孩子王"，可以溜到县上找老K他们玩个痛快了（参《创世记·商城》）！

芭底坐落在一扇大陡坡上，绿竹红棉掩映，中午行至水沟头便眺见了。然而"隔山喊得应，相会腿抽筋"，及至气喘吁吁爬上陡坡，已是月色溶溶。亚伦把我领到寨子中央的碓房，说会计与老人们并阿妈、妹子得了消息，在那里等候。进门，果然满满一屋的人。少时，尤荷贝同米莲端来三脚架和炭火，开始烤香蕉叶子竹筒饭。亚伦举起酒碗，道：老师是毛主席派来帮助我们整先进的，大家要支持！便把书记交代的任务传达了。众人听了，连连点头。我想到书记托付的礼物，忙打开行李，请出一幅宝像。亚伦双手接过，让会计用饭粒将它贴上土墙。随即唱起酒歌，轮流祝福。喝了几口，困意袭来，几乎睁不开眼。亚伦见状，请我到里间休息，说：火塘米莲已经烧好，明天她给你背水做饭。我这妹子会说点子汉话，有什么事你叫她。

真是走累了，沉沉一觉，睡到日上三竿才醒。爬起来，门口放着一盆清水，想是米莲准备的。匆匆洗漱了便去找亚伦安排工作，坡头坡脚走了一遭，却只见薅草的老人妇女和娃子。原来队长率青壮劳力上黄连峰修"团结渠"去了，要干满一个月，是公社分派的"战天斗地"硬指标。难怪昨晚请的都是些阿波（老爷爷）。向人借了把锄头，跟着干了两个钟头，肚子却咕咕叫了。折回碓房，发现屋角添了一张竹篾桌、两个草墩儿。桌上一只新甑子，掀开看，是一碗骨头渣熬玉米粥、几块蒸芋头。坐下吃了。然后展开信纸，把昨天路上亚伦讲述的人物事迹列一大纲，再回忆着，将文章腹稿慢慢誊出。不觉红日西坠。忽而窗外项圈头饰叮叮当当，探进一个满月般的脸盘，刘海齐眉，是米莲。身后叽叽喳喳，跟着一对小姊妹，说是来看老师写字的。做好饭，端上桌，三人入里间把我的铺盖用品细细审视一遍，才咯咯笑着去了。

接着的两天，米莲带我下田"采访"了几位阿波阿妈。回房将草稿修改充实了，冠以领袖语录，读着像是省报记者的口吻了，才停笔。门外，一株碗口粗的红棉，一地斑斑点点的阳光。米莲正在搓草绳扎草墩子，一双手如蝴蝶翻飞。便问她：多大年纪，识字不？她说刚满十五，曾念过三年小学。但那两个小姊妹没读过书，所以特意来看老师写字。那你们笑什么呢？我问。她脸红了，说这碓房是农闲季节姑娘约小伙儿玩耍（谈恋爱）的地方，平时老人小娃不来。阿哥将老师安置在碓房，这几晚她们只好上山唱歌去了。说着，又忍不住笑。

那些年，我在自学外语，功课是雷打不动的。文章完毕，便取出词典和钦定本《圣经》来读。米莲听见，放下草绳，进来拿起书前后端详：一个汉字也没的，是外国书吧，咋个念法？我就翻到开篇，指着"太初上帝创造天地"那一段，逐词把意思说了。米莲笑道：晓得的，听罗嘎弟弟讲过。谁？我吃了一惊，示意她坐下。她便捂了嘴：阿哥不让对外人说的——你不会说吧？又红了脸。当然不会。你发誓？我拉过她手指，做一个勾勾：来，这是皮玉妞（汉族）姑娘起誓的法子。她便同我勾紧了指头，把罗嘎的能事说了：弟弟不光会求雨，还请天上的阿爹替人治病。会计叔叔脖后根巴掌大一块牛皮癣，昆明下来的医疗队给他贴了多少张药，也不成，他一祷告就好了！现在大家都叫他摩匹呢，罗嘎摩匹。我看她额头沁出了细汗，就舀了碗水给她：你也信这个？她捧着水碗点点头，马上又摇摇头：我不知道。

次日，她把罗嘎领来。十三四岁模样，细长个头，挺文雅，手掌却硬板板的结了茧子，蛮有气力。可会说汉话？我问。不会。那米莲你告诉他，老师发过誓，一定保守秘密。罗嘎咧了咧嘴，眼睛亮亮的。于是问他，打什么卦？鸡卦、草卦抑或用牛肝、鸡蛋？米莲翻译了，他皱着眉头答：都不会。我说是开玩笑的。便翻开《圣经》，讲了上帝抟土造人、亚当夏娃偷食禁果的故事。他说：原来这是有书的呀，从来没想到呢。聊了几句，他表示希望上学，跟阿芭一样识字。我说：那是英文，洋人讲话，你来公社小学校吧，我教你念。罗嘎笑了。

临走，他蓦地冒出一句：老师，你在黄连峰的日子，可以拿指头数了。见我不信，又朝北山指指，道：老师来笆底头一天，那边云彩显了征兆。哪样征兆？我心里咯噔一下。因想到自己下乡四五年了，还窝在这哀牢大山，前途渺茫哪（《玻璃岛·尾声》）！所以在联系上调昆明，他居然说中了。当时有个难得的机会：尼克松总统访华之后，北京上海的广播电台开了英语教学节目，收听和教材十分红火。云南台也在筹办，经昆明一位有名望的老先生引荐，我去电台面试录音，朗读了课文。最近电台来信，告知破格录取（我仅有初一学历），将发调函。问题是，边疆一线地区的"干部政策"是只进不出，一般单位的商调函不管用，要省组织部下调令才行。这两天正发愁呢，便问他，能否略施法术，促成调动？罗嘎迟疑道：调动的事，不违反国家吗？我说：电台就是国家，国家急需人才，违反什么？是县文教局不肯放人，单个搞一套"土政策"。你不送礼，他不盖章。

米莲也帮着劝导：罗嘎你眼睛没开开哩，电台呀，就是公社广播站的喇叭唱的歌子。要是老师当了电台，我们就上昆明找他，也当一回电台玩玩，让阿妈阿哥站去喇叭下面听着！罗嘎乐了。想了想，答应后天等我上到县城，他再做一场摩匹，求天上的阿爹降灾祸征兆，惩办恶人。好！我赶紧双手贴耳扮个公牛天尊，做犄角拱北山状：那我就一脚踹进文主任的家，对他说：你放不放人，盖不盖章？不盖？哈哈，老子就让红河涨血水，叫哈帕（青蛙）跳上岸，吃你家灶膛睡你家大床，整得你婆娘肚里长石头，怀不了娃！

  姐弟俩跟着我的描绘，笑得前仰后合。后来米莲告诉我，弟弟往常谈笑不多，爱静；这是第一次见他那么开心。

  于是，同罗嘎定了上学的日期。连夜誊清材料，早早起床，饭钱粮票交与阿妈，圆珠笔和剩余的信纸就送了米莲。行李也存在她家，等马帮过路，托他们捎回小学校。阿妈往我兜里塞一块荞麦饼，米莲跑去坡头给我灌了一壶甘甜的泉水。便同众乡亲道了再见，向县城进发了。

§

  说是县城，其实只是一根山梁，略为平坦，铺了上百米一小段水泥路。这头盖几间平房，用作商店、粮站、医院、邮局；那头修两座小楼，便是人民政府同招待所、文化馆。但那已是全县唯一的从水电站拉通电线、点上电灯的"文明"去处，逢年过节，赶巧了，还有"代表党中央"送来的慰问演出和电影，令我们这些"跟贫下中农同吃同住同劳动"的，总是十二分的向往。

  所以跋山涉水赶了两天，脚底板竟然一点不疼。直到望见山脊的楼房，忽又自嘲了：老百姓求神拜佛的迷信，还当真了！且做一回玩儿吧。穿过暮霭，迈上水泥路，直奔老K的宿舍，几个弟兄一起喝个烂醉。我把商调函的事说了，都嚷嚷烧了文教局才解气。次日上街，和风煦日，了无灾变的征兆。索性招待所农林局文化馆宣传队，一家家挨个儿走去，饮酒下棋弹琴喧闹。玩了三天，仍不见任何异象,心头焦躁起来:莫非要我做个孤胆英雄探虎穴,那帮坏蛋才遭殃?遂硬着头皮,胡编一个递学大寨材料的理由,跨进了县革委会的小楼。

一切正常:一间间办公室,看报的看报,喝茶的喝茶。认识的抬头叫一声:嘿呀呀上海老师,哪天上来的,咯肿脖子了?"肿脖子"就是"吃饭"亦即"你好"的意思。应答也是一声喊:昨日上来,给政委送材料!喊上二楼,没瞟着文主任的身影。下楼,却撞见了胖政委,只好站住,请示汇报。胖政委满面堆笑:要得,要得,把我们新愚公的战斗精神刻画出来了!你交给宣传干事去。头一趟见他这般客气——难道,是大灾殃的一个前兆?握手再会时,他却加了一句:你的请调报告,文主任跟我说了:是白天白说,晚上瞎说,不合政策。我们同意他的意见,你就安下心来,为革命教好书,扎根边疆吧!

钻出小楼,头上仍旧是一碗湛蓝;向北,飘着两缕薄云,形如一头巨鸟遗留的翎羽。

我便没有能够去打文主任的门,饶了他一家老小。

§

返回公社,夜幕方垂。拖着疲惫的身子,一脚深一脚浅,挨近黑洞洞的小学校。骤然,胸中胀满了那未能发出的诅咒,憋得喘不过气来。一下坐在了门槛上,好久,才平复了。摸出火柴点亮煤油灯,哦,床板上放着我的背包。解了绳索,打开裹被褥的塑料布,掉出一页信纸。拿到灯下,歪歪扭扭两行字迹:

老师,罗嘎弟弟昨日走了阿妈要我告诉你

我不会写他的名字，米莲

开春时节，亚伦来公社开会，带给我两样礼物：一副马鹿腿筋，他的猎物，阿妈烟熏的美味；一件哈尼土布黑短褂，针脚细密，是米莲的女红。我领他到公社卫生所，向玉山医生要了四个五百毫升酒精瓶，再上酒厂找熟人，给他灌了甘蔗酒（参《创世记·七年》）。问他：罗嘎怎么走了？亚伦叹道：我在"团结渠"工地，具体情况也闹不清。阿妈说，你上去县城后，好大的风，刮了三天三晚才歇。可是罗嘎就不见了。起先以为，他是在山顶祈祷作法，但蓑衣斗笠没拿。后来掀开他的毡子，衣裤叠得整整齐齐，还有包头，都留下了！就像来的时候，悄悄的，谁也莫见着！

他往草屋外瞅一瞅，转身关好门，压低了嗓音：迷信呀，老师！四方的寨子传遍了，生病生娃子，都有拜罗嘎摩匹的。偷偷拜，灵验得很呢。以后，碰上旱涝虫灾，我们就拜他了！言罢，起身要走。我说，既然如此，你一定要让米莲读书，她学好文化，将来也能治病救人，像罗嘎一样。

他答应着，去了。

§

那天夜里，我的煤油灯不曾吹灭，《圣经》功课是重读摩西。

从他的降生，"从水里捞起"，到他登山眺望约旦河对岸，那片无福踏足的福地，然后"依照耶和华的旨意"离世，至高者亲手安葬（《出埃及记》2:10，《申命记》34:5）。一个个人物一次次死难，全都那么熟悉；可越熟悉就越是沉痛、绝望，仿佛书上写的不是埃及和荒野里的子民，而是我的哀牢，我的摩匹，我的"白天白说，晚上瞎说"的命数。

　　然而,先知不受岁月的阻隔。他居然来了,云端里落下了鹰儿!给阿妈一家,给笆底寨子祛灾祈福。甚至,也为我观征兆、说预言,让一个"外族人"得了几日安慰和希望。

　　但是他终于走了,"谁也莫见着",一场"好大的风"。

　　那么,他竟是我睁开眼睛拒绝命数的梦想了?

　　还是,梦中萦绕的一段奇遇——

　　一株老树,一间碓房?

二〇〇四年劳动节初稿,一二年六月改定

---

冯象:《玻璃岛》,生活·读书·新知三联书店,2003。

冯象:《创世记:传说与译注》(修订版),生活·读书·新知三联书店,2012

# 美极了，珍珠
## ——译经散记

### 一

海风中一个低沉的声音，开始，我没有留意。

我在享受脚心里阴凉的细沙摩挲，看浪花推来的一粒粒贝壳，在夕照下变得金黄。远处，两个嬉戏的小女孩蹲下，惊喜地尖叫着……直至天色渐晦，金贝不见，礁岩化作嶙峋的黑影，如一座倾圮的寺院，那声音才伴着波涛的节拍，慢慢响了起来：En una noche oscura, con ansias, en amores inflamada...

这是谁的诗呢？我问，好像在哪儿读过。风，在礁岩下应答：

是一个昏黑的夜

心里焦灼，燃烧着爱情

啊，幸福又幸运的一刻！

出来了，没人看见。我的小屋，终于安宁……

走开去的时候，我认出圣者的名字；晚潮送来，他遗骨的芬芳。

天才的博尔赫斯说过，这诗节的末行，estando ya mi casa sosegada，如果脱离上下文，本是极平淡的一句：我的［小］屋终于安宁。但尾韵-ada之前"s"一连重复三次（casa sosegada），营造了一种宁谧而寂寥的气氛，是译文不易传达的。所以，他赞许苏格兰诗人 Roy Campbell（罗伊·坎贝尔）的英译的灵活处理：When all my house was hushed。认为"all"用得好，有空旷感；"hushed"收尾，形容"house"，两重读音节押头韵，则仿佛奏出了"沉寂的音乐"（博尔赫斯，页61）。

然而我听见的是，十字架底下，那永恒的死寂——他的名字。

## 二

于是我想，译文不必不如原文，尤其是文学经典。因译本的真生命不在模仿、再现，而是创造；是与原著对话、相持，以汲取其力能，传布新的思想，探求新的意境，自立于母语文学之林。

少年T. S. 艾略特为费慈杰罗的《鲁拜集》所迷倒，这和归于哲人莪默（Omar Khayyam, 1048—1131）名下的波斯文"绝句"，有何相干（《信与忘·黎明的左手》）？站在中世纪拉丁语修辞学的角度，恐怕无人会把《马可福音》与保罗书信当作文学佳构。但是，英文钦定本（1611）"成全"了《新约》，"一点一画"树起一座文学的丰碑。代价是，磨平了福音书文字的粗犷紧张，让"肉里扎进了一棵刺"却还在搏击"撒旦使者"的传道者（《哥林多后书》12:7）坐下说话，和缓语气，跟晚了一两辈的作者（"马太""路加"和"约翰"们）协调风格。结果，整部圣书就像一人所写，随便挑一段，布道抑或祈祷，都是同样的庄严浑厚典雅的散文（哈蒙德，页651）。

是的，天才一旦蒙福，受惠于母语社会的思想激荡与时代精神，间或译本的文学地位可胜过原著。据说，罗曼·罗兰在法国属于"过气"作家，读者寥寥；然而在华夏，因为是傅雷先生的译笔，就"人气"兴旺"粉丝"众多。同样，《牛虻》影响了几代中国读者，迄今未衰，而原著在英语世界早已湮没无闻。新版的《牛津英国文学指南》重视女性成就，倒是收了作者伏尼契（E. L. Voynich, 1864—1960），条目短短数行，称译本在苏联曾风行一时。大概编者不知，《牛虻》的汉译跻身"红色经典"，不全靠宣传部门推荐。

经典的移译，由母语学者或诗人作家来做较好，此是通例。中翻外，国人虽有丰硕的成果，如杨宪益、戴乃迭夫妇的英文《鲁迅小说选》，李治华、雅歌夫妇的法文《红楼梦》，但终不及傅雷先生和费慈杰罗的伟绩。鲁迅先生的《死魂灵》号称"硬译"，巴金老人却十分推崇，以为后人更"忠实"原文的译本无可比肩。

译经人对此亦有独到的体会。铁锚版《创世记》（1964）的译注者、宾夕法尼亚大学史贝塞（E. A. Speiser）教授有句名言：好译本着实比原著精彩，因为译文保留了原文遗漏的东西。他所谓"遗漏"，是针对原文的字面意思；旨在揭示词典定义同语法规则之上，文本的知识背景、思想境界、受众心理之类，亦即译家为读者／听众"再造之原意"的总和。

## 三

译事须"信达雅"兼顾，诚如严几道所言。翻译经典，首先求"信"（但不止于"信"），这一点在理论上是无疑义的。常人的看法，"信"等于一名一词，贯彻始终。但实践中，有经验的译家往往自订一套标准，"各显神通"，比如芝加哥大学的萧雷（Paul Shorey）教授。

萧氏是学界公认的柏拉图权威，哈佛／罗伯丛书《理想国》（1930）的译者。他说，根据多年的教学经验，一名一词转译古希腊哲学，看似严谨，实则误导读者，简化甚而扭曲了原著的义理。"为完整传达柏拉图思想的真确含义，视具体语境跟行文风格，有时一短语需要两种译法，变化哲人重复的语句；或者相反，把他变化的说法用同义词重复。"（柏拉图，下卷，页 lxxii）故语词的机械对应必须放弃，哪怕核心术语也值得重新考虑：eidos（理念、型），萧氏译作"idea or form"，两词并指一名。这变通的"自由"意译，他认为，凡用心钻研了柏拉图思想并谙熟希腊文精妙的人，都会首肯的。

两词一名，西人译经亦不鲜见。拙译偶尔一试，如《约翰福音》三章，法利赛人尼哥蒂摩夜访耶稣求道，耶稣说（3:5 以下）：若非诞生于水和灵，人进不得上帝的国……你莫惊讶，要是我说"你们必须重生"——

　　灵［是］风，
　　只是随意吹，
　　你听见沙沙地响
　　却不知它何来何往。

"灵［是］风"，原文：to pneuma，本义风，转指化育万物的生命之气，或圣灵。可是，中文里没有一个兼指"风/灵/生命之气"的词，成了译经人的一道难题。和合本（1919）模仿钦定本："风随着意思吹"，就断了文气，接不上人子谈论的"诞生于［圣］灵"，仿佛突然换了话题。加之把"你莫惊讶"误作"你不要以为希奇"，将原话的意思全拧了。

相传萧氏记忆力惊人，能从头至尾一字不漏背诵荷马史诗《伊利昂记》。他对柏拉图一些文句的"大胆"诠释，读来常令我惊喜。

## 四

说到《圣经》，一般都褒举直译，似乎一字字对译便是贴近原意。我总怀疑，那是没干过这份"苦活"的人的想头（《传道书》1:13）。比如钦定本，每每有论者奉为直译的标杆；可是史密斯主教执笔的译序特意声明了，译者班子并不认同死板的对译。主教说：倘若为了语汇划一，一词不允许两译，如前面译作 purpose，往后就不可说 intent；用了 journeying，就不说 travelling；用了 think，就不说 suppose；用了 pain，就不说 ache；用了 joy，就不说 gladness——那不是运用智慧，而是矫揉造作。"难道上帝的国只是若干词儿，一堆音节？"

实际上，不仅圣书要避免偷懒的死译，即使有短语、比喻或箴言适于直译，也得注意社会语言心理和文体风格的细微差别。特别是习惯用语，直译可能反倒是曲解，例如英文问候语：how do you do，您好。谁会去"忠实"到"译死它"的地步：您怎样做？

有时候，一句习语包含几层意思，译者须斟酌取舍，视对话者的关系、语境或语气而定。经书里例子不少，如《约翰福音》二章，耶稣与门徒到附近一个山村迦拿参加婚宴。正欢庆着，酒喝光了，母亲对耶稣说：他们没酒了。耶稣道：ti emoi kai soi, gynai，你告诉我干什么，女人？

人子这么回复母亲，仿佛不甚礼貌。因而历来有种种解释，试图帮母子打圆场。其实这句希腊文是翻译希伯来习语，表示责怪、惊诧、拒绝提议等。直译：何事于我于你？希伯来语：mah-lli walak（英语：what to me and to you，见《士师记》11:12，《列王记上》17:18）。圣杰罗姆通行本直译，绕开难题：quid mihi et tibi, mulier？后世译家失了拉丁语或文言的便利，读者开始要求译文通俗易懂，故德语路德本作：Weib, was habe ich mit dir zu schaffen？钦定本从之：Woman, what have I to do with thee？和合本：母亲，我与你有什么相干？虽然用"母亲"替代"女人"，听来仍未免粗鲁，像是斥责圣母，意思也不够明白。钦定本的"四代孙"新修订标准本（1990）改为：Woman, what concern is that to you and to me？委婉多了，可太累赘、文雅，不似口语。只有法语圣城本简洁有力：Que me veux-tu, femme？你要我做甚，女人？呼应后来的故事情节，也对得上别处经文。例如不洁恶灵见耶稣来施神迹，一片惶恐，嚷嚷道：你要我们干啥，上帝的儿子？（《马太福音》8:29，参观《马可福音》1:24）

## 五

有一种关于译经的俗见，拖了中文旧译的后腿：宁肯牺牲阅读的顺畅，也不要"以辞害义"。

此话乍一听似乎有理。经书乃先知圣人传世的启示，套用中世纪犹太密宗（Kabbalah）学说，便是一笔一画，每一个字母，都蕴含着上帝创世的无穷奥秘，怎好意译、变通或有所取舍呢？然而以西文经典译本的实践观之，稍加比较，这密宗式的教条就行不通了。严格的直译，须是"遣词用字""准确划一"（吕振中牧师语），词序与句式尽量照搬。但那是机器的活计，"准确"得让人哭笑不得——尽管翻译软件日新月异，目前还没法拿来译经。

"划一"的前提，是原文已有（且仅有一样）普遍接受的理解或"正解"，并在母语（目的语）中可以找到完全对应的表达，在相关语境下不会误读、不生歧义。那自然是不可能的。经典之为经典，能够支撑宗教、哲学或文学传统，激励百家争鸣，其要件之一，就是文本的术语、比喻、意象、叙事、对话等等，富于复义、歧义，乃至包容彼此抵牾的解读。《圣经》译本之层出不穷，拒绝"划一"，正是这经典性生命力的展现。

由此想到《马太福音》六章"主祷文"的这一句：我们每日的

面饼，求你今天赐予（6:11）。"每日"（译自希腊文 epiousios）是通行本之前，古拉丁本的一种译法（panis quotidianus），钦定本从之：daily bread（但和合本走了样：日用的饮食）；通行本作：生存所需（supersubstantialis），皆视词根为"是"字（epi-einai）。但这生僻形容词亦可解作源于"来"字（epi-ienai），故而古人又有"明天"（crastinus）、"将来"（venientis）、"永恒"（perpetuus）等的说法，不一而足。现代学界的解释就更繁复了。译经人只能诸说择一，而把旁的含义和译法放注释里，或者另外著文辨析。

## 六

信仰的启示如同神迹，对于信徒，是无须一次次验证于今世祸福的。但他的失误或歧途，与神恩无缘，却不难证实。和合本便是极好的一例：那通篇的舛错跟语病，决不可能来自译者礼拜的至高者的启示——除非把失败说成是神迹，或者是耶和华对偏离正道者的惩罚。

若无相反的史料证据，我们不妨推定，参与译经的传教士皆能秉持教义，且熟悉各自负责翻译的经文，至少就和合本的底本（钦定本的修订本，1885）而言。因此译本的诸多毛病，包括理解和表达的疏漏，只可归咎于人的作为，而不得推诿，指称神明负责。这"归责"原理的背后，乃是耶稣一则讽喻的教导：信不等于知，更不及义（《马太福音》十三章，详见《宽宽信箱·天国的讽喻》）。

如此，传教士或教徒译经的困难，其实是一点也不比"异教徒""非教徒"少的。而从跨教派的、学术的立场出发，一些容易引起争议的宗派信条，毋宁说是教徒译经必须"悬置"并设法跨越的伦理障碍。

那障碍，四百年前曾克服，成就了一个崇高的范例，叫钦定本。

# 七

神恩，按以色列子民的唯一神传统，应是普世关怀而接受任何人的祈愿与传扬。同理，人搭建的任何教义信条的藩篱，都不可能圈起那创世之言的恩典，据为己用。正如福音书所载，"那是真光，照临每一个人／来这世界"（《约翰福音》1:9）。可见这赐生命的圣言，早已将帐幕立于世人中间，其入居义灵而显荣耀、降洪恩，是不以形式上的受洗入教为条件的（苇叶，页70）。

这是普世救恩的一大奥秘，也是芸芸人子与圣言的基本关系。

所以归根结蒂，知识积累学术训练之外，译经靠的是生活经验、想象力、技艺和灵感（《信与忘·马尿、理性与译经》）。而所谓生活经验、想象力，首先是对社会苦难的关注。

查社科院世界宗教研究所发布的"全国基督教入户调查数据"，改革开放以来基督教增长迅速，在北方农村尤为显著，一九九三年后入教者占信徒总数的73.4%。我国信徒总数已逾二千三百万，即全国人口的1.8%，其中七成（69.9%）为女性。入教原因，多半是"自己或家人生病"（68.8%），"受家庭传统影响"而信的仅一成五。教育程度，小学及以下占54.6%，初中32.7%，中专和高中10.1%，大专及以上2.6%。调查者的结论：基本上属于"穷人的宗教"（《中国宗教报告》，页191以下）——恰是一幅信仰复兴之社会动力的写照。

"福哉，苦灵的人，因为天国属于他们"（《马太福音》5:3，参较《路加福音》6:20）；耶稣登山宣告的"九福"，苦灵或"灵中贫苦者"（ptochoi to pneumati）居第一。贫苦／穷人（ptochos）、受苦／磨难（thlipsis），是《新约》作者们反复强调的一组词。译经人若是缺乏对苦难的认识，必定出问题（《信与忘·误译耶稣》）。如《罗马书》五章，和合本的译者便误解了保罗，没有领会使徒以磨难而自豪的

不屈精神,弄出一段文理不通的关于"患难中"照旧"欢欢喜喜",人要"老练"的说教:

我们既因信称义,就藉着我们的主耶稣基督得与神相和。我们又藉着他,因信得进入现在所站的这恩典中,并且欢欢喜喜盼望神的荣耀。不但如此,就是在患难中,也是欢欢喜喜的,因为知道患难生忍耐,忍耐生老练,老练生盼望,盼望不至于羞耻,因为所赐给我们的圣灵,将神的爱浇灌在我们心里。

对照拙译(《罗马书》5:1–5):

所以我们因信称义,便是通过我们的主耶稣基督,蒙上帝赐平安。亦即通过他,(以忠信)进入这恩典而立于其中,自豪地(kauchometha)企望上帝的荣耀。不仅如此;让我们更以磨难而骄傲(kauchometha),因我们懂得:磨难生忍耐,忍耐生品格(dokime),品格生希望。而希望决不会令人蒙羞,因为上帝的爱,藉那降赐我们的圣灵,已倾注在我们心间。

# 八

的确,读经解经需要宽容和爱心,"爱邻人如爱自己"(《利未记》19:18, 34)。一如使徒所言,爱,是希望的品性,是立信的灵(psyche)。可是在这个希望已成了广告语的世界,她只是由"苦难"抚养的一颗孤灵(alma)。

她日夜企盼着与所爱者相会,得来的却是一次次挫败,"人人辱骂,个个鄙夷"(《诗篇》22:6);直至遇上一位背负十字架的圣者,她

才迎来了"昏黑的夜",被救恩所充盈:

她是从圣人指给她的一道隐秘的楼梯走下来的,主的苦灵。

她披一条长长的面纱,躲开众人与撒旦的眼睛。

她赶得好急,来同所爱者幽会。

是的,她不顾一切,出空了理智、记忆和情欲,以一颗苦灵所有的信与望之爱,把面纱覆盖着的通体的纯洁,交他引导:o dichosa ventura,那幸福又幸运的一刻——

> 在我为他一人看守的
> 花儿绽放的胸脯
> 他进入了梦乡,
> 让我抚摸。
> 雪松摇曳,微风习习
>
> 微风,吹上塔楼
> 我弄乱了他一头秀发,
> 任他温柔的手
> 打我颈项。
> 我的神志,随他拿走……

就这样,天主带走了他的苦灵,十字架底下,留下一个圣洁的名字:San Juan de la Cruz,圣胡安(1542—1591)。

今天,圣胡安是西班牙语世界最受尊崇的灵性奥秘的诗人。但在生前,圣徒的修行却是无休止的不公的磨难。他在修士会被那些自称"兄弟"的疯狂迫害,孱弱的病体长久得不到治疗。

然而,诗人已应允天父。所以即便躺倒在仅可容身的冰冷的石室里，仍挣扎着对监视者表示，希望多多忍耐、施爱、受苦——默默地，毫无怨言地，穿上本会兄弟的仇恨的目光，继续他的苦、爱、忍耐。

最后一夜，钟楼上十字架一片死寂。他突然说话了，主的苦灵，要人给他念一段《雅歌》。Que preciosas margaritas，啊，美极了，珍珠（化自《马太福音》13:45–46）！他轻声道。之后，就咽了气（艾磊拉，页47）。目击者说，他的面容变得雪白而透明，放出光辉，一股玫瑰的芳香笼罩了那残损的遗骸。

二〇一二年五月于清华园

---

艾磊拉（R. A. Herrera）:《沉寂的音乐》(*Silent Music: The Life, Work and Thought of St. John of the Cross*), Wm. B. Eerdmans Publishing Co., 2004。

柏拉图:《理想国》, Paul Shorey 英译，二卷，哈佛/罗伯丛书，2003。

博尔赫斯（Jorge Luis Borges）:《诗艺六讲》(*This Craft of Verse*), 哈佛大学出版社，2000。

冯象:《宽宽信箱与出埃及记》，生活·读书·新知三联书店，2007。

冯象:《信与忘: 约伯福音及其他》，生活·读书·新知三联书店，2012。

哈蒙德（Gerald Hammond）:《圣经英译》，载《圣经文学指引》*The Literary Guide to the Bible*, Robert Alter & Frank Kermode ed.), 哈佛大学出版社，1990。

苇叶（Simone Weil）:《致教士》(*Letter to a Priest*), 企鹅丛书，2003。

《中国宗教报告（2010）》，金泽/邱永辉编，社会科学出版社，2010。

# 定格在阳光明媚的六月
## ——《创世记》修订版后记

后记也讲个故事。

暑假返美,又做一回陪审员。一桩交通事故案子,跟前几趟一样,仍是在撒冷市中心的县法院。律师质证、辩论结束,陪审团关起门来合议之前,法官照例给陪审团一通"指示"(instruction),如侵权行为的构成要件和民事举证责任标准。那是位老法官,富有经验,审判完全驾轻就熟了。听着他把一个个普通法术语用老百姓的话讲得明明白白,出于专业习惯,脑子里就开始追溯比较那些术语的诺曼法语和拉丁语词源。接着便意识到,这"人民法官"的话语策略同律师正好相反。律师办案,接待客户或者向证人取证,往往满口晦涩的行话,生怕人家没有被法律的奥秘与威严吓着。法官呢,虽说是"法律之化身",一身黑袍,在庭上讲话却十分平易,不故作高深。陪审团和旁听席上的两造亲友与公众,跟着那循循善诱的口吻,一下就跨越了行话的栅栏。他简直是出色的翻译家呢。

经书上说,亚当的长子——夏娃"同耶和华一起"('eth-YHWH)或"凭上帝佑助"(七十士本:dia tou theou)所生的"男人"(《创世记》4:1 注),名叫该隐。该隐的儿女开创了牧、工、乐、妓四大行业,文明社会由此发端(同上,4:17 以下)。那么,亚当子孙最初的翻译需求,该始于这四大行业的建立,即行话的生成与行业门槛维护,及随之而来的对语言障碍的克服(解释)吧。那可是远在宁录大王造通天塔，上帝"搅乱"子民语言之前的事情。换言之，人类虽然在巴别之野（今伊拉克）失去了亚当夏娃在伊甸园学会的"天堂语"，得来的却是远为复杂的"搅乱之语"的翻译知识，或由翻译而演进的理解、表达、分析、质疑与批判能力（详见《宽宽信箱与出埃及记·通天塔的教训》）——未必是坏事呢。推而论之，一切语言解释活动，都是翻译，远不止各民族语言间的转译沟通。因而，翻译必是永无止境、一场接一场的常新的斗争。

那案子我们陪审员怎样达成一致意见，法官如何判决，已淡忘了。只记得那天"法律面前人人平等"的异象降临之际，这一点关于译事的忽发奇想；再有就是回家途中，坐在缓缓行驶的波士顿郊线列车上，闪过的另一个念头：尘土亚当的故事和译注，该修订了。

故事本身，是无所谓修订的。恰如哲人无法两次踏进同一条河流，一个故事，几段回忆素材与灵感的一次偶合，不可能重讲一遍而不变为另一个故事。所以只做少许语词的订正。故事里引用的经文，有几处与拙译已出的三卷（《摩西五经》《智慧书》和《新约》）略有出入，顺便换成了后来的译文。

需要修订的，主要是《创世记》的译文。《创世记》为圣书开篇，五经之首，古人归于先知摩西所传，实际是好几个时代的若干文本片断编织而成，片断之间语汇风格均有明显的差异，是译家不可不努力再现的（见《宽宽信箱与出埃及记·谁写了摩西五经》）。因此拙译二〇〇二年夏初稿，次年陆续改定，在一定程度上，便是试验性质的。现在经过将近十年的译经实践，回头再看，就见出许多不足了。遂于寒假期间，从头至尾逐句斟酌，做了修订，自觉收获颇丰。唯一不如意的，是人名地名尚有一批可以减字换字或意译的——这方面我是杨绛先生一派,以为至少就文学作品而言,包括《圣经》,洋名汉译,大可全盘改造一番——但因为牵涉到诸篇经文的用名统一,便没有着手。留待将来五卷译完,再一块儿考虑如何定名。

夹注则基本未动,因为多是简要的词义诠释、异文异读的列举、常识性的圣经学和历史知识。又因读者电邮不时论及旧译的语病同理解,就添了一些旧译(主要是和合本)舛讹的典型例证,以便对照阅读。

本书初版不用参考书目。常有学生问起研习《圣经》怎样入门,求书单。故借此修订之机,取拙译《摩西五经》所列书目,稍加补充更新,附于书末,希望对感兴趣的读者有所裨益。

还有一点,是几位细心的读者指出的:《宽宽信箱与出埃及记》及三卷《圣经》的参考书目,开了好些哈佛版著作。这里头也有一个故事。哈佛出版社固然是英文学术出版的重镇,文(尤其古典、中世纪至文艺复兴)、史、哲,政治、法学与圣经学,皆有深厚的传统;对我来说,好处却首先是近水楼台之便。出版社在哈佛广场的圣橡树中心(哈佛的行政楼和卫生所)底层有一间展销室(HUP Display Room),宣传兼出售新书。但真正吸引人的,是进门左手,那一大摞红绿封套的罗伯古典丛书背后,几架极便宜的削价书。我从学生时代起,便是那儿的常客。那淘书的乐趣,我在《木腿正义》里描写过。所以轮到开参考书,那一本本淘来的名著佳作都在书架上向我招手,老朋友了,怎能不搁进书目呢?

然而这书店终于倒闭了。前年金融风暴骤起,大学投资受了重创,只好削减开支,裁人。六月,把经营了六十一年的展销室关了,出版社的经理出来解释:这年头书店尽是赔本买卖,顾客上"亚马逊"或别的网站购书去了。从前,哈佛周围五六十爿书铺,如今剩了几家?可是,展销室从来就不是盈利单位,富可敌国的哈佛,连这么一间招牌店,并三位勤勤恳恳的员工都养不起,足见危机之深了。

校报发了一篇"悼词",配几张老照片,说两个年纪大的店员属于提前退休,只有年轻的那个才算解雇。曾几何时,我还领着来访的学生到展销室浏览,告诉他们,这里是全校最惬意的一份工作。因为顾客不多,藏在大楼里,清静,卖书犹如品书,如交书友。

现在,每当查阅《圣经文学指南》《穆斯林耶稣》,或者翻开《理想国》《犹太史》,就会想起他们:老Jeff蓄一把络腮胡子,打一根单色领带,几乎是无声地整理着书架,但来了访书的欧洲游客,他会用德语夹着法语聊天。付款时,Marygail总是轻声细气赞扬一句,"这书精彩","写得真不错,我刚读完呢";新书老书她全都了如指掌。夏天,穿过绿荫里的哈佛院子,去会朋友或吃午饭,常遇上一个头发蓬松的小伙子道一声"哈罗",或点点头,那是寡言的Barry。如今,三个人静静的笑容,连同身影里赭红的砖地、书香笼罩的硬木扶手椅,还有那盆斜着身子的橡皮树,在访书人心中,永远定格在某个阳光明媚的六月了。

二〇一一年三月于清华园

---

冯象:《创世记:传说与译注》(修订版),生活·读书·新知三联书店,2012。

# 小书的朋友
## ——《玻璃岛》(*Ynis Gutrin*) * 的话

小书的故事是这样的。小书其实跟大书一样，前身也是一沓书稿，但不是手写的——从前那种绿方格子、留着宽边的稿纸,"爬格子"誊一遍，可费工夫了——小书赶上了电脑和互联网时代，稿子是打印的。邮寄当天，文档发给出版社的编辑，她就可以直接在电脑上编辑、校对了。

过了半年多，小书印出来了。封面是英国诗人罗赛蒂（1828—1882）画的绿眼睛地母女儿（Kore），一头瀑布似的卷发，手持一只血红籽粒的石榴，让人联想她从冥府归来、新春还阳、万物更生的景象。除了九篇故事，书里还有几十幅漂亮的插图。有个杭州小朋友读了，虽然不全懂，却非常喜欢小阿忒讲故事救亚瑟王那一篇。又有点疑惑：那"零隐私世界"到来，会是怎样的情形？还需要念书考试不？他见勒口有作者的电邮地址，就写了一封电邮：尊敬的冯先生，我刚看完《玻璃岛》，有很多感想，您能不能给我签个名呢？谢谢啦，不好意思打扰了！

"谢谢"一句，他原本忘了写，是找最要好的同学商量后补上的。冯先生回复说：我很想听听你的感想呢。书寄来美国太费时费钱了。这样吧，我下个月来杭州讲学，讲座安排在老杭大校园内法学楼。届时你记得带着书来，就可以签名了。

果然，讲座结束，跟学生合了影，院长说：冯兄，有两位小同学要见你。冯先生笑道：我正想找他呢，原来他是双数啊。两人过来，矮胖些的那个说：冯先生好，他是我最要好的同学，也请您签名。于是，两本书一块儿签了，还写了"好好学习，天天向上"八个字。小朋友问：那么我们还要念书考试吗？冯先生答：要的。而且你读些什么，读过几遍，晚上关起门来做数学题的每一个步骤，老师和爸爸妈妈都有办法知道。到那时，人没有秘密可言。小朋友听了，吐了吐舌头，瞅着他最要好的同学；后者绷紧身子，严肃地向小书点点头。

小书觉得挺同情的，因为小朋友把它一下捏紧了，仿佛冷不防被人拍了一掌。它想：至少，他俩读我的时候是开心的，无拘无束，喜爱什么就想着什么，没有哪个大人在背后盯着！

当然，小书的读者是大人居多，他们一点也不像小朋友。有的拿起书一目十行，急匆匆的好似赶地铁；有的边看边笑，边往嘴里送草莓酸奶；还有读着读着就掏出纸巾擦眼泪的，那是为纯洁的红伊莲、为苦命的余老大流的泪。但也有翻了两页就放下的，是判定小书不如《公务员联考试题及答案解析》或者励志书有用。冯先生问：读者当中，谁有趣些？小书道：除了小朋友，我欣赏那个上回在北京采访你的姑娘，她读得仔细，人也聪明。不幸"如今是云散雪消花残月缺风流人去也"，竟应了她那句话！冯先生叹道：天意高难问，只有来日纪念她了（见《宽宽信箱与出埃及记·例言》）。

还有一回，小书碰上一个不太和善的，说话带着股怨恨：这东西哪来的？海淫海盗哇，桂尼薇、玉色儿、莫甘娜仙姑，一个个描绘得那般可爱，明明是些通奸乱伦杀千刀的罪人！说着，一把抓起小书，猛烈地挥动，冲着梳妆台前的太太吼。原来是太太当闲书在读，不小心被丈夫侦查到内容"不雅"，引发的脾气：呸！开篇就扯淡，丢开福音书的真理，讲什么圣杯盛了基督的血，由亚利马泰城的约瑟带到英格兰，藏在玻璃岛，一派异端邪说！小书被摇得像坐过山车，脑袋发晕，忽见那人颈窝里闪亮，露出一个十字架。哈，又是个老实的教士！书页间，圆桌骑士一片哄笑，王后同一班夫人忙把手掩住耳朵：别给我们讲那僧侣偷民女的丑事儿，早听厌啦！卡米洛城的花园里，众仙子笑弯了腰：得了得了，今晚咱们揉他的枕头去，教他做个禁欲圣人的美梦，嘻嘻！

就这样，小书在世上游荡了七八年，见识了各样人物；不免沾了些灰尘，书页也卷角了。恰巧冯先生接到编辑的电话：最近好几家书店，实体的网络的，询问《玻璃岛》何时再版。您有什么地方需要修订吗？小书便返回冯先生在北京的书桌，两本一包作快件寄的：一本请他订正（错字虽然不多，但还是得从头至尾看一遍），另一本冯先生准备赠与一位来访的小客人，名叫畅畅。畅畅是宽宽的妹妹，家住休斯敦。十二岁生日那天，爸爸说：畅畅，你长大啦，可有什么心愿？畅畅想了想，一拍手：有了，北京！

于是待学校放了春假，畅畅就"平生第一次"一个人出远门，坐上飞机来北京看望象伯伯与伯母了。象伯伯说：畅畅，你在美国，中文成绩是 A+，优秀；到了中国，A+ 就远远不够了。所以这本小书送给你，"King Arthur from Camelot to China"，就是将亚瑟王从卡米洛城搬来中国讲故事，练练你的阅读。今晚呢，我们去听一场京戏，好吗？畅畅接过书，说：好漂亮，谢谢！上学期中文老师教我们唱《沙家浜》来着。象伯伯便请一位搞戏剧的阿姨帮助订票，阿姨说：上梅兰芳大剧院看《西厢记》吧，叶少兰领衔。

那大剧院称得上富丽堂皇，西式装修，入座的感觉跟观摩《天鹅湖》似的。演员都很年轻，做功唱腔如初出茅庐的新手。畅畅看了一会儿便睡去了。伯母替她盖了件毛衣，道：孩子累了。最后一幕叶先生登场，一个亮相，观众齐声喝彩，才惊醒了：谁呀，嗓门这么大？她揉着眼睛说。但居然听着老先生的"咏叹调"就不睡了，还似懂非懂的把张生、莺莺与红娘的关系猜出个大概。

散场时,她从背包里取出小书,轻声问:象伯伯,这本书难不难啊?象伯伯道:不难。第一,你读过英文的亚瑟王和圆桌骑士,对故事不陌生;第二,你有汉英词典,只要勤查勤记,生字就少了;第三,这书是献给奶奶的。

真的?畅畅睁大了眼睛。象伯伯便让她翻到题记:"……她张口即是智慧,她舌尖有仁慈之戒律。"这是讲奶奶吗?她坐下念了起来。伯母拿出相机,示意象伯伯拍照:你看畅畅的额头,挺像奶奶的呢。是吗?畅畅从书上抬起脸,绽出了灿烂的笑容……

这张照片——《西厢记》的大红剧照下,一女孩手捧小书、昂着圆圆的额头——跟许许多多读者一样,从此就成了小书的朋友。

二〇一二年八月于铁盆斋

---

\* 玻璃岛,Ynis Gutrin,十二世纪威尔士史僧吉拉度(Giraldus Cambrensis)语;亦作 Ynys Witrin,则是《英王行传》作者 William of Malmesbury 的记载,拉丁语: insula vitrea,玻璃 / 菘蓝 / 靛蓝之岛;今人通作 Ynys Wydryn。历史上把 Glastonbury(Glastonia)跟威尔士传说中的玻璃岛和苹果岛(Insula Avallonia,或 Insula Pomorum,见 Geoffrey of Monmouth《墨林传》)联系在一起,首见于吉氏的著述。参阅本书《圣杯》,《释名》"玻璃岛""高夫瑞""吉拉度"诸条,及《年表》。

---

冯象:《玻璃岛》(第二版),生活·读书·新知三联书店,2013。

# "鲁迅的梦今天实现了"
## ——读高音《舞台上的新中国》

高音常请我看戏,那是她的专业。舞台上下的活儿,从编剧舞美到念唱做打,她熟极了;好的丑的,谁跟谁学,都能说出个道道。要是写下来,该有多精彩,我想。终于,盼来了这本《舞台上的新中国》。书拿到手,不觉莞尔:封面这幅老版画,几个手捧小红书攥紧拳头唱歌的宣传队员,会不会刺痛一些评论家的心,引发几声哀怨?回她一个字:赞!

多少年了,大学教育甘愿给主流媒体跑龙套,依旧是"伤痕文学"的余绪。且不说文艺的萎靡,连城管打人、法官嫖妓、病人家属杀医生,都稀里糊涂记在早已"拜拜"了的那个"新中国"的账上。是不是教条主义作祟?而教条之培养能如此奏效,背后必有一种高明的政法策略。只是有一点尴尬:新时期的舞台,佳作实在不多,戏剧一如音乐美术,远不及新中国的成就。怪不怪所谓"体制"呢?如果还一味数落前三十年,那是在遮掩之后的什么,在蒙蔽谁的眼睛?

我想,这便是高音此书的一个贡献。她以严谨、平和又富于"同情之理解"的笔触,发掘梳理了诸多被人遗忘的历史细节,仿佛拉开大红帷幕的一角,让我们重温先行者的伟业,吸取牺牲与挫折的教训。合上书,再去剧院,那金碧辉煌里,满眼是重新包装的"旧"——旧故事旧人物旧思想旧风格,旧的雇佣关系的契约之下,艺术理想和专业精神的迷失。两相对照,官学的喋喋说教如过眼烟云。令人深思的,仍是那个老问题:红色何以经典?经典为什么走向了失败?

书里讲到解放初的新气象,引光未然一句话作讨论的切入点,我以为颇有见识:"鲁迅活着的时候曾经梦想……无产阶级自己会写文章,出现真正的普罗列塔尼亚的文学,鲁迅的梦今天实现了,工农兵自己写作剧本,已不是什么稀罕的事。"(页35)"稀罕"意谓原先没有,或者即使有,也只是受苦人无力的叹息、零星的抗议。而"鲁迅的梦"成真,乃是把文艺从精英阶级手里解放出来,将作者的才智与思想感情融入大众的革命,故而侧重集体创作。于是戏剧家的成败,往往系于他对集体创作的态度和利用,如老舍、曹禺先生。

老舍先生解放后保持多产,原动力无疑在热爱新中国、视歌颂新社会为文艺家的职责(页25)。一九五八年,他不顾腰痛腿伤,两星期完成《红大院》初稿。写一场,排一场,边排边修改。没等演员背熟了台词、走位固定,即上演了。那份"粗糙",欠心理描摹,反倒让工人观众感觉亲切,说:戏中那个忙乱劲儿同现实生活一模一样,"比如扭着秧歌去区里报喜,游行时把嗓子都喊哑了"。演员们也兴奋不已:"老舍先生的笔不停地与现实赛跑,这次又跑到现实的前面。"(陈徒手,页96)但显然,这样的赛跑式创作,光有政治热情是不够的,文艺工作者须忘掉"小我",善于听取批评意见——像于是之说的,那年头他们演戏,心里都藏着一个批评家呢——否则,就不可能运用好基本的创作要素而推陈出新,如主题先行、程式化的人物性格,以表现社会主义理想的迫近。

集体创作的这些形式要素,正是旧时代的个人创作所忽视或不擅长、不愿承认的。由此可以解释为何一批著名作家,尽管要求进步,也学习革命理论并积极接受改造,却不知如何下笔,乃至文思枯竭。高音着力分析的是曹禺的代表作《明朗的天》。

《明》剧一九五四年末首演,连续两个月场场满座,盛况空前。

其时曹禺"春秋鼎盛"(毛泽东如此嘉勉),志向极高,正决心把旧思想的"包袱"一个个"暴露出来,加以清除"(费孝通先生语),脱胎换骨做社会主义新人。晚年做访谈,却不愿意提此剧了,只说:不反对用马列主义观察生活,但"理性的东西"应"化为自己的血肉";不能把革命道理"生硬地灌到自己的作品里去"(页86)。似乎归咎于理论水平低,或者过于"理性",实际是失败者当了受害者的翻悔。因为放在别人身上,如老舍先生,他决不会说《茶馆》之为"classic"(经典),第一幕一口气介绍二十来人,"一句话就是一个人物",是因为作者弄通了马列。毋宁说,是他"做新人"的努力受挫,旧的创作法失灵了。

现在的人贬抑曹禺,喜欢拿他的成名作《雷雨》来对比《明》剧。但《雷雨》恰是集体创作的反面,一人冥想的灵感所得。曹禺写《雷雨》的情形,据原配夫人郑秀回忆,是这样的:一九三三年夏,两人约定暑假不回家,留在清华复习备考。每天上图书馆西文阅览室,一张长桌,面对面坐着用功:"他时而用手轻轻敲自己的脑袋,时而……抚摸右耳边的'拴马桩',每当他想不出如何处理剧中关键情节或者忽然灵感来潮,就狠狠地揪一下那个小疙瘩……名叫灵感球。"(《清华校友通讯》2010下,页145)

显然,《明》剧写知识分子思想改造,揪"灵感球"就不顶用了。遂采取口授,秘书记录,然后修改定稿。不过高音指出,历史地看,《明》剧其实不能算失败。人物刻画,尤其反角十分出彩,例如医学院教务长江道宗,一副"gentleman派头",可谓曹禺的神来之笔。按导演焦菊隐先生的讲解,这位"阴间秀才""绝顶聪明,是教授而不是学者",又文雅又精明能干,"好像不是医生"(页122)。难怪李默然说:演他是"极大的创造的喜悦",因为这角色"一扫脸谱化、概念化之弊端",是"活生生的人"(页125)。这种人,今天在我们周围，简直太多了。

这么说，《明》剧是早演了六十年。倘若有机会重演，稍作一点《雷雨》式的改编，那会是怎样一出历史剧呢？辛辣的讽刺加上心理剖析，改造者跟被改造的一道让人厌恶、同情，说不定竟成了经典。

二〇一四年五月于清华园

---

高音:《舞台上的新中国》，中国戏剧出版社，2013。

陈徒手:《人有病天知否》，修订版，生活·读书·新知三联书店，2013。

# 错扮"公民"

## 一

国庆节，校园静了，正好写东西。忽接友人短信：下雨啦，出来遛个弯？人艺上演《公民》，"大导"林兆华讲溥仪的故事，争议很大！还没回，电话来了。我说这年头，有哪样营销不靠"争议"吸引眼球？她说不是噱头，是溥仪亲属和授权传记作家严正质疑，说不定哪天就禁演了呢，您一定感兴趣！

被她说中了。我跟《我的前半生》一案，就是溥仪夫人李淑贤同溥仪的合作者李文达先生（及群众出版社）的马拉松官司，有点缘分。那是法学院二年级，选修知识产权，受该案启发，作了一篇论著作权回溯适用跟政法策略演变的文章。投去全美音乐作者与出版家协会（ASCAP），居然得了奖。我留学八年才回国探亲，用的是那笔奖金。而且马上，麻省两位参议员肯尼迪和克里就寄来了贺信——因我是麻省居民，协会通报了他们。其实那会儿法学刚入门，对于抽象物上的私有产权掩饰社会矛盾改写历史等诸多问题，理论上如何把握，远未想明白。真正攒了心得，是在港大教了几年书以后。所以后来带研究生，也不要求他们想法成熟了再动笔，论证略不周全亦无妨。第一要紧的是能调查实际，有理论自觉，见潜力。年轻人做学问，不能让一篇仅有五个人读（往往也就随便翻翻）的论文给拽住了。

这回人艺演溥仪,又闹出什么争议呢?上网查看,原来是剧团聘了一位历史顾问,他跟质疑方的作家打过著作权和名誉权官司,败诉了。不过著作权保护的是作品的表达,不管情节内容。编剧构思,参考一下某书;邀作者来给演员聊聊末代皇帝,说些故事人物的生活细节,便是顾问了吧。恐怕还签了合同,明确万一发生法律纠纷双方的责任,谁承担费用。而剧本若有虚构抑或戏仿,关乎言论自由,不应以著作权压制。哪怕所据原著涉及侵权,只要剧本没有整段抄录侵权文字,就不存在违法。因为侵权作品本身,包括行政部门禁止出版的,仍带着著作权(人格权和财产权),故作者也能授权他人使用。这是惯例(详见拙著《中国知识产权》,页80以下)。

至于逝者的名誉,若是认为遭了贬损,近亲属可以起诉。但司法保护的范围是个案决定或因人而异的。基于言论自由、民主监督等公共利益的考量,所谓"公众人物"的保护门槛,要比老百姓的高。换作法律术语,便是原告须承担较高的举证责任,例如证明被告系恶意捏造,而非发表意见、文艺争鸣。故而难以胜诉。溥仪是历史名人,按人民法院发布的典型案例,属于公众人物。好比革命导师,身后免不了毁谤谣诼;诉诸法律既然不是办法,只能留待历史,相信人民心中自有公论了。

## 二

言归正传。打着伞来到首都剧场,友人已经站在门口拨手机了。进去存了伞,入座,人还真不少。后排一位中年父亲带一个男孩,小学生模样,正拿着节目单念:"公民的身份对我们而言几乎是与生俱来的,但是[溥仪]……五十三岁才开始拥有这个十分特殊、十分重要的身份认同。"那是"编剧的话",我听了觉得别扭,当时未多想;顶灯就暗了。

说实话,人艺这些年的戏,没法期待太高。便是保留剧目,那几部经典,也退步了。好在《公民》不是《雷雨》,不是历史上知识分子搞启蒙的新文艺,一招一式没那么讲究(黄觉,页39);观众也不是拿周萍、繁漪和四凤"吐槽"的中学生小外星人,听几句"民国范儿"腔就"鸡皮疙瘩掉一地"(《新京报·书评周刊》,2014.7.27)。故事挺简单:建国十周年大赦,溥仪走出抚顺战犯管理所,回到北京与亲人团聚,分配在香山植物园工作。这台戏的卖点,却是一组"电影蒙太奇"式拼贴。由一个身着蓝马褂、鬼魂似的"青年溥仪"象征他的回忆,时不时冒出来,讥嘲数落"公民溥仪",用往日的丑事罪状乃至隐私来刺激他。可是,这些小伎俩被"公民"一眼就看穿了。或者说,头两趟还有点害怕,回话的声气发颤,一下裤子没提住,摊地上了——不知算不算丑化——但那鬼魂来访得多了,也就习惯了。不就是管理所的共产党干部一直盯着,要自己批判唾弃的剥削阶级臭思想嘛,遂严词驳斥了。

反而是几位他伤害过的后妃,还有劳动妇女出场,从婉容、文绣、俩"贵人"到小脚奶奶、贫农刘大娘,让溥仪十分愧疚,恨不得给她们下跪请罪。这时,那蓝马褂的蒙太奇出镜喋喋不休,便显得冗赘了,不啻逊帝早已剪掉的那根辫子。换言之,他被忏悔者的诚实与谦卑还原为编剧替观众,而非溥仪,布置的一个假恶魔的幻象,一种肤浅的道德优越感。而观众此时看得真切,有一颗忏悔的心,即使是真梅菲斯特(Mephisto)也无法潜入。

于是突然想起,节目单上那段"编剧的话"为何别扭了:是文思叫"公民"这大词儿套住了,所以摆弄出这么个幻象,着力渲染溥仪在"确认'公民'身份时,痛苦、纠结地回味自己的感情经历和那些复杂的生命状态"。然而，溥仪真是一九五九年大赦，才获得公民身份？不，公民是共和之树的果实，不是脱了囚服换上的新装。辛亥革命，逊位诏书颁布，神州大地"走向共和"，末代皇帝就当了公民，同昔日的臣子奴婢一起，"法律面前一律平等"。此后发生的一切，不论他在紫禁城里拿太监恶作剧，因"辫帅"张勋复辟坐几天龙椅，还是十六岁大婚，被冯玉祥夺宫，避居天津租界，在法律看来，都是公民的行为，绝非"家天下"的延续。否则抗战胜利，"康德皇帝"何来认贼作父、当日本人傀儡的叛国罪名，被政府追究责任？戏中有一场，在天津时候，淑妃文绣请了律师提起离婚。溥仪虽不愿意，以为有辱皇室，但不敢应诉，只好签协议认了公民的婚姻自由。

实际上，溥仪蒙大赦而恢复的身份权利不叫公民，而是服刑期间丧失的政治权利，包括"年满十八岁的公民"所享有的"选举权和被选举权"（"五四宪法"第八十六条）。尤为重要的是，公民在新中国的日常政治含义，是近乎"人民"，与"阶级敌人"相对，可冠以"同志"称号的。宪法规定，"国家依照法律在一定时期内剥夺封建地主和官僚资本家的政治权利，同时给以生活出路，使他们在劳动中改造成为自食其力的公民"；"公民有劳动的权利"（同上，第十九条、九十一条）。可见那不是如今法治社会的公民概念，不符合国际人权公约。依照西方式民主的"国际标准"，政府怎能改造公民的思想呢？而且是劳动改造！倘若逊帝作了恶，给他请辩护律师，依法审理，定罪判刑，就算实现了正义。他脑袋里藏着什么错误的顽固的东西，哪怕当过"封建地主阶级的总代表"，也是公民的私事，国家管不着。相反，那是宪法"供奉"、法律保护的基本人权。

如此，这部戏名为《公民》就很能说明问题了。创作者完全没有意识到，新法治下的"公民"云云，不是别的，恰恰是战犯们的改造和新生所要克服、否定的旧物。在得了新生而热爱劳动,决心同工农群众一道做"集体皇帝"的溥仪面前,那个开口闭口"性无能"的阴暗的鬼魂,除了回去找"康德皇帝"斗嘴,他还能跟谁"纠结"?

## 三

我想,《公民》的时代错位(anachronism)或错扮"公民",一个原因,是忘了"用时代本身的声音来讲述时代的历史"(卢那察尔斯基语,引自高音,页140)。然而究其病根,还是在法治化的意识形态,对新社会"造新人"的伦理意义及悠长传统的遮蔽。

造新人,历史地看,不是社会主义革命独有的理想;在西方,可以上溯古以色列先知关于报应日耶和华造"新天新地"的预言(赛65:17以下)。圣者寄望于新人,乃是现代激进平等主义的一个思想源头。《约翰福音》三章:耶路撒冷经师尼哥蒂摩夜访耶稣,人子道:阿门阿门,我告诉你,若非重生/生于上,人不得见上帝的国。经师困惑了,说:我这把年纪了,又如何诞生呢?难道可以重归母腹,再生一趟?耶稣回答:阿门阿门,我告诉你,若非诞于水和灵(喻受洗),人进不得上帝的国。

这儿,经师没听明白,是因为希腊文"重生"(gennethe anothen)兼有"生于[天]上"的意思,故可暗喻悔罪的洗礼(参约19:11,耶稣答罗马总督:若非上面/重新赐予,dedomenon anothen,你绝无办我的权柄)。只不过,耶稣与众门徒来自加利利,是讲亚兰语的下层犹太人;跟尼哥蒂摩交谈,至多引一两段希伯来经文,决不会说希腊话。而无论亚兰语、希伯来语,"重生"都没有"生于上"的双关。所以故事不可能发生在耶稣身上——这是题外话了。关键是,至迟在公元一世纪末,《约翰福音》成书时,耶稣运动的一个或数个社团,已经接受了这一受洗入会众而平等的思想,并归之于受膏者(基督)的教导了。尼哥蒂摩以为,天国是重新来世;他信奉的还是传统的人"生于女人"的形式平等。人子的真道,却是要实现人与人之间的实质平等。这就必须否定人"生而平等"的旧教义,破除"尘世之城"(civitas terrena)的"公民"(cives)迷思。因为娘胎不可能平等,"生于女人"意味着不仅容貌财富天资各异,还要分出贵贱亲疏。唯有"生于上","诞于水和灵",通过受洗悔罪而入居基督,在主内受造为新人(林后 5:17,迦 6:15),方能达到人人为兄弟姊妹而蒙救恩,"催来"天国。

同样,社会主义的思想改造,就其理想目标而言,对于受改造者,也是一场"生于上"或"脱旧人,穿新人"(弗 4:24,西 3:10)的革命的洗礼。溥仪之为改造的典范,正是在此意义上确立的:人不能选择自己的阶级出身与家庭环境,但可以通过劳动、学习和互相关爱而又讲纪律的集体生活,争取加入革命队伍,成为人民的一员,做"一个有益于人民的人"。

难怪对于这一新人的洗礼,八十年代以降,几乎所有关于末代皇帝的故事、小说、电影,都取了回避态度。故而那一次又一次的煽情,错扮"公民",就不可简单地看作"丑化"溥仪,而是出自一套精巧的改写历史的文化屏蔽机制。表现在《公民》,便是那伶牙俐齿的蓝马褂,以及托他从旧时代唤回的"公民"旧教义了——借此在观众与新人之间立一堵墙,阻断对话、惊愕而冷静的思考;教人相信,舞台上那两腿哆嗦掉了裤子的,他全部的不幸,只在生不逢时、遭命运捉弄。然后,众人便可以沾沾自喜,为皇上点嫔妃、傀儡受窝囊气或者"公民"的"性无能"而哄笑;而想象不到自己的笑声,不过是戏里那个小脚奶奶趔趄着跑来给真龙天子磕头的翻版。

好在戏不长,不是《雷雨》。

前半场，身后不时传来细细的话音，是那位父亲在给儿子讲解：婉容文绣什么关系，太监大臣如何分辨。后来就沉默了。我边看边想，这故事小学生也会笑吗？落幕时，回头瞅去，孩子倚在爸爸肩头睡着了，他没能看完。

二○一四年十月大霾之日

---

冯象：《中国知识产权》（英文），增订版，Sweet & Maxwell, 2003。

高音：《舞台上的新中国》，中国戏剧出版社，2013。

黄觉：《戏剧和剧场的历史碎片——李畅访谈》，载《艺术手册》2014 卷。

# 说罪

罪，不是上帝所造，一如黑暗，如大水深渊。

太初所造，有两个世界，或同一世界有两个版本。其一完美，六天造就，载《创世记》一章：至高者赞"好"（tob），一连七遍。第六日造人，是男女一同受造、蒙福；一起聆诫命，育子孙，统治大地并鸟兽水族。而且，正因为取了天父的形象，每一个人，无分性别肤色脾气才能，都是造物主的模样，映照着圣容。及至圣言九出，充盈天地，上帝完工：看哪，非常之好（tob me'od，创 1:31）！

这天父眼里的"非常之好"，自然是了无瑕疵、一个罪人也容不下的，故而必不是我们栖居的家园。

那另一个，版本二，才属于我们。经书上说，它邪恶当道，充斥暴行（创 6:11）。为什么？

因为发生了一件不可能之事，那宇宙间第一桩神迹，竟辜负了"神迹之谋士"（pele' yo`ez，赛 9:5）：

"耶和华上帝造地与天之初，大地茫茫，草木全无。"仿佛晨昏倒流，回到创世的第三日，"耶和华上帝还未曾降雨，也没有人开荒耕耘"（创 2:4–5）。是的，耶和华上帝——这是版本二为我们透露的圣名——至仁至慈；他于完美之外重启宏图，发清泉滋润大荒，亲手抟土为人（'adam），"朝他鼻孔里吹进生命之气，亚当（'adam）就有了灵魂，活了"。然而接着，就出了问题：全能者自己说的，他的创造亦即神迹"不好"（lo'-tob），"亚当一个人孤零零的不好"（创 2:18）。

不，伊甸园怎会存不好？那里是东方，草木葳蕤，园子中央刚长起新树两株，随风摇曳，果子那么鲜美悦目，名为智慧、生命！莫非降神迹的手指也会失误，造人不该放在种蔬果之前，那主宰"太初与永终"的，弄错了顺序？不然，为何那一系列补救措施，取尘土抟鸟兽让亚当一一命名，给他做伴，居然都不达标，不"般配"（kenegdo）？之后，造物主第三趟努力，抽亚当一条肋骨，塑一个女人，名夏娃，才解决问题：男人终于不再孤独，找到了般配的"帮手"或"佑助"（`ezer，创 2:18, 20，联想出 18:4，申 33:26）。

"这就是为什么男人要离开自己父母去偎着妻子，与她结为一体"（创 2:24）；二灵一肉，上帝佑助。

那一天确实很长，夜去晨来；属神迹，更属于爱，人的"骨中骨，肉中肉"之爱。

## 禁果

罪，按宗教词典的定义，指一行事（作为或不作为）的后果，或某种生存状态，叫作"人神关系破裂"。基督教传统，把这破裂追溯到亚当夫妇违命吃禁果，滥觞在保罗书信："正如罪藉着一人〔亚当〕来世上，死又藉着罪到来；而后，死就人人传遍，因为众人皆已触罪。"（罗 5:12，参林前 15:22）再如，"别像蛇用诡计诱骗了夏娃，你们的心智受了蒙蔽"（林后 11:3），这是使徒给会众的忠告。

同样的观念，在保罗之前，已见于所谓"〔新旧〕约间"（intertestamental）的犹太文献。据希腊文"次经"《智慧篇》：上帝造人，成就一幅神性之肖像，原是不死的；然而恶魔忌妒，死就潜入了尘世（智 2:24，参《以诺记中》31:3）。这是把乐园里的蛇妖魔化，视为撒旦的变相。《德训篇》则进一步，指夏娃而非亚当为祸首：罪始于一个女人,因为她,我们都不免一死(德25:24)。后人遂引为常理,甚而主张妇女,即"生活正派"且"坚持立信施爱而成圣"的妇女,须通过生育求得救赎(提前2:12–15,托名保罗)。不过,将人祖"忤逆"名之为"原罪"(peccatum originale),说它感染精液,遗毒胚胎,却是教父们的发明,并非《新约》用语,一般归功于圣奥古斯丁(354—430)。

有趣的是,在希伯来《圣经》里,这人祖的"忤逆"自伊甸园封闭,便淡出"拯救史"(Heilsgeschichte),被彻底"遗忘"了。至全书结尾,竟无一句提及;不论上帝、天使、先知圣人抑或君主百姓,谈到人世的罪孽和灾殃、子民如何忤逆,从来不言禁果。其实,《创世记》三章的故事,若是从原文细读,剥去附丽其上的种种教义,那"遗忘"是不足怪的。逻辑上,假使救主全知而至慈,亚当夏娃的所谓"堕落"及"失乐园",便不可能是创世出错,而应是宏图的预计。因此就人神关系而言,那非但不是"破裂",反而是佳果初熟,人类成长的必经之路。理由如下:

首先,罪不是故事主题,通篇不见一个"罪"字;耶和华并未因人"偷吃"善恶智慧之果而降罪。晚风中,至高者的诅咒('arur),对象不是亚当夫妇,而是朝着蛇和土地掷下的。蛇是肇事的"诱惑者",所以命它"从此用肚皮爬行,终生以尘土为食"。但土地并非那长虫的同谋,是无辜的第三者,却要替犯错的"尘土之人"转承咎责:"因为你〔亚当〕,这土地要受我诅咒。"(创3:14,17)还有什么比这更能彰显天父的慈恩与怜悯为怀——当儿女受了诱惑开眼知羞,哪怕破了诫命也愿意宽赦?

第二,既然如此,耶和华向夏娃宣布的两项惩罚,女人要"依恋丈夫"及怀孕分娩"痛不可忍",便不是永世不移的诅咒了;颇像是她的名字,hawwah,解作一切生民的母亲(创3:20),作为能指,所处的历史条件（即固定其所指的历史合理性），是可以修正而改造的。同理，泥土（'adamah）固然是抟亚当（'adam）的材料，故而"牵连在案"；上帝诅咒它，令其"遍野荆棘"，做人"谋食的去处"（创3:17–18），却是要人劳动，且以劳动为荣，亦即把土地归于生产资料，以不劳而获为恶，否定占地食利的寄生虫生活。救主的这一条诫命，就不能说是给亚当定罪，而是为他划一道善恶的分野，指明生命的价值。

　　第三，虽然夏娃承认被蛇"诱骗"，实则后者说的不假。两人吃了禁果，并没有"当天必死"，如耶和华警告的（创 2:17）。相反，违命的结果是眼睛开开，"发现自己光着身子"：道德觉醒，萌生智慧，变得"像上帝一样，懂得辨善恶了"（创 3:5）——这条"上帝所造的野兽中最狡猾的"长虫居然知道，造物主的诫命非句句真理；似乎它早已尝过智慧之果，咀嚼了恶欲善愿，才前来找夏娃攀谈。而天父眼底，过去未来与现在一览无余，没有一事是瞒得过他的，包括蛇的行踪和诡计。他却没有诛杀肇事者，以杜绝后患。这正说明，蛇的"诱骗"一如挨诅咒，是创世宏图不可或缺的一环。

　　这是因为，第四，人对善恶的认知（hadda`ath tob wara`），本身不可能是罪，毋宁说是善，而且是善之大者；否则人如何认定上帝，立信于至善？再者，食禁果而开眼知羞，乃是智慧的收获，叫人懂得在唯一神面前裸体不敬，感到害怕，想"往树丛里躲"（创 3:8–10）。这是由智慧而生的敬畏之心，是人"远离恶事"的"觉悟"之本（伯28:28，箴 1:7）。试想，倘使没有当初禁果树下的"诱骗"与违命，亚当子孙至今仍是浑浑噩噩，善恶不分，他们又怎能做到"不踏足罪人的路，不和讥诮中伤的同席，而把欢愉交给耶和华之法"呢（诗1:1–2）？更不可能，子民承教，寄望于众先知憧憬的救恩之日，当新耶路撒冷携大荣耀降临，"野狼要与羊羔共处，豹子和小山羊同宿"

说罪 - 59

（赛 11:6 以下）——

> 在我的整座圣山之上
> 再无作恶，无伤亡；
> 因为大地要充盈对耶和华的认知（de`ah 'eth-YHWH），
> 一如洪流覆盖海洋。

所以，耶和华恼火的，决不是人祖听信了谎言，摘吃禁果。事实上，他诅咒完毕，亲手给儿女缝了皮衣之后，向天庭神子宣谕，几乎一字不差重复了蛇给夏娃讲的："看哪，人已经变得跟我们相差无几，懂得辨善恶了。"（创 3:22）换言之，至高者同意，那挨诅咒"咬脚跟"的长虫预言正确，并无"诱骗"。退一步说，人本来就是"照上帝的模样"造的，故外表"相差无几"；现在拜禁果之福，他获得了道德意识同自由意志，在情感、认知、思辨和判断力上，也变得跟神相似了，这有什么"不好"呢？何况，这些能力和知识一旦被掌握，成了人与人交流学习的生活经验，就只会增长、演进而无法放逐了。

真正令天父担心的，是紧接着那句圣言所泄漏的：要是让他再伸出手去摘生命之树的果子吃，他就永远不死了！

是呀，耶和华为何不圈起生命之树，"派下昂首展翼的神兽和旋转飞舞的火剑"站岗（创 3:24），使人和鸟兽爬虫都不得靠近呢？或者，可以把道理跟亚当夫妇讲清楚，比如永生对天庭或人间的危害，既然他们已"懂得辨善恶"，会敬畏上帝了？为什么，非要将他们赶出乐园？

原来，伊甸园是容不得永生的。全能者之所以禁食智慧之果，是因为神界之外，无论人类走兽飞鸟游鱼，那永远不死的，他一概消灭。

也就是说，人类的生育和劳动，家庭同社会生活里的尊卑、爱恨与斗争，以及由此产生的各样感情，痛苦跟幸福，凡需要道德觉悟和伦理选择、求索与创造的——这些都不是伊甸园所能接纳或养育的。如此，告别乐园，就像孩子长大要脱离父母，其实是新生活的开端。是人能够跟神"相差无几"，生生不息而"认识世界、改造世界"的先决条件。所以，乐园本不是人祖长久的居处，罪也不是天父叫儿女（连同动物们）搬出去的原因。

所以，人不会后悔受"诱骗"吃禁果，结束在上帝身边百无聊赖、不知敬畏的生活。

## 该隐

罪，是该隐的名字，他留给后世——不，是后人在他额角贴的咒名。

不过，那罪离"原罪"还远，粘不上使徒笔下教父口里，那藉亚当"忤逆"而来世的"死"。因为圣书记载，一肉二灵，妈妈诞下该隐，该是多大的欢喜！她把天父给女人的一辈子的苦、临盆时"剧痛而扭动、尖叫"（赛 26:17，参约 16:21），通通抛回了云霄，说（创 4:1）：

同耶和华一起（'eth-YHWH），我造了个男人（'ish）！

没错，该隐同你我一样，以圣言观之，也是上帝的孩子（申 14:1, 32:19）。凡生于女人的，皆"神性之肖像"，包括那些额头如该隐"做了记号"的，一切"奉主的名"遭驱逐的，一切"因圣言而颤栗"的人（赛 66:9）——

开胎在我，我岂能不生？

> 耶和华有言。
>> 生育在我,我岂能闭宫?
> 你的上帝所言。

后来,该隐有了弟弟,取名亚伯。稍长,做哥哥的子承父业,俯首负起乐园的惩戒,面对贫瘠的布满石块的土地,挥洒汗水,日复一日。弟弟却另辟蹊径,赶着牛羊向草场漫游,做了牧人。但是为什么,献祭那天,耶和华悦纳了规避诫命的牧人的肥羔,却拒绝农夫遵循圣言的果实?是因为田亩承载着诅咒,而牧草没有?可那是享祀者的咒誓,种地的除了种地,别无选择呀。那么,该隐究竟哪儿做得"不好"(lo' thetib)?有谁——这乐园外的大荒,除了父母、上帝和血泊里的弟弟,还有谁——告诉过他?

圣言沉默着。可怜的该隐,他忍不住"一脸阴沉"。

或许是见他发怒,耶和华才打破了沉寂。但农夫听到的不是解释,不是安慰,而是纠问与呵责:你为什么沉下脸生气?——仿佛错在人子,不容分说——你要是做好了,自然会蒙悦纳;做得不好,罪就蜷伏在你的门口,垂涎窥伺,就看你能不能将它制服(创 4:7)!

这是"罪"(hatta'th)在《圣经》里头一次露面。另一关键词是"垂涎"(teshuqah),本义冲动、欲望,故前文译上帝训诫夏娃,作(女人对丈夫的)"依恋";但此处用来形容"罪"像野兽埋伏,伺机捕食。圣言若此,人要是没能制服罪,被罪咬了,做了它的猎物,意味着什么?可否说,罪,至少对于该隐,不是违背上帝旨意的犯法行为的后果,而是那行为的起因?它近乎一种能够控制、压倒或瘫痪自由意志的强力,在世上徘徊,独立于人的善恶之欲。

于是,当该隐兄弟来到田间,赤脚踏上耶和华的诅咒,在哥哥突然扑向亚伯的那一瞬,是罪在驱使亚当的长子,攫走了他的神志。

不，不是那黑脸农夫生性愚劣，堕入忤逆，起了杀心，事后又罪上加罪，对造物主撒谎：不晓得弟弟去了哪里，"我又不是他的看护"（创 4:9）。

就这样，亚伯（hebel）不幸成了罪的猎物的猎物。他被垂涎者拿住，轻轻一口嘘气（hebel），吹灭了性命，花样年华，归于虚无（赛 30:7，诗 39:5，伯 7:16，传 1:2）。而大地张口，畅饮着鲜血。若非云端里又掷下霹雳，"大咒临头了，你！土地再不会为你出产……你就到处流浪去吧"（创 4:11–12），恐怕田野就脱咒更新了——就又能蓄积肥力，出产五谷，献作耶和华中意的祭品了。

说是"流浪"，即被剥夺了种地的资格，从上帝面前撵走，该隐却不乏至高者的眷顾。经书上说，他不久就结婚生子，建了人类的第一座城，并以儿子的名字以诺（hanok，意为祝圣）命名。之后，子孙繁盛，开创了牧、工、乐、妓四大行业，文明社会由此发端（《创世记·该隐》，页 33）。因为耶和华说了：杀该隐的，要赔上七条性命（创 4:15）。不啻给他平反，重赐恩惠，勾销了杀弟之罪。无怪乎，这文明始祖的后裔有一位酋长拉麦（挪亚之父），十分以此为荣，竟自定了报血仇的法例，宣称（创 4:24）：

　　杀该隐的赔七条命；
　　杀我拉麦的，要他赔命
　　七十又七条！

更具深意的是，圣书至公，将该隐家谱并入了亚当家谱（创 5:9 以下，顺序略不同），称该隐为该南，位列"人类"之子（ben'enosh）

或人子（ben'adam），跟亚当的三子、"长相酷似父亲"的塞特一系混同，至完人挪亚。然后世代绵延，铸成圣史，下接福音书里的耶稣家谱（路 3:23 以下）。

罪始于该隐，而其后裔于万族之中蒙上帝拣选为子民，并承恩立约，获应许福地、赐名以色列；称祭司之国、圣洁之邦（出 19:6），受膏者（mashiah，弥赛亚）为王（撒上 9:16, 24:6）：这前因后果明显是矛盾的。然而，矛盾正是我们这个生活世界的常态，它的贯穿一切过程的具体而普遍的运动形式。只是，罪如果无关人的行为动机和意图，而近于无法预料、摆脱的命运，它能否被立法定义分类，写进条款，让人辨识、躲避或抗击，并依法惩治？

这也是为什么，天父全能而全知，却收起了黑云与惊雷，没有急于登西奈山颁布圣法。他稍稍推迟了审判定罪暨救恩之日；于是宏图突变，恶天使举翅，纷纷入居无备人子的温暖的帐篷，在拂晓前占了今世。

二〇一四年十一月于清华园

---

冯象：《创世记：传说与译注》（修订版），北京生活·读书·新知三联书店，2012。

哈佐尼（Yoram Hazony）：《希伯来圣经哲学》（*The Philosophy of Hebrew Scripture*），剑桥大学出版社，2012。

雅各斯（Alan Jacobs）：《原罪》（*Original Sin: A Cultural History*），HarperOne，2008。

# 后悔

没有什么比上帝后悔更可怕的了。《创世记》六章，上帝说：我要把我造的人，连同鸟兽爬虫，从大地上通通消灭。当初真不该造他们的！

可是，造物主全能全知，宏图预定一切。他怎会学我们这些"尘土所造，一碰就碎／蛾子般的人类"（伯4:19），一件事稍不顺遂就改变主意，就翻悔？"像亚当子孙，常变心"（民23:19）？甚而雷霆震怒，想毁掉自己的亲手所抟？他这是什么意思？

诚然，逻辑学家早已发现，全知和全能这两项品质，是无法兼容于同一主体的。全知即超越可知而预见未来，但那就意味着，凡已知而尚未发生的皆不受干预，便是上帝也不能"搅局"，绝对不能。故全知者不得享全能。反之，全能等于全知失效，此刻所知，下一刻未必归于已知；大能者随时可以介入历史，改写已知的进程（道金斯，页78）。

那么可否设想，耶和华至大，非我们的时空所能容纳，因而行事不必符合逻辑；"一切造化，皆是他的意愿"（诗115:3），属奥秘？像大卫王咏赞的：圣殿约柜只是至高者的脚凳，他永恒的居处却不在我们中间，在重霄之上（诗99:5, 132:7, 33:14）。这么理解，假若指创世原本的目标，是不错的。那是天父认定的"非常之好"（创1:31），自第一个安息日，便给亚当子孙悬起一幅乌托邦画卷，恰好用来对照今世的朽烂。然而，既已完美，它就不会有任何意外或需要改进处，故也无须高踞天庭宝座的那一位眷顾：全知全能，乃因全善而成。

我们这个世界，所谓"版本二"，就大不一样了。造物主时时干预，至少在圣史早期，在他"藏起脸"不理子民以前（申31:17, 32:20），有经文为证。而只要他纡尊降入我们的时空，为拣选、教诲并指引他的子民，为使以色列遵从圣法、敬畏上帝，他就必须接受时空的制约同逻辑定理。包括圣言，圣灵的每一趟启示，都得限定词汇范围，依受造者各异的能力，顺应其多变的语法语音。否则，人类就做不成耶和华的子民，就真的像尼采（1844—1900）宣称的，"上帝死了！上帝死定了"（Gott ist tot! Gott bleibt tot）——尽管凶手不可能是个疯子：听啊，听见了吗？他还在嘀咕，四周铁锹咔嚓乱响，人在替自己的救主掘墓。

所以，创世于天父不是增益，如圣洁的苇叶（Simone Weil, 1909—1943）指出，而是减损，是自我奉献与出空（kenosis）。神，加上了他的全部所造，反不及神的完满（tamim）——太初始于神格之出空，或圣言的自觉的牺牲。

这罪恶的今世之能够延续而不惧覆亡，是因为耶和华的仁爱（hesed）泽被千代，包容万千（出20:6, 34:7）；为了我们，他主动捐弃了全能（孔德-思朋维尔，页113）。

## 神子

上帝后悔的直接原因，是世道坏了，"人类一个比一个邪恶，整天在心里互相算计"（创6:5）。但这只是问题的表象。究其根源，这"坏"或"邪恶"（ra`），却是有来历的；可以说，一直是至高者的

"心头之痛"（yith`azzeb 'el-libbo）。原来天庭出了乱子，有一群神子即耶和华的使者，看人的女儿漂亮，居然不惜违犯天条，下凡迎娶了她们！

早知如此，悔不当初。天使那般容颜皎洁而聪慧，是因为他们跟人子一样，灵中不仅存了一缕明光，还若隐若现，带着肉欲。叫人如何不爱怜，不思念？

这夏娃女儿同神子的婚配，便是耶和华眼里的恶了。无论自愿与否，彩礼多寡，都属于僭越和乱伦，混淆人神的"血统"。情势之危急，一如当年伊甸园里忽然少了两粒智慧之果，那开眼知羞的，会不会把手伸向另一棵树（创 2:22）——作为救主，怎么办？

上帝的第一个反应，是怪罪人类"属肉"；他减了人的寿数，"以一百二十岁为限"（创 6:3）。不过这决定马上就悬置了——根据经书，似乎迟至以色列的祖宗雅各之子约瑟，才开始落实（创 50:26）——因为，那乱伦所生繁衍极快，不久"世上便有了巨人一族"（nephilim，创 6:4）。而蛮力称雄、名扬四海，仅靠控制那些过了生育期的爷爷奶奶的数目，是防范不了的。但圣灵就只好继续与"属肉的"为伴，跟犯禁的天使同居了。这在至圣者看来，正说明众生已经"个个腐败，烂到根子"，恐怕鸟兽爬虫连带草木都沾了人的秽污，必须一块儿铲除。

于是耶和华按下云头，找到"当世唯一的完人"，说出了那可怕的，也是最终让造物主痛悔不已的，新的决定。

# 挪亚

完人挪亚在"耶和华眼里赢得了恩惠"，是不奇怪的；事实上，大地万民，唯有他一人蒙福，特许"与上帝一同行走"（创 6:8–9）。

但是，当他得知圣怒将至，竟没有回话请求解释；对于那宣布末日的圣言，他一片沉默（创 6:22, 7:5）——"听着，我要发洪水淹没大地了！天地间凡有生命之气的肉体，都要灭亡，一个不留！"

默默地，他领着儿子上山，找歌斐木，伐倒，制作方舟；再预备粮草，挑选动物，一对对洁净的和不洁净的（创 6:19, 7:2）——"登方舟吧，带上你的家人……七天过后，我要降大雨，整整四十昼夜，把我所造的一切活物从大地上消灭殆尽！"

那一年，他六百岁，"那一天是二月十七：地下的深渊突然崩裂，万泉喷涌，天穹的水闸全部打开，大雨倾盆，一连四十个日日夜夜"。他一家八口，入选的鸟兽等紧随其后，进了方舟（创 7:6 以下）——"洪水汹汹，陆地不见，整整一百五十天"。

在这大屠杀期间，他可曾口吐一言，为葬身惊涛的亿万苍生，"所有鼻孔里存着一丝气息的生命"，向救主祈祷、哀求、举丧？没有。

方舟里一片死寂。

是因为上帝特批全家逃生，就哑巴了？不，完人决不会那般胆小怕事，只顾自己，不管邻人。

一定是被"耶和华的恐怖"与"无上威严"（赛 2:10, 19, 21）攫住了，他明知灾祸在即，却无力施救。那些人不论顶着什么恶名，哪怕是天使苗裔，也有个罪孽大小，有值得怜悯的呀！是完人，能不心碎？

小时候，父亲常说，取名挪亚（noah），是希望孩儿给众人带来"慰藉"（nhm，词根谐音挪亚），让亚当子孙从泥尘的诅咒下解脱，双手的辛劳得回报（创 5:29）。想不到，他蒙福赢取的"恩惠"（hen，倒读挪亚），竟是见识至高者"后悔"（yennahem，兼指哀怜、安慰），见证世界的毁灭。

读者或许会问，耶和华的同行者，他怎么不替众生求情，不劝阻天父?为什么,没有像先知亚伯拉罕那样,鼓起勇气恳请上帝,勿滥杀无辜:"难道整个世界的审判者不主持公道了吗?"(创18:25)或者如摩西,在西奈山,面对黑云里隆隆的圣怒,依然委婉而坚定:"现在只求你开恩赦免[子民]一次;不然,求你把我也从你写的名册上抹去!"(出32:32)也许,这正是完人之完满(tamim),以不言与圣言同行。

也许,挪亚明白,他不可能探明圣怒的由来,亦即恶的根源所在。他也无从知晓,那弥漫世间犹如空气的,即便全能者也祛除不了。而救主洪恩,芸芸万民仅留一家八口,是为了教人子学会忏悔,拒绝恶事。是的,此后唯有人子的及时悔改,可使天父不后悔造人。

终于,圣灵化作微风吹拂,浊浪平复了。舱室出奇地安静,鸟兽和虫儿都停了哀鸣。直到第二个一百五十天过去,方舟搁上了亚拉腊山,群峰一座座露出水面;直到打开顶篷放飞的白鸽,衔回"一片嫩绿的橄榄叶子";直到次年二月廿七,大水退净,地面干了(创8:1以下)——挪亚始终沉默着。下了方舟,便取石块垒坛,他没有忘记献全燔祭,"用洁净的牲畜并鸟儿每种选一只"。他如何对同行的难友下狠手的,救恩的牺牲又怎样挣扎,不可考了。经书只说,一片死寂当中,耶和华闻到了祭品的香烟,十分欣慰(nihoah,叶韵挪亚):

我再不诅咒土地了,绝不为人的缘故;即使他从小就心生邪念,我也决不让生灵湮灭,像这次一样(创8:21)——不过此番悔悟上帝藏在了心底,同行者并不知悉。

## 彩虹

生儿育女吧!骤然,中天开裂,落下滚滚雷音:飞禽走兽爬虫游鱼都要畏惧你们;都交在你们手里,归你们统治!

天父这一回祝福人子，与造人赐福那次相比（创 1:28），多了一条诫命，"畏惧"。人的"统治"遂变了性质：各种动物都是你们的食物，如同菜蔬，我全部赐予你们。人子自己，则又陷入了弱肉强食、尔虞我诈的网罗，一如旧时，满是仇杀和血债（创 9:1–6）：

> 流人血者，
> 必有人流他的血，
> 因为上帝造人
> 是照他自己的形象。

如此，耶和华将战弓挂上云端，雨后放晴所立之约，便不止是宣告和平，向逃生者承诺，以彩虹为记，永志不忘，"那洪水滔天灭绝苍生的灾难，就再不会重演"（创 9:12 以下）。那誓约还记下了双方的缄默：在上帝，是默认方舟之祸为大错。因为验之于圣史，如阿奎纳（约 1225—1274）阐述的，恶原是善的空缺或漏隙；其本源在创世，而非人心。故而一味屠戮罪民，是斩绝不了恶根的。再说，阴间（she'ol）无底，亡灵无数，尚且收容不了阳世之恶，一年洪流能漂走几何？除非万恶爆发，"耶和华之日"来临，响彻寰宇（赛 34:2–4）——

> 一声禁绝——杀！
> 杀了，通扔在野外，
> 让尸臭升腾，血浸群山，
> 直至重霄万象烂掉。

在挪亚，便是在耶和华面前不答、不问、不疑。他把自己完全托付给了上帝，因而无须神迹的启示，霓虹的诺言。只是他不知道，那一道长虹标志的，除了神的信约，还有人"从小就心生邪念"；而且，那邪念就蜷伏在他的帐幕门口（创4:7）。

## 醉酒

那天，门帘被悄悄掀起，完人的沉默猝然结束：迦南该死！——迦南是幼子炎炎（ham，另作次子）的么儿（创9:24–25）。

也是挪亚放纵了自己，见草木复生，就培植葡萄，酿起酒来。禁不住"喝得酩酊大醉，脱得赤条条的，倒在帐篷里"。炎炎"瞅见父亲光着身子（`erwah，裸相、羞处），就去告诉帐篷外的两个哥哥"闪和雅弗。后者"忙拿了件长袍，搭在肩上，倒退着入内，给父亲盖上；他们始终背着脸，不看父亲的裸相"（创9:22–23）。圣言委婉而俭省，是否在暗示什么罪行？幼子跟老父乱伦？抑或趁他醉倒，爬上母亲的婚床，而后向哥哥标榜？皆属经师的自由想象。但是，挪亚酒醒"开眼"，得知羞处被幼子"知羞"，勃然大怒——他抡起右臂掷下天庭之主的咒誓，而宝座上的那一位没有阻拦（创9:26–27）：

> 赞美耶和华，闪的上帝，
> 叫迦南做闪的奴隶！
> 愿上帝保佑雅弗壮大，
> 让他住进闪的帐篷，
> 叫迦南做他的奴隶！

"从此，不仅天上，人间也分了尊卑等级；兄弟之间，身份命运各不相似。同是方舟救下的种子，有人当主子，有人做仆役，还有人未出娘胎就已是奴隶。"(《创世记·方舟》，页65)。

## 搅乱

天父至慈，挪亚独享完福，在"后方舟"世界称高寿第一。经书上说，他捱过洪水，又延年三百五十，至九百五十岁辞世，同祖宗团聚（创 9:28–29）。这一记载，往往为读者所忽略，于人神关系，尤其是彩虹之约，却是至关重要的。

据《创世记》十一章闪的家谱，逐代计算，到亚伯拉罕长大成人，很可能娶妻之后，挪亚还健在。那可是十世同堂、儿孙绕膝之福！相比之下，人祖亚当略逊一筹，享年九百三十，得见九世孙拉麦即完人之父诞生（创 5:5）。至于挪亚祖父玛土撒拉，虽是千古一人长命之冠，享寿九百六十九，却卒于洪水之前，仅获曾孙辈（闪、雅弗、炎炎）承欢（创 5:25, 32）。

方舟以降，挪亚之世有一大事变，验证了信约的效力，就是人子在东方即两河流域的巴别之野"盖一座带高塔的城"，冒犯了至尊。"因为在那儿耶和华搅乱了天下的语言——耶和华令众人散开，去了世界各地。"（创 11:9）

完人后裔该当何罪，圣书语焉不详。犹太传统，通说罪名为忤逆，建城聚居违背了天父要人"遍布四方"的训言（创 9:1）。造塔通天则犯了骄傲，仿佛子民不用倚靠上帝，也能追求自由平等和幸福。用耶和华的话说，便是：原来人抱团成了一个民族，讲的是同样的语言！才起头，就造这个，将来只怕没有他们做不成的事了（创 11:5–6）。

莫非造物主忌惮人类的语言统一，所以才废了夏娃儿女的伊甸古话？可是"起初，天下只有一唇一音，一门语言"（创11:1），不正是他创世抟人的设计，以使男女结合，子实蕃衍，多如天星海沙（创22:17, 32:13）？或者，是担心人子觊觎天庭，尘土亚当变得"像上帝一样"（创3:5, 22）？也不像。上帝大能，只消降一场冰雹或刮刮龙卷风，吓唬一下，有谁敢造次？

到底什么道理，耶和华非要拆散挪亚子孙，令其流落四方呢？我以为不是别的，就是巴别之民一再嚷嚷，但前引"抱团"一句未提的"扬名"二字。这儿，"名"（shem）为单数，不是一个个与人有别而独享的名号，而是万众一心、凝聚一族的理想。而通天塔就是那新的族名的象征，一座人定胜天的纪念碑。人，固有一死；但加入集体组织起来，即可藉一个永不磨灭的英名，或民族的荣耀，以协力合作与互爱，战胜"乐园的惩戒"——死亡。

扬名，对至高者还有一层联想。须知当初邪恶来世，便是神子人女交媾，繁育了一族巨人，扬威五洲，自创伟名。上帝实在忍无可忍，才开穹窿、裂深渊，毁了无计数的生灵。而现在，这些人居然又想立名不死！

的确，这一次不比上回，上帝面临着两难：水淹恶人已不是选项，因为与大地订有彩虹之约，许诺了和平——与完人后裔同在。封闭苍穹、折断塔尖，也不是办法。人子造塔只是手段，目的在扬名，叫肉身得荣耀，破寿数之大限。故而只能设法颠覆他们的团结，而搅乱语言似乎是较为文明又不算悔约的一策。

当然，耶和华看得清楚：一旦人子扭了舌头，交流阻滞，大城固然是筑不起了，但人群四散，各踞一地，分为部族，争战不休，统一的信仰也就不复存在了。那些敬拜上帝、走主的正道的，由于口音相异文字不通，受教亦需要翻译，才不致中断。久而久之，圣言同子民便有了隔阂；会众每日研习，未免生出种种矛盾的诠解，或奉为教义，或构建神学。乃至千载之下，以讹传讹，圣书的真相竟为无数译本跟注释所淹没了：朴素变成简陋，圣洁堕入粗疏，雄健失于僵硬，热烈不敌轻浮（《政法笔记·不上书架的书》，页230）。遵行圣法，老祖宗总结的宝贵教训，今天的"低头族"听了，无非"不明觉厉"；圣人拉比皓首穷经，撰述的条条义理，在"宅男宅女"那儿，只剩四个字，"累觉不爱"。

然而，人子还是扭了舌头，全能者未能忍住。

于是，上帝之言就成了人语，在巴别之民的唇舌上颚、鼻腔与喉管间，开始了蜕变。慢慢地，随着部族疆土越分越细，跟从天父的人子少了。末了，万族都忘却了救主，家家塑造神祇，户户供奉偶像。挪亚的后人唯有出于长子闪（shem）的一支；号希伯子孙，仍旧守持信仰。但他们中间也有许多背离上帝、讥嘲圣言的。结果奸思邪欲乘虚而入搅扰圣民，弄得以色列一团混乱，恶人当政，不知冤枉了多少清白，如先知控诉的（赛59:3–4）：

> 因为你们手掌沾了鲜血，
> 指头被昝责玷污，
> 嘴唇在欺瞒，舌尖吐不义——
> 无人按公义起诉，无人据实判决；
> 全靠混沌即编造谎言，
> 怀上祸种，生的是罪孽。

是的，这一切，在巴别塔停工之日，全知者皆已寓目：人子流散，唇舌相攻，将来子民一次又一次的违连，引发圣怒；甚而救主不得不借敌族为刑鞭，以鞭声为圣言："他就用口吃的唇／异邦的舌，来对这一族说话。"（赛 28:11）

是的，报应已定，他能不后悔？

二〇一四年十二月于清华园

---

道金斯（Richard Dawkins）:《上帝是错觉》(*The God Delusion*), Houghton Mifflin Co., 2006。

冯象:《政法笔记》(增订版)，北京大学出版社，2011。

孔德-思朋维尔（Andre Comte-Sponville）:《论无神论的灵性》(*The Little Book of Atheist Spirituality*), Nancy Huston 英译，Viking, 2007。

# 考验

《创世记》二十二章：此后忽一日，上帝决定考验亚伯拉罕。亚伯拉罕！上帝说，带上你的儿子，你心爱的独生子以撒，去到摩利亚，将他做全燔祭献给我！

亚伯拉罕一生坎坷，在天父手里屡遭磨难。最后一次，当"考验"（nasah）化作圣言，唤着他的名字，hinneni，在这儿呢！他没有犹豫。他明白，此时此刻，若非绝对服从考验者的命令，便不足以证成耶和华的先知，不能无愧于子民圣祖之称号。

可是，如果说先知受苦乃神的考验，关乎人神关系的日常维护（详见《信与忘·约伯福音》），那就回避不了经师论辩的一个老问题：造物主无所不知，何须考验他的先知？不是吗，人心里在想什么，遇事会如何表现，都一清二楚摆在他眼前，只要他愿意（参约 2:25）：人算什么，至高者这般抬举（伯 7:17–18）——

> 这么放心不下，
> 天天早上审察，
> 一刻不停地考验？

所以揆诸圣史，上帝一而再、再而三地考验先知，似乎只有两种可能：其一，那不是动真格，绝非不放心怕看错人，而是创世宏图的设计；目的在树楷模，让子民受教育。不过，成效未见得理想，时间久了，容易变成走形式：受考验的无须承担大的风险，只消表态积极，教条正确，便可充当好人。结果非但无助于教化百姓，反而奖励了伪善，每每被恶人利用，败坏以色列的风气——这一点国人是最有体会的。故天父将亲选赐福的"信约之友"召来审察（赛42:19），应该不是做做样子。

其二，既然如此，为使考验成立而落实风险责任、压抑投机，上帝会不会暂且放弃全知，转过脸去，背对未来？我以为是合理的推断。这样，直至亚伯拉罕把献祭用的木柴叫以撒背了，父子俩一步步爬上小山，垒起祭坛，白发翁捆了爱儿"放上柴堆，然后取尖刀在手，举起"——要到这最后的、令丹麦哲人齐克果（Søren Kierkegaard, 1813—1855）颤抖的关头，至高者才能确定，圣祖是否百分之百的敬畏，"连自己的独生子也不顾惜"（创22:12）。换言之，这是耶和华为擢立先知，主动减损大能，出空了神格，故而"缚子"（`aqedah）于人神双方都是一场真正的考验。因为结局怎样，可否证成，人子固然无法预料，天父自己亦是没把握的。

那么，万军之主为何冒此大险，放弃预定，将自己崇高的威望寄于亚伯拉罕，一个默默无闻、来自东方大河下游"日出之地"（`ur, 创11:28）的老牧主？

原来，圣言在挪亚之世出了意外：耶和华因完人子孙筑巴别塔扬名，搅乱了他们的语言。没想到，扭了舌头"一个听不懂一个"（创11:7），子民的信仰就蜕变了。随着部族相争，诸神蜂起，渐渐地，造天地的那一位反倒被人遗忘了；一部圣史，满是人子对神的误读、抗拒（萨拉马哥，页78）。上帝在自己开创的世界上竟成了一个贫窭的圣者，几无立足之地。所以，挪亚死后，救主拣选先知，认其忠信为义（创15:6），实际是发动他的"绝地反击"：他决意推倒一切偶像，恢复巴别塔之前的人神秩序。

> 离开你的故土、你的族人和你父亲的家,
> 到我为你指示的地方去!

圣祖七十五岁上,忽听得圣言召唤(创 12:1 以下)。他二话不说,率妻子莎拉、侄儿罗得并平日"积攒的财物和得来的灵魂"(nephesh,婉称奴隶),起身上路。进入迦南,迤逦行至石肩(shekem),来到那株神圣的摩利橡树下面,耶和华倏然显现,道:

这片地,我将来赐给你的子实!

## 莎拉

莎拉"不育,膝下无子"(创 11:30);丈夫蒙召承恩那年,她已六旬挂五,过了育龄。也是命途不顺,千辛万苦走到迦南,那"流淌着奶与蜜"的福地便闹了旱灾,一家人断了粮,只好南下埃及逃荒。临入炎炎(ham)子孙之国,圣祖突然夸她一句:妻啊,你长得漂亮!还没回过神来,丈夫的一番叮嘱,如一把利剑,刺穿了她的灵(创 12:12-13,参路 2:35):

埃及人见了,保准会说:瞧他的老婆!然后把我杀了,将你留下。所以求求你,就说你是我妹妹。这样,他们便会为了你的缘故而好好待我,你就救了我的命了!

古代拉比解经,常说圣祖夫人不仅貌美,更神奇的是她青春永驻,上了年纪还容颜皎洁,一头乌发,姑娘家的身材——所以寄居在尼罗河畔才会"招人瞩目",竟至于被法老纳入后宫。她跟在丈夫身后,不认识的人见了,只道是老牧主带了个丫鬟:现在俩人以兄妹相称,是否有点勉强?然而莎拉听得明白,"漂亮"云云,是要她扮妹子,嫁人!为什么?是当家的厌弃她荒胎不育,不配耶和华恩许的子

孙繁盛,"成一大民族"?兴许他早有谋划,准备收侄儿为养子,家业由罗得继承(伯特,页62)?想到这儿,心就碎了。及笄过门,入他的帐幕,服事他五十个冬夏了。可自从蒙召他就变了个人,成天念叨着土地呀子实——神恩怎会是这个样子,把我当了弃妇?

莎拉不懂神恩的奥秘。事实上,她一进后宫,救主便降下瘟病(nega`im,本义打击,创 12:17 注),用美人的不育折磨王后嫔妃,迫使法老把弃妇交还她的合法丈夫。只是,神的公义仿佛跛了一条腿,追赶人的危难,往往要慢好几步。遇上后宫染恙,封了子宫,大概没有仨月半载,太医跟术士是诊断不了的。其间莎拉忍受的痛楚和惊惧,经书皆略去了;只记录了法老如何厚待亚伯拉罕,及发现真相后,对懦夫嫁妻、欺君罔法的申斥。而苦命的新妃,她连一句话一声叹息也未能留存圣史。

## 公道

圣祖避灾,不仁不勇,种种后果却是他料想不到的。比如法老赏了他"许多牛羊驼驴和奴婢",这份产业无论作何解释,拿着总不甚光荣。其次,大群牲畜赶回迦南,原先的草场就嫌小了,叔侄两家的仆人因放牧的事闹矛盾,时而争吵。终于至亲分道,罗得往东,下约旦河谷,把帐篷安在了"冒犯耶和华的罪人"即所多玛人近旁(创 13:12)。但最让亚伯拉罕负疚的,还是第三,谎称兄妹,欠了老妻一个公道(mishpat)。而亏欠莎拉,实则是亏负救她出后宫的那一位——"妻啊,你长得漂亮",人得了恩典还那样盘算,不是试探(nasah)上帝,是什么?

"你的家业,该由你亲生儿子传承",耶和华藉一异象(ma<u>h</u>azeh),启示了先知(创 15:4)。亲生?先知不解,找谁生去?莎拉荒胎,连埃及人都知道,我哪来的后裔数不胜数,"多如天星海沙"(创 15:5, 22:17)?莫非圣言里藏着玄机?那就信吧,信了,才有盼头!

于是备办祭品,三岁牛羊加上斑鸠雏鸽,一一摆好,按上帝的吩咐。红日西斜时分,猝然一阵黑沉沉的恐惧压来,耳边又响起了隆隆话音:记住,你的子实将来要流落异乡,要受四百年的奴役和欺凌(创 15:13)!可是主啊,那继受神恩的,凭什么遭此大祸?脚下这片地,迦南,不正是你一再应许的家园?

然而,人都说迦南背着挪亚的诅咒:那个瞅见父亲裸相的炎炎的幼子,命中注定,要给哥哥(读作异族)做"奴隶的奴隶"(创 9:25)。这十世祖气头上发的狠话,怎会搬来应验在领受福地的子民身上——难道,亚伯拉罕不寒而栗,这也是我的过错?

有道是"父吃葡萄酸,酸坏儿的牙"(耶 31:29,结 18:2);子承父罪,是完人老祖立下的规矩。

想想也是。只要法老的弃妃在人前还抬不起头,还得拿一千块银子"遮眼",还在等丈夫还她清白(创 20:16),那丈夫据以称义的忠信('emeth)就不可能被最后认定。即便莎拉说了,怀不上孩子是耶和华的旨意,并亲手把贴身婢女夏甲交到他怀里,请他收房,求借胎得子——即使走出埃及十年过去,圣祖依然害怕老妻的这句话:你我之间,愿耶和华主持公道(创 16:5)!


直到那天,陪伴天父上到俯瞰所多玛的山顶,向至圣者发问,他才履行了先知的职责,替无辜生灵也替罪人,祈求公道(创 18:22 以下):主啊,你真的要把义人和罪人一同消灭吗?假如城里有五十个义人,你还毁灭它吗?

耶和华不以为忤：如果能找到五十个义人，不，只要有四十个、三十个、二十个、十个——"为这十个，我也不毁灭"。居然允许圣祖"讨价还价"，一次次抬高动圣怒的门槛。诚然，先知不知，那邪恶之城的命数已定；彤云破晓，被天使攥着手带出"大覆亡"的，仅有罗得一家四口（创 19:15 以下）。

他心中的懊悔——求公道，少说了一个"假如"：假如有义人四口——如何从自责到绝望，又怎样为罹难的众生哀哭，圣书不载。但次日他早早起来，赶回山上，望见"河谷里浓烟滚滚，仿佛一扇巨大的窑炉"，一定以为侄儿也葬身火海了（伯特，页 75）。

## 欢笑

也许是伤心过度的缘故，客居基拉耳（今巴勒斯坦南部加沙附近）时，圣祖再度谎称兄妹，嫁妻受财，把莎拉送进了"我父王"（'abimelek）的后宫。他这么做，竟是在夏甲给他生了儿子，在上帝赐名立约、全家行了割礼之后。而不久前耶和华来访，在橡树下显现，还亲口允诺，预言三遍：生命有期，明年莎拉必生一个儿子，承恩欢笑（创 17:21, 18:10, 14）。

救主怎么办？为保住"承恩欢笑"的计划，他当晚托梦于国王，警告后者新妃是有夫之妇，不可亲近。不意那做丈夫的进宫听罪，辩解的理由却是：在下的顾虑，是怕贵国百姓不敬畏上帝，为图谋贱内，把我害了（创 20:11）。

全能者听了作何感想，不可考了。但巴别塔以降，万族分蘖，山川城邑，各有神祇。基拉尔一如迦南、埃及、两河流域，"不敬畏上帝"由来已久了。再说国有国法，光天化日之下，谁敢劫杀客旅，抢夺妇孺？当初法老之归还圣祖夫人，便是承认误娶人妻的不法，视后妃被锁了子宫为不法婚姻招致的神明制裁。这道理，我父王后来又碰上一回夫妻扮兄妹的"乱子"，对肇事者（以撒）讲得直白：倘若臣民有谁把夫人睡了，寡人岂不背上大罪（创26:10）！这罪，在众神眼里，跟在耶和华面前，是一样的。故此，推说当地人异教徒"不敬畏"，是掩饰不了说谎者自己的怯懦的。

换一角度设身处地，本着寒柳堂所谓"了解之同情"（mitfühlen und verstehen），也可以说，那是先知目睹了所多玛覆亡的惨状，于绝望中行事违忤了诫命。而天父既已指定莎拉怀孕生子的日期（创21:2），就不得不出手施救，以挽回败局，变弃妃为人母。

> 上帝给我造欢笑（zehoq `asah li）！
> 听到喜讯的，跟我
> 一块儿笑！

莎拉生以撒（yizhaq，"他[上帝]笑"）那年，亚伯拉罕已寿登期颐（创21:5–6）。之前，当割包皮刻永约之日，圣祖尚无法想象：我这百岁老头还能得子？莎拉都九十了，还会生育？他跪倒在地，忍不住笑出了声（创17:17）。帐篷门口，莎拉听到三位访客即上帝和天使预言，心里也觉得好笑。因她早已停了"妇道"（'orah kannashim），绝经多年，"我主公也老了，这喜从何来"？而如今，耶和华果然没有做不成的事（创18:9下）："童贞女"养了个儿子！

犹太传统，童贞（bethulim），可指天癸未至、不及育龄的女性，无论同男人"相认交媾"与否。故七七之岁，月事止息，也有称童贞的，"由妇道重返童贞"。如此，莎拉怀子绝对是神迹，用一世纪哲人菲罗（Philo of Alexandria）的话说，"是主生了以撒""造的欢笑"（维尔麦希，页218–220）。

然而两年过后，这"欢笑之子"断奶那天——古俗，女孩十八个月、男孩三十个月断奶——却是夏甲母子的悲泣之日。上帝为何要圣祖依从夫人，赶走年轻的宠妾并以实玛利，那从小带在身边、行了割礼、业已年满十六的长子？莎拉说是要防备"婢女的小子"将来分正房嗣子的家产（创 21:10），其实是不放心丈夫，她的曾两次弃妻保命的"主公"('adoni)。这夏娃女儿的苦处，天父全看在眼里，遂亲自还她的公道，"生命有期，期满我一定回来"（创 18:14）。

从此，帐篷里只剩下以撒承欢，为老牧主的"心爱的独生子"，为人神双方的考验。

## 双方

于是，才有了缚子，以及上帝的初次言"爱"('ahab)——爱子以撒，其时已长成了少年（na`ar，"孩儿"，创 22:5, 12）。当神的忠仆与挚友绑了莎拉受造于神的"欢笑"，献上祭坛，造物主平生头一遭感受了爱的刺痛。是的，圣祖缚子，本质上是出空了大能大智慧的耶和华，加于自己的一道束缚。

但那考验既是双方的，便唯有托付于忠信者方能奏效。那些不信的、伪善的或投机的若是晓得，如以撒上山时听说，"那做全燔祭的羔羊，上帝会亲自预备"（创 22:8）；若是受考验的也都有预备，把献祭当作扬名的机会，例如某种形式的"挂职锻炼"，考验就失败了。须知，爱上帝乃敬畏上帝；日常的认认真真的"爱耶和华你的上帝"，为之"独生子也不顾惜"，是极危险而无胜算的。盖胜出者没有预定，哪怕"以你的全心、全灵、全力"（申 6:5），忠信者也要时刻准备着失败、受苦和牺牲，包括在最后关头毅然举起尖刀，而决不期待有天使飞下云端，高喊"住手"。

为什么，天使把同一句圣言，"为了我，你连自己的独生子也没顾惜"，向举刀的传达两遍（创 22:12, 16）？是重申永生者的慈恩，允诺子民蕃衍，"占领仇敌的城门"？还是褒扬忠仆的绝对服从，堪当先知？这儿，关键词是"为了我"（mimmenni，从我、对我），即为了上帝，亚伯拉罕"壮举"的唯一受益者（创 22:12；因先知在缚子举刀战胜考验的同时，助在天的考验者过了考验。

因为，只有忠信者甘愿失败并勇于牺牲，"一不怕苦、二不怕死"，那考验者的宏图才有实现的可能。反之，考验若只是预先设计安排的一套程序、一组指标，有奖惩有回报的一次"锻炼"，如今世所见，那么用不了几番考验，不信的便学会了应付那至可信靠的一位。到头来，真先知反不如假冒先知的伪善者、投机家善于操弄程序，满足指标而获取回报。

同理，人再虔诚，笃信拯救，耶和华也不会保证，凡受考验的"必留出路"，而只能教他们学会忍耐，约伯般的坚忍（雅 5:11，参林前 10:13）。因为，正如上文指出，留好出路的考验，极易堕入教条，搞成一个人人唱赞歌、竞相表忠心的场面仪式；日久，未免滋长了拉帮结派整人捧人的今世之顽疾——腐败。

这么看，上帝的考验实为一悖论，因为对于考验的双方，神与先知，都是不可行、无意义的：上帝不可试探，乃圣法的基本原则（出 17:2，申 6:16，太 4:7）；而忠信者、真先知每日在替众人受苦、祈福、奉献一切，当是无须另设考验的（赛 53:5）：

> 不，他是因我们忤逆才被刺穿，
> 因我们罹罪而被碾碎；
> 是为我们复元而身负惩戒，
> 道道鞭痕，俾我们愈痊——

所以考验之于子民，一如外族，纵然有惊无险如圣祖缚子，也往往得不偿失。因为，很自然地，人们看到那考验带来的苦痛，会质疑永生者的神格，甚而指其裁判不公、冤屈正义（伯 8:3）。

试想，那捆了放上柴堆的爱子，面对父亲手里的尖刀，心里何等的惶恐！考验结束，"亚伯拉罕下山与仆人会合，一起返回誓约井"（be'er sheba`，在南地往埃及途中，创 21:14 注）。圣书竟不提以撒。经师注疏，解作少年深受刺激，拒绝随父亲下山。一松绑，站起来，他就一头钻进灌木，活像一匹挣脱罗网的羚羊，消失在暮色里了。细心的读者或许会问，圣祖到家，可曾或者如何向夫人解释？但是，帐篷里一片死寂，拉比说。莎拉低着头，一言不发，既不问爱子在哪，也不答丈夫的话。她不要人安慰，沉默着，如一尊石人，整整二十二年。圣言不忍，皆省略了，只道：

莎拉享寿一百二十七岁，逝世于迦南四城子（qiryath 'arba`），现名希伯伦。亚伯拉罕回来（yabo'，或作进来）为她举哀，悲恸不已（创 23:1–2）。

"回来"——什么意思？从誓约井赶来？她同丈夫分了帐幕，一直独居？

也许。失去了她的"欢笑之欢笑"，她宁可再做弃妇。

二〇一五年一月于铁盆斋

---

罗伯特（Robert Burt）：《旋风中》（*In the Whirlwind: God and Humanity in Conflict*），哈佛

大学出版社，2012。

冯象：《信与忘：约伯福音及其他》，生活·读书·新知三联书店，2012。

萨拉马哥（Jose Saramago）：《该隐》（*Cain*），Margaret Costa 英译，Mariner Books, 2012。

维尔麦希（Geza Vermes）：《犹太人耶稣》（*Jesus the Jew: A Historian's Reading of the Gospels*），Fortress Press, 1981。

# 回头

上帝灭所多玛一事，载《创世记》十九章。悲剧末尾有一细节，历代注家歧见纷纭。这也难怪，圣言俭约，内中的深意，便是圣人也道不尽呢（创 19:16 以下）：

罗得一家四口，被天使攥着手带到城外：逃命去吧！天使叮嘱罗得，"不许回头看，也不可在平坝里停步；要一口气跑到那边山上，否则你 [们] 也一起灭亡"！逃到小镇蕞尔，太阳刚升上地平线。突然，漫天落下燃烧着的硫磺，顿时，所多玛与俄摩拉一片火海：耶和华夷平了整条河谷，连同所有的人畜草木。"[罗得] 的妻子 [忍不住] 回头张望，立刻变成了一根盐柱"。

问题是，既已出离了耶和华眼里的邪恶之城，救主为何不许获救的"回头看"呢？假设天使对家长的警告适用于全家（故拙译作复数："你们"也一起灭亡），罗得妻看到了什么？犯了上帝的什么禁忌？

这"回头"一节，遂成了圣史上一个谜团：经师串解论辩，神学家证之于信条，表现在西洋文艺，更是佳作迭出。当代学者的诠释，波兰学者柯瓦柯夫斯基（Leszek Kołakowski, 1927—2009）有一则寓言《罗得妻》，我以为于国人极有批判思考的意义。依其描写，那倒霉的妇人所犯的死罪，是回望了自己的过去；而至高者的计划，却是要逃生者忘掉"旧我"，终结历史，"做一个不同的人"（《上帝幸福否》，页 311）。这可说是一种戏仿式的讽喻；我们先敷演他的故事，再作分析。另外，柯氏的文笔是学院派头，未免枝枝蔓蔓，挂些绕弯儿的大词，这些都替他修剪了。

所多玛覆亡的原因，圣书记载不详。传统说法，居民"十分邪恶"云云（创 13:13），柯氏指出，实际是敌人散布的谣言。历史的真相是，所多玛人创建了一个捍卫自由平等、废除死刑的宪政之邦（Rechtsstaat）。不用说，这是今人称羡或指为酸葡萄的"普世价值"第一次照亮人类的心智——是的，比启蒙大哲康德构想他的"宪政国"与"永久和平"，早了三千六百年不止（参《摩西五经·圣经年表》）——撮其精华，便是城邦颁行的三条法令：

一、凡否定人人生而自由、要求监禁他人者，判无期徒刑。

二、凡否定人人平等、要求不平等者，判服苦役，剥夺所有权利。

三、凡要求恢复死刑者，判处死刑，立即执行。

就这样，一个伟大的理想改变了世界。可是不久，所多玛"国安部"的执法人员热忱过度，这帮绰号"Stasi"的秘密警察到处搞监听，鼓励群众检举，形势就乱了。因为难免有人管不住嘴巴，漏出对普世价值的不满情绪，不抓不判行吗？还有工作态度懒散、穿着暴露或者爱打探小道消息的，也可能妨碍宪政的落实。这等人一旦引起 Stasi 注意，多半得带走调查。

但是，最大的乱子还是 Stasi 自己。依照分权制衡的原则，为保障程序正义，城邦厉行改革，将执法权拆开设了甲乙丙三部，分别负责维护自由、平等和生命权。不想那些人立了山头就不肯合作了，一天到晚勾心斗角，彼此窃听盯梢整黑材料，无所不用其极。群众则积极配合，揭发隐藏在各居民区的不法分子——听说敌对势力要颠覆所多玛，谁不支持打击呢？才一年，全城人口四分之一因反对废除死刑被处死了；四分之一因敌视自由而失去自由；四分之一因质疑平等而进了苦役营。余下的四分之一，找不出一个不是在"国安"支薪酬的。

这一切，早有使者禀报天庭。高踞宝座的那一位一声惊雷：耶和华的太阳底下，跟罪人讲自由平等？死刑若可废除，置我的救恩于何地？遂遣两名六翼神子下凡督办，尽快纠正所多玛人的错误思想和邪恶行径。那天黄昏，神子来到城门口，只见一人叩鼻于地，正是圣祖亚伯拉罕的侄儿罗得（创 19:1）。

那罗得却是个外来户，希伯来人。自从迁居平坝，本地人倒不曾搅扰；但他走的是上帝的道，"住在他们中间，那些无法无天的事，日日目睹耳闻，他的义灵沉痛极了"（彼后 2:8）。他把客人接至家中，命两个女儿去门外站着，万一有 Stasi 闯来，可挡一挡。天使得悉宪政的乱状，又悲又喜：喜的是居然觅着一个义人，此行不负天父的嘱托；悲的是，普世价值竟如此腐败，这座城只有降天火惩治了。于是向罗得透露了耶和华的旨意，叫他带上家人，天亮前出城逃命。而后，便如经书所述，一家人逃到蕞尔，赢了救恩；不幸的是，罗得妻破了诫命，回头张望了那宪政之邦。

## 盐柱

罗得吓坏了，抱着盐柱，拼命喊天使。晚了！天使摆摆手，我们特意警告过，可她就是不听，只想回去过她的旧日子！

不，不，罗得苦苦哀求，她没有想回去啊，绝对没有，她只瞅了一眼！

一眼？说得轻巧。不想走回头路，会瞅那个？

所多玛都烧光了还不许看？为什么？罗得绝望了。他从神子的眼里，看到了天庭的判决：

不行，朋友。过去的属于过去，给它招魂，是大恶，必死！

为什么？希伯来人还在嗫嚅。

因为新日子开始了。凡是没用的有害的不正确的知识，通要消除！

可我们刚刚从所多玛跑出来，那边有哪样是瞧不得的？

神子微微一笑：那就更不该死抱着旧事物了，是不是？最好把它忘了。没等答话，似乎想起了什么，又道：你呀，是义人也是旧人，心里面存了太多的旧思想，一下割了又禁受不住。夫人也是，硬要看自己的"旧我"灰飞烟灭，丢了性命不是？所以你慢慢改造吧。

义人急了：这不矛盾吗，我的好天使？我老婆究竟犯什么错？先头说是因为走回头路，现在又讲她自己找死，跟什么"旧我"一块儿完蛋……

矛盾呵呵，神子的翅翎亮得刺眼，听着，那是我主的奥秘！

义人有点语无伦次了。争辩了一阵"旧我"的概念属性，忽又害怕了。天使让他放心，只要不回头，忘却旧宪政，换上天庭恩赐的新的法治思维，父女就不会有危险。他还想替妻子喊冤，乞求一个悔改的机会。但一看神子面露愠色，就闭了嘴，拉着两个女儿，往山上挪步，"哀哭着，爬进了他的新地"。


故事结束，作者铺陈"教训"（morals），摹仿那邀天火的法令，也列了三条：

一、莫以为过去归我们所有；过去灌注于人的整个存在，我们属于过去。

二、天庭之所以禁止回首往昔，是为我们的好，因为人回头会变成盐柱。

三、回首即死，旧思想又割不掉，故而仅剩下一种选择：带着"旧我"生存，同时却假装没带——作者说，这样的人在自己周围其实不少："不少"万岁！

这一句口号，便是柯氏的夫子自道了。他年轻时是华沙大学的党员尖子，事业蒸蒸日上，三十二岁晋升了教授，执掌现代西方哲学史教席。《罗得妻》一文，出自他一本戏仿圣经故事的小书《天堂的钥匙》，作于一九五七年。由于涉嫌影射当局，未及发表就被宣传部门禁了。于是流入所谓"地下文学"，抄本传出"铁幕"，西方媒体视为"波匈事件"的余音，鼓噪一时。一九六八年，柯氏"因政治活动"遭解职。旋即出国，先后在加拿大麦吉尔大学和加州伯克利大学访问，最终落脚于牛津大学万灵学院，任高级研究员至退休。

然而历史诡谲，充满了反讽。如今的读者，倘使学一学罗得妻，便会看到：相隔半个多世纪，那同样的禁忌——寓言所讽刺的"上帝"的洗脑计划、"新地"对集体记忆的操控——在作者的祖国，在"告别革命"的"小时代"，都变本加厉了；而且越发"圣洁"，不容置疑。这冷酷的现实，"今属恶魔，昨之神圣"（蒙田语），恐怕是柯氏当初没有料到，后来也不愿面对的。他晚年的著述渐趋怀疑主义，着力反思天主教传统。尽管仍坚持，马克思主义解释不了苏东社会主义，以为商店里琳琅满目的中国货全是"劳改营的奴隶制造"（《上帝幸福否》，页68, 321），但对私有化市场化的"自由平等"已经不那么确信。结果，发议论就像是抱着盐柱，试图跟天使评理了。

## 记忆

寓言末尾的"教训"，第三条不弃"旧我"，意谓拒绝遗忘。回头，因此被赋予了本体论上行动的意义：人的社会存在离不开人的集体身份意识。其建构要素，按柯氏主张，除了自我指涉的语词（名号、人称代词及委婉表达），还有身体尊严和记忆，包括历史认同、溯源（借助宗教、神话），并据以期望未来（同上，页251以下）。

此说不无道理。拿来分析《罗得妻》，却揭示了那"教训"有一悖论：它没法长在寓言身上。一篇故事，无论纪实虚构，讲给人听，要人相信，其叙述也有一个"身体尊严和记忆"，即"是"与"真"的问题。前者取决于故事的结构（人物、情节、对话等），后者须交代故事的源起、有无见证；当然，两者都依托特定的、广义的文学传统。比如，就圣史（寓言的底本与戏仿对象）而言，所多玛灾变的"原始叙说"，可来自三个幸存者即罗得父女。如果从天使到访、遇见义人说起，则"合法见证"唯有罗得一人（详见下文）；女儿所知，大半是父亲事后告诉的——至于神的启示，通常须有中介，由先知术士或祭司见证，情况不同，此处不论。不过寓言说得明白，罗得的记忆，恰是上帝计划改造的对象。天使的意思，矫正记忆，让它"升级"，方可改写历史，屏蔽所多玛宪政的真相。如此，这灾变故事作为讽喻是否逻辑自洽而当"真"，便有两种可能：

其一，罗得所传不实。属实的话，他就没有忘记宪政，而全能者的计划竟失败了。上帝失败，他的义人会愿意？不会的。他宁可违背"教训"放弃"旧我"，把真相埋在心底。反之，那真相若能传世，至少应有耶和华遇挫的暗示，而非如寓言宣称：义人屈服，接受洗脑，"哀哭着，爬进了他的新地"。

其二，罗得没有说谎；惨剧的始末、许多细节都源于他的回忆。只是，不知不觉在"耶和华的太阳底下"，经过清理"污染"，他的故事做了圣史的一个插件，用以播放所多玛的骂名。所以这篇主观真实的回忆，读者是不可照单全收的；须仔细分析，搜寻线索，才能触及被遮掩的真相，哪怕真相已成碎片——

也许，所多玛在倾覆前从未发生过大规模的政治迫害，执法亦不靠"思想警察"。然而，自由平等尊重生命，在至高者看来，仅是"主内"会众的关爱义务；异教外邦，是注定了受诅咒下火狱的。这样，那宪政之民不甘偏僻，欲在今世实现大同，乃是公然挑战救主的宏图。天庭震怒，硫磺火海，也就不奇怪了。

也许，所多玛本是一座不起眼的小城，一如圣祖筑祭坛的石肩、希伯伦（创 12:6, 13:18），有自己的神庙跟律例，有虔诚而好客的居民，有热闹的集市和商旅。但它的倾覆并非神迹，是一场地震引发大火，烧毁了河谷里的文明，之后废墟下沉，形成死海，如一些学者论证（创 13:11 注）。不知何时起，流传开了一个邪恶之城遭焚灭的故事，宣扬的是以色列的圣者及圣法大能……

总而言之，罗得不回头不坚持追忆，我们便无从追问圣史的真相。这也意味着，从所多玛宪政的寓言推不出作者关于不忘过去的"教训"。

## 罗得

读者或许会问，既然如此，上帝干吗还拯救罗得？首先，他是义人，该救。而且如同挪亚，特许携家眷一起得救，以彰显耶和华的忠仆蒙恩。所以圣怒将至，天使关照罗得：你在城里还有什么人？儿子、女儿或者别的家人？带上他们，赶快离开！义人慌忙出门，去喊两个女儿的未婚夫。可是他们不信，只道是开玩笑（创 19:12-14）。

拯救起于拣选。天父拣选义人，是要他见证所多玛的罪行与末日。这第二条理由，系于圣法，才是解经之关键。故罗得的准女婿不走、妻子忍不住回头，皆属可杀；杀了，救主的宏图不变。唯独义人是必救的。由此想到一个问题,是那"教训"的讽喻所忽略的:假使罗得豁出去,也往后看,又如何?会不会刹那间盐化?

我看未必。罗得妻变盐柱,是上帝降罪的神迹,意在警告逃生者,回首即死。然则,站在天庭的立场权衡利弊就会发现,若罗得回望,杀他非但于事无补,反而坏了救恩与公义。因为降罪之为神迹,根据圣法,只能由罗得来见证,妇孺是无资格的(申 17:6–7)——可知他的待嫁女儿获救,非关做见证,是大奥秘另有安排。

是的,圣怒之主需要一个执义的忠仆,加入自己,向万世做邪恶之城的见证(民 35:30)。诚如后来在另一座城,耶路撒冷,另一位人子,"圣洁无瑕而无咎",在被仇敌钉上十字架之前,也曾祈求差遣他的天父一同见证他的牺牲(约 8:18)。因此为救恩计,罗得是一定要留性命的,不然所多玛的覆亡就不合圣法,不配"万军之耶和华因判决而受尊崇,至圣之上帝为公义而显圣"(赛 5:16)。

而那"苍天铺开作帷幕,大水之上搭宝殿"的(诗 104:2–3),事前已认定了忠仆敬畏。上山途中,他确实没敢回头;进了山,找岩洞住下,醉酒乱伦同女儿生子(创 19:30 以下),也自觉地不谈往事。似乎,从此就选择了遗忘,连"盐柱"二字也不愿提起,他将帐篷扎在了救恩的"新地",一心一意,诵习圣言。

但是,罗得回头的可能性仍在。因为,遗忘若是出于自觉的选择,而非仅仅是敬畏至尊,他便保留了人祖食禁果得来的自由意志,及辨善恶的理性的智慧。只消拿出足够的勇气,"无滞于外物",如犹太哲人麦蒙尼德(Mosheh ben Maimon, 1135—1204)所言,他是可以回首,即重拾旧忆而发掘真相的。诚然,回望是冒险,是试探上帝;是不顾天庭诫命,拔出那根戳在心底的盐柱。而投眼所见,"新地"之外,记忆的禁区多么惨淡!说是充斥着所多玛的罪恶,早已倾覆,却又灭绝不了。而当义灵从遗忘中惊醒,勇敢地面对死亡,自推开救恩的担保那一刻起，人，就恢复了尊严。因为那忘却了的，开始了新生，极像先知的咏赞（赛 26:19）：

> 你的死者必重生，
> 他们的尸身必复起；
> 醒来呀，欢唱吧，入居尘土的人！
> 因你的露珠是晨光之珠，
> 大地必将幽影娩出。

所以，罗得不必囿于那教训他的寓言，把"旧我"藏着掖着，伪装遗忘。他完全可以做到：一边见证救主的神迹，一边迈出"新地"，为我们回顾那"宪政之邦"沉沦前的"邪恶"，圣书为证：那所多玛人建设的"耶和华的乐园"（创 13:10）。

不，耶和华决不会伸出小指，给死海之滨再添一截盐柱。这不是天父头一趟宽赦人子，仁爱泽被千代（出 20:6）。何况罗得并无推卸做见证的责任；回头，也未见得冒犯圣名。罪人获新生，大地娩幽影，难道不是大仁爱的显现？

还有，那背起十字架的牺牲者曾说，待到审判之日，有些城因为不知悔改，"要比所多玛和俄摩拉还惨"（太 10:15，路 10:12）。可见，圣言至慈，那今世遭焚灭的，骂名再大，仍有值得垂怜的。那么所多玛路上的第一根盐柱，她能否承仁爱，返来，与义人团聚？

二〇一五年二月于铁盆斋

---

柯瓦柯夫斯基：《上帝幸福否？》（*Is God Happy? Selected Essays*），Basic Books, 2013。

努兰（Sherwin Nuland）：《麦蒙尼德》（*Maimonides*），Schocken Books, 2005。

# 夺福

雅各夺福，说是命数，又不像。故事得从他母亲不育讲起。不育是圣祖夫人莎拉以降，以色列家的女人每每要忍受的"耻辱"（创30:23）。但利百加福气好，丈夫以撒爱她，为她向天父求子。终于，结婚第十九年，有喜了。不想腹中胎儿踢打不停，利百加做了一件之前没有哪个夏娃女儿敢做的事，就是去耶和华显现处祈问。神谕传下，却令她心头一颤（创25:23）：

> 你一胎孕育了两个国家
> 肚里一对相争的民族；
> 一个要比另一个强大
> 老大要给老二为奴！

按：原文末句，werab ya`abod za`ir，可两读，如拉比注释，作倒装句"老二给老大为奴"，亦通。故而经文所述这一对孪生子迥异的相貌性格，以神谕观之，并无孰优孰劣的表示：以扫红肤多毛，又名红哥（'edom），终日游猎山野，父亲喜欢；雅各白皙好静（tom，本义完好），守着帐篷，是母亲的宝贝。大人不掩饰偏爱，孩子心里便存了芥蒂。

那一天，红哥狩猎归来，见锅里煮着"红乎乎"的小扁豆羹，就嚷嚷饿坏啦，快给我吃两口！守帐篷的趁机提出，拿豆羹附一块面饼，买断他的长子权。红哥竟同意了，还照雅各说的发了誓（创25:29–34）。

后来，以撒老了，上了百岁，两眼看不清东西（创27:1以下）。他盼咐爱子去打些野味来孝敬父亲，领受祝福。谁知利百加恰好在帐篷外面，听见他们说话，忙教老二穿上老大的衣裳，用羊羔皮子裹了双手和颈子扮"毛茸茸"的哥哥。悄悄宰了只羊羔，照丈夫喜欢的口味烹饪了冒充野味，让雅各端进去，骗取了父亲"灵的祝福"。

以扫回家，烧好野味，雅各刚退出帐篷。你是谁？父亲惊问。是我，您的儿子，头生子以扫哇！传来爱子的话音。

以撒周身剧烈地颤抖（创27:33以下）：方才打了野味拿来给我吃的，他是谁？你进来之前，我刚吃过他烧的肉，为他祝福了。啊，这祝福永远是他的了……我已经立他做了你的主人，将众兄弟都给他当了仆人；还许下五谷美酒，供他享用。儿啊，我还能为你做什么呢？

爸爸，您只能祝福一次吗？为我，您就再祝福一次吧！红哥放声大哭。良久，父亲才喃喃道：

> 啊，你的家园
> 没有甘霖，没有沃土。
> 你谋生要靠你的刀剑
> 你弟弟拿你做了奴仆……

## 诓骗

圣言若此，颇可玩味。首先，"夺福"如何理解？是耶和华的预言应验，还是雅各听说了神谕，而生夺福的念头？前者为宏图预定，犹如逃不脱的命运，故行为人无须负全部的道德责任；后者才是基于他的自由意志，比如听从母亲，抑或受了神谕的一种解释的诱惑而做出选择。可是，雅各是以撒求得大爱眷顾、利百加蒙福而生的儿子，上帝为什么要诱惑他呢？

其次，雅各两趟夺福，用红哥的话说，都是"砍脚跟"（ya`qbeni，谐音雅各，ya`aqob）即暗算或欺骗。尤其诓父亲奉圣名祝福自己（"愿上帝赐你甘霖沃野"），实即蒙骗了天父。圣法规定，头生子属耶和华（出 13:2, 22:28），得继承双份家产，且名分不可废弃，"因他是雄起之力的开端，长子权非他莫属"（申 21:16–17）。以扫为饱腹而出让长子权，固然是"看轻了"名分（创 25:34）；但雅各冒名顶替谋长子的福分，无论什么动机，不仅违法，更是对上帝的不敬。

问题是，至高者洞察一切，过去未来全在他的眼前，他怎会上当受骗？为何不降旨，命以撒更改或撤销祝福，或干脆宣布无效？为何圣法不能像人子的法治所追求的，程序透明、结果可预见、判决分配正义（赔偿损失履行合约等），以使官员百姓守法、政府依法治国？难道说，上帝明知雅各在要诡计，眼看他哥哥和父亲落入陷阱，却放任不管？或者，那也是圣言创世的设计：救主看重教义信条，胜于主持公道，如同洪水过后，挪亚醉酒，无端诅咒／祝福他的三个儿子，将他们分了主奴（创 9:25–26）？

然而，福分与神恩牵涉诓骗，毕竟有损上帝的形象。子不教，父之过；这一伦理责任，在天父也是不可推卸的。所以漫漫四个世纪之后，才有荒野里那丛荆棘自燃，摩西蒙召，称先知；才有西奈山黑烟滚滚如一扇窑炉，雷声隆隆颁布圣法，训诲子民（出 3:2, 19:16–19），那一系列救恩之补救。

至于做母亲的唆使雅各诓父，窃取哥哥的福分，则不可简单地归于偏心。诚然,那神谕对利百加是警告,也是强烈的暗示,有可能导致她偏爱老二。但之前还有一事,真正刺伤了她的心,即逃荒至基拉耳,投靠非利士人的"我父王"那次。明明耶和华向以撒显现时说了,一定履行对亚伯拉罕的诺言,将来子孙蕃衍,多如天星,必领受大片疆土。可是丈夫实在胆怯,怕当地人看中他的漂亮老婆、害他性命,逢人问起,就说:她是我妹妹。幸好国王英明,及时看穿了懦夫的把戏,才避免一场嫁妻受财的悲剧(创 26:1 以下)。不难想见,利百加对丈夫的失望同怨恨——帐篷外面偷听以撒说话,也是提防不测的习惯吧。

天才的帕斯卡(1623—1662)尝问:何以塔玛[与公公乱伦]的故事,与《路得记》一同传世(《思想录》304)?照此,我们不禁要问:何以圣言载录此等骗局,雅各欺兄诓父夺福?

## 神恩

雅各夺福,欺瞒至尊,上帝却没觉得不敬,反而眷顾了他。莫非天父为了使自己的预言应验而偏袒"砍脚跟"的,不惜对骗子"让步"?或许,耶和华也有"偶然意外",如圣人所问(《忏悔录》7:4)?不,哈兰道上,他不仅托梦给雅各,"梦中,见一架奇长的阶梯,立在地上,梯顶直达云天;看哪,一队队上帝的使者上上下下"!还显圣赐福,恩许他"子实多如地上的尘沙,遍布四方"。并且承诺:我与你同在。无论你去到哪里,我都会护佑你,领你回到这片土地,因为我决不会离弃你:凡我答应的,必定实现(创 28:12 以下)。

岂料那夺福者很有心计,睡在"上帝的居所,天庭的门户",还敢得寸进尺。天亮起来,将枕在头下的石块立定,膏了油,许下大愿，塞进三项条件，"倘若上帝与我同在，佑旅途顺利，赐我衣食，并送我平安返回父亲的家"，就认耶和华为"我的上帝"，答应献什一捐（创 28:18–22）。

上帝居然默许了。他一路保佑雅各，像是在争取夺福者的承认。而雅各如此蒙恩，依旧不忘夺福；人神关系为之一变。终于，回返迦南途中，在雅博渡口，忽有一个"人影"（'ish）过来，抓住他摔跤，直斗到破晓时分。他虽然被对手摸了大腿（yarek，常婉称生殖器）窝，大腿脱臼，仍不放手；几乎是强迫那"人影"给自己祝福，说：你名字以后不要叫雅各了，要叫以色列。因为你跟神与人角力，都占了上风（创 32:29）。原来那摸他大腿窝的，是上帝，化作天使下凡的耶和华（何 12:4–5）！面对面与至高者争锋，不仅没伤着性命，还赢了福恩——这就是雅各。

天父"让步"，听命于人子，仿佛不合逻辑不可思议。但圣史上早有先例，就是圣祖最信赖的老仆人替以撒求亲之举。艾利泽（'eli`ezer，"上帝佑助"）是"把手放在主人腿根"（摸大腿窝）起誓，牵十头骆驼满载礼物，来哈兰城寻访的。抵达城外的井台，老仆举手祈祷，却是向"亚伯拉罕的上帝"开条件：耶和华啊！你看，我站在泉边，假如有姑娘出城打水，我要对她说：请把罐儿里的水给我喝一口，好吗？假如她说：喝吧，老人家，喝了我给您的骆驼也饮上！那么，她就是耶和华为我小主人选定的新娘了（创 24:43–44, 13–14）。

是的，破天荒有人如此求亲，而上帝立时照办：城门里走出一位肩顶水罐的少女，利百加"出奇的美丽，姑娘身子，还未曾与人相认"。她一听老人说渴，马上放下水罐，双手托着，请他喝。喝完，又转身跑去井台打水，给骆驼的水槽也灌满了——恰是耶和华守信，"始终以仁爱信实恩待我的主人"的见证（创 24:27）。似乎老仆知道，救主离不开他的先知；当年拿亚伯拉罕的爱子做全燔祭"考验"，还欠着"欢笑之子"以撒一个欢笑。何况上帝是同意圣祖的决定的：派老仆回"老家"，在族人即亚伯拉罕之弟拿鹤的后人中间替以撒求亲，尽管哈兰并非幼发拉底河下游的故乡，拿鹤子孙也不信上帝，他们拜的是家神（创11:28, 31:53）。对于圣祖，亲上加亲的好处，是避免本地媳妇把丈夫带入迦南异教。利百加远离娘家，便省去了这个麻烦；皈依为妻，蕃衍子实，以色列就有望"占领仇敌的城门"，消灭外族"邪神"，落实恩许之福（创22:17, 24:60）。对现代读者而言，则上帝不但满足了老仆的条件，让他圆满成功，更重要的是故事结尾圣言的点睛之笔：利百加不是莎拉第二，她的命运不是做弃妇（创24:67，参阅《考验》）——

以撒把新娘迎入母亲莎拉的帐篷，利百加做了以撒的爱妻：在深深的爱里，在失去慈母之后，以撒找到了慰辑。

## 解放

上帝至仁，对人子如此之宽容，乃至忍耐着欺瞒、不公、夺长子之福，是为什么？不用说，是为了拯救罪人。换言之，神的受骗实即神的宽仁，乃是他进入圣史，维护罪人与神的关系而建立神权政治的一项必要条件。只有人神关系稳固，人人敬畏，才能伸张神的绝对主权。而绝对主权意味着主权者绝对自由，或神的统治的随心所欲、不可预料，甚至不可理喻；包括报应延宕，好人受苦，"恶人不死，反而颐养天年，势力嚣张"（伯21:7）——经师圣人归之于奥秘（ta`alumoth）。

但这奥秘其实并不深奥，无非是人的自由伦理的一个别名。上帝既然享有绝对主权，拯救便无所谓期限，可以预定，亦可权变；可以坐视灾变、容忍不公，亦可及时干预降罚。同样是圣法和神的公义，彼时彼地与此时此地，甚至"在同一人身上，同一天内，同一屋中"，允许有两样的结果，前后抵触，圣人名之曰"权衡时宜"（《忏悔录》3:7）。如此，天父需要人子对自己负责，承担自己的言行及欲望情感引起的各种后果，包括欺骗受骗。因为，全能者之能够拥有绝对自由，其前提不是别的，正是人的"天赋"的（相对）自由，源于亚当食禁果得来的理性的智慧和自由意志：圣法之下，对本人行事负全责的资格与能力。而雅各夺福，行使（并蒙上帝赐福）的正是这一资格能力。故而这"自由"二字，既是人的伦理责任，也是他命定的罪名，l'homme est condamné à être libre，一如萨特（1905—1980）断言。

所以，人世的灾变，特别是义人的磨难和牺牲，是不可避免的：至善与自由意志，竟是互为因果的对立。换一角度，就圣史而论，也可以说，正因为有好人如约伯，无辜受苦，坚忍而虔敬，造物主才能不受约束地统治世界——是的，超乎任何道德伦理界限，甚而扶持邪恶、折磨义民，直至把"天下万国"的"权柄荣耀"都交到撒旦的手里，随他愿意给谁（路4:6）。新英格兰诗人弗罗斯特（1874—1963）说，约伯"解放了上帝"，是一点不错的（参柯瓦柯夫斯基，页167）。

就这样，神恩一如圣怒，归了奥秘。因为，唯有不透明不可预测，遮掩了天庭之主甘愿为圣言（文本）和时间（逻辑）所制约的事实，他才能掌握信众，使宏图不受人世疾苦的拖累。此乃高踞重霄的那一位的主权，及其"以正义鞫问寰宇，以信实判定万民"的恩威所在（诗96:13）。作为拯救，神恩是圣言的应许；作为报应，神恩则不可能列于典章律例所规定的权利义务，无关分配正义。若以圣史观之，神恩便是不定之预定，不可探知的知识，一再延宕而无须守时，无时效而报应无期。

# 雅各

救恩延宕，遥遥无期，天父这样做是否不公？后来，当以色列沉沦已久，耶和华的"祈祷之殿"被人"做了贼窝"（赛 56:7，耶 7:11），众门徒曾就富人进天国"比骆驼穿针眼"还难一事，询问他们的拉比：到底谁能获拯救呢？耶稣答：于人，固然不能；于上帝，则一切皆能（太 19:26，可 10:27）。是呀，聪明人幸运者尽可钻空子走捷径，神的公义却不在一时一地的善恶报应（传 3:5–6）——

  掷石有时，堆石有时
  拥抱有时，松手有时；
  寻觅有时，遗失有时
  看守有时，丢弃有时。

谁会想到，以撒受骗，以扫所失，要由舅舅拉班报还雅各，而且用的是同样的计策？在哈兰城，雅各爱上了小表妹拉结（rahel，母羊），舅舅让他干七年长工再娶。"七年岁月，在他眼里好像几天工夫，因为他深爱着拉结"（创 29:20）。这奇妙的堕入爱河的感觉，跟思恋者通常的度日如年相反，暗示那"砍脚跟"的失了戒备。婚宴那天，闹腾完了，拉班使一个掉包计，把大女儿送进了洞房。黑暗中，雅各看不清新娘的容貌；天亮醒来，已经圆房做了夫妻，没法退婚了。无奈，为了娶拉结，他给舅舅又干了七年。

  上帝没有干预。当初梦天梯许大愿，雅各的条件，是来去平安并衣食无忧，未提娶妻，也无涉骗取的福分。所以时候一到，公义昭昭（赛 56:1），那原属长子的产业，外加用巫术赢来的舅舅的肥羊，就成了"仆人雅各敬献以扫大人（'adoni）的礼物"（创 32:19）。

原来夺福者心虚,怕以扫报复。一到迦南,听说哥哥"点了四百家丁"前来会面,慌忙祈求上帝不忘承诺,"施予仁爱信实"(创32:11)。同时挑牛羊驼驴分四群,赶在前头,送去"讨大人欢心"。妻妾儿女亦分三组,做一场叩拜"接力",自己则一连七次俯伏在地:"有幸见大人一面,犹如沐恩于上帝圣颜"(创33:1–3, 10)。居然将以扫比作至尊,归还福分如向主('adonay)献祭。

其实,红哥忠厚大度,早忘了当初的"砍脚跟",更不会想到报复。他还是个孝子,原本娶了两个迦南女子为妻,得知父母不悦(怪他破了圣祖立的家规),马上到伯伯以实玛利家娶回一位姑娘,添作三房夫人(创26:34, 28:9)。经书记载,以撒在四城子逝世,享年一百二十八岁,给他送葬的"是儿子以扫和雅各"(创35:27–29)。

耶和华将毛岭/红岭赐了以扫,作后裔独占的产业(申2:5),显然是眷念他的。可是,以色列的先知一直视红岭为世敌,反复诅咒,称上帝爱雅各、恨以扫(玛1:2–3, 罗9:13),因为后者曾帮助巴比伦灭犹大、毁圣城。不过,历史并未验证利百加求得的神谕,以扫子孙受以色列统治的时间不长;真相反倒接近以撒给红哥的祝福的"残余":"可是你一旦奋起反抗,必将打碎颈上的枷锁。"(创25:23, 27:40)此是后话。


上帝之称全能('el shadday,创17:1注),是因为他超脱了人的理性预期,而保持神恩的奥秘,或绝对主权之威能。故一切预定又不可逆料、无从理喻,如上文所述,包括对这悲惨世界的惩治和救援。不论以色列罹难几回,全能者依然能许诺、抚慰,一如当年起誓"挪亚洪水永不淹没大地"(赛54:9–10):

> 是的，大山可移，小山可覆
> 但我对你的慈爱，决不移迁，
> 我的平安之约永不倾覆
> ——那怜悯你的耶和华有言。

确实无从理喻。因为人立誓不得翻悔，唯有神可以，预定而应验、推迟或撤销。诚然，圣言句句是誓词（horkoi），如亚历山大城的菲罗（约前25—50）指出，是上帝必"言出事成"（an eipei ginetai）。

于是，上帝虽然把应许圣祖的恩典应允了雅各，且容忍了他诓骗"以撒之灵"奉圣名祝福，但也没有完全兑现诺言。雅各率家人返归迦南，等待他的，不是安享"万民服侍、万国朝拜"的福分（创27:29），而是一条坎坷的前路。

他先到石肩，圣祖建第一座祭坛处，搭了帐篷。花一百封银子买下营地，然后筑起自己的祭坛，名曰"大神，以色列之上帝"（创33:18-20）。不想女儿蒂娜被石肩酋长的儿子强暴，她哥哥西缅和利未报复，设割礼的圈套屠城。从此，以色列同迦南人结下了血仇。因为"人少力薄"，担心"厄运难逃"（创34:30），遂命家人将哈兰城舅舅那儿带出来的异教神像、金银首饰都埋了（创35:4），象征同过去决裂。随即匆匆南下，未到伯利恒，爱妻拉结不幸难产去世（创35:18）。继而，长子吕便跟父亲的妾睡觉，玷污了以色列的枕席，而雅各老了，竟无力惩罚（创35:22, 49:4）。

显然，家庭内部不和，妻妾争宠影响了子女。而雅各偏爱拉结生的约瑟，也让哥哥们嫉恨。他们觅得机会就下了毒手，把弟弟卖去埃及为奴，回家谎称叫野兽吃了，老父只能"哀哭不止"（创37:35）。直到那小奴隶时来运转，替法老圆梦承恩，擢为宰相，"立于全埃及之上"（创 41:41）；又适逢迦南闹了饥荒，一家人才被约瑟接到埃及团圆，有了一份安居的产业。

然而冥冥中宏图已定：那传奇般的团圆，既是蒙福，也是以色列陷于敌族"牢狱"，四百三十年"为奴"的开端（出 12:40）。

二〇一五年二月初稿，一六年十月定稿

---

奥古斯丁：《忏悔录》，周士良译，商务印书馆，2010。

柯瓦柯夫斯基（Leszek Kołakowski）：《上帝幸福否？》（*Is God Happy? Selected Essays*），Basic Books, 2013。

帕斯卡：《思想录》（*Pensées*），A. J. Krailsheimer 英译，修订版，企鹅丛书，1995。

# 饮水思源
——写在杨周翰先生百年诞辰之际

一九八九年十一月,杨先生离开了我们,距今已有四分之一世纪。媒体上纪念的文字似乎不多。有一篇学生回忆,有这么一句话,大约能代表某个时期师生间扭曲了的"距离"带来的感受:"因为[先生]待人处世矜持,平日不苟言笑,时有沉郁凝重之态,不止一个人认为他'有架子','为人孤傲'。"(柳鸣九文)但是我跟随先生读书,从旁观察,觉得他只是寡言、认真,心里却燃着火炬,照见一条艰巨的道路;学问上的事,在先生面前,任何话题包括批评意见,都是可以畅言而鼓励论辩的。

第一次上先生家,在八二年春,入学不久。是跟同学白晓冬还是谁一起去的,记不清了。先生微笑着,示意我们坐下,忽然一抬手,说我考得好,让我吃了一惊。那年北大西语系的硕士生考试,英文和法文(第二外语)不难,但中文卷(欧洲文学史)内容多,得分配好时间,赶着写,印象颇深。其中一题我大胆发挥,引杜甫《春望》比较"通感"或"移觉"的修辞格用法。走出考场,又忐忑不安了:扯上中文语法与古人的诗论,是否离题呢?——居然蒙先生称"好",大为得意,返回宿舍,同晓冬几个胡侃一通。回想起来,那时节做学生的撂下饭碗,拿本书绕未名湖溜达一圈,径直去敲先生的门,求教随便什么问题,那般倜傥风流,几近"魏晋风度"。除了得益于恢复高考后人们求知若渴的大氛围,及"文革"破除了社会等级观念,很大程度上,靠的是师长对儿女辈学子的无私关爱。而这份师长心,如今自己到了耳顺之年,也日渐体会了,虽然环境业已大变——现在的大学,众人捆绑在"契约自由"的雇佣劳动里,竞逐名位,谄媚上司,普遍的自私而迷惘,很难想象当年那种亲密的不计功利的师生关系了。

说起进北大,巧得很,跟先生的著作有一段因缘。事情是这样的:我从昆明师院报考北大,录取通知书寄来,好大一只信封,弄得全校都知道了。一伙同学拥到文林街,下馆子"肿脖子"庆祝,我心里却在斗争,因为同时收到了澳大利亚 La Trobe 大学的录取信并扶轮社(Rotary Club)的全额奖学金。后者是外教帕蒂老师帮助联系的(参《信与忘·缀言》)。接着,墨尔本大学也录取了。找邮电局打长途电话回家商量,父亲说,还是去北大吧。澳洲学习条件虽好,有奖学金还有老师关照,终究不是西学的重镇。况且,经方重先生指点,我的兴趣已转向中世纪文学与古典语言。故而父亲认为,不如先从北京诸公聆教,像朱光潜先生、杨业治先生、卞之琳先生,还有李赋宁、杨周翰、王佐良、许国璋诸先生,都是他熟悉、常称道的。治学须会通中西,基础打好了再出国,起点高些。我平静下来,想想也是,便同帕蒂老师计议。她问北大师资如何,我拿出杨先生译的奥维德《变形记》和他领衔主编的《欧洲文学史》,把内容择要介绍了。西方学者往往看不起苏联式通史教材,贬其为意识形态教条。帕蒂得知书中对古今名著、流派的分析批判,却夸赞不已:人民性,精彩!你怎么不早点拿来,我编课本能参考引用。但是《变形记》以散文迻译,她不欣赏。帕蒂是"六八年人"出身,反战诗人,给我抄录过不少她的诗作;我陪同她游历三峡、敦煌、新疆等地,也有唱和之作。她的主张,诗当由诗人来译,重生于母语文学的再创作,我是赞成的。不过她说,诗是危险的选择,她没有理由反对"打一场好仗,保住信仰和良知"(《提摩太前书》1:18–19)。于是我决定放弃澳洲留学和奖学金,上了北大。

次年,杨先生给我们研究生开课,讲"十七世纪英国文学"。我对文艺复兴以降诗文修辞的繁博,所谓巴洛克风格感兴趣,交了一篇论文,分析散文名家勃朗(Sir Thomas Browne, 1605—1682)的拉丁语"书袋子"(用事用典)。先生写了详细的评语,并召我面谈。我见先生书桌上摊开一叠文稿,像是论维吉尔《埃涅阿斯纪》的,想起帕蒂老师的话,就问:罗马史诗译作散文,可有特殊的用意?先生说,从前在老北大念书,几位老师,朱光潜、梁实秋、潘家洵先生,都喜好诗歌戏剧,且重视翻译。到了西南联大,受英国诗人兼批评家燕卜荪(William Empson)影响,钻研诗理,写过新诗,还尝试用新诗的节律译莎士比亚的十四行诗,及《埃涅阿斯纪》卷六。然而总觉得,中西语文的差异太大,原作音步的抑扬顿挫、屈折语词序句法的灵活,译文皆无从体现。倘若出之为近体诗,则不免削足适履,满眼熟语生典,读者联想的是中国古人的情趣,丢了域外的意象同节奏。严几道论译事,标举"信、达、雅"为鹄的,其实是难以兼顾的。所以弃格律的模拟而改用散文铺叙,求得"信、达",也不错了。我想,这在故事性强、辞藻绚丽的《变形记》,一如方重先生译的乔叟,不啻一种照顾读者的策略。散文译诗,原是西洋的传统,历史上不乏佳作,例如《圣经》英译,钦定本(1611)的先知书与《诗篇》《约伯记》《雅歌》等,先生课上也曾讨论。当时我在学希腊文,杨业治先生指定的读本,选了《新约》一些篇章。研读原文即有一个发现:钦定本完全是自创的风格,庄严浑厚、典雅委婉,遮掩了耶稣讽喻的锋芒、天国福音的紧迫,也磨平了圣保罗粗砺的棱角(参《信与忘》,页80,307)。先生听了,大体同意我的看法,但指出:钦定本坚持"直译"崇尚"雅言",而不取"英语圣经之父"廷代尔(William

Tyndale,约 1495—1536)示范的生动口语,背后有促进教派妥协、消弭纷争的现实考量。结果"无心插柳柳成荫",竟造就一座文学丰碑。

先生的英语十分柔和,清澈如一塘活水,让人想起他的家乡苏州的景致,是少年时代在英国圣公会办的北京崇德中学打的底子。讲课则循循善诱,广证博引,辨析入微;系里的美国老师也坐进民主楼的小教室,一同听课作笔记。我看先生手里的打印稿,除了摘引原著,还附有先生自己的汉译,便有些疑惑。先生解释说,英语授课,引述文献,照例是不必翻译的。但讲稿成书应当用中文,因为我们做学问,归根结蒂,不是为了倚傍西方学术,给人家添砖加瓦,而是服务于中国的知识界。而普通读者对西方文化了解有限,评介外国的作家作品,翻译就是不可少的一个环节。我说,或许可以先英语发表,再译为中文?先生笑道:那样做,看似省力,实则未必。我似懂非懂,没有深究;直到上了哈佛,考过博士候选资格,方有了切身体会。那年郑培凯、李耀宗先生联络在美学人,创办《九州学刊》,邀我写书评。我心想,中世纪文学所修各门课都写有论文,裁剪一下,翻成中文即可,便一口答应了。待挪开打字机,拿起笔爬格子才意识到,根本是行不通的。须重新构思,补上各样背景知识,并根据国人的阅读心理和思维习惯,组织引文,提问阐发;乃至论证的方式,皆需要调整。这才领悟了先生强调的,中文写作不可依附外文的道理。

最后一次见到先生,是一九八九年初。那一学年,先生在杜克大学和全美人文中心(National Humanities Center)讲学,题目记得是十八世纪文学;来信说,可利用寒假北上哈佛"散散心"。正好社科院外文所的朋友申慧辉来哈佛燕京学社访学,住在法学院背后的高访公寓,她便做东招待先生。那天一块儿聚会的,有北外的吴冰老师、哈佛的同学梅京和张隆溪等。先生聊得很开心,还同我们合了影。慧辉说，上图书馆借了本洛奇（David Lodge）讽刺英美教授圈子的小说《换位》，供先生消遣，他读了哈哈大笑。后来才知道，那时先生已染恙了，低烧不退。然而，他冒着严寒，在新英格兰冰封之际，专程来看望了我们。那幅合影，便成了永久的纪念。

在哈佛，我的论文副导师阿尔弗雷德（William Alfred）先生是有名的百老汇剧作家，现代丛书《贝奥武甫》的英译者（参《创世记/石肩》）。他同教修辞学的爱尔兰诗人希尼（Seamus Heaney）交好，邀上另一位副导师英国人皮尔索（Derek Pearsall）先生，三个人联袂搞诗朗诵会，古英语诗是最受欢迎的保留节目。后来希尼也译了《贝奥武甫》，学界赞誉有加。我听着他们神采飞扬的吟诵，不禁"灵动于中"；同时遵导师班生（Larry D. Benson）先生建议，在日耳曼文学系修古冰岛语和北欧萨迦，渐窥《贝》学的门径。大考一过，得了空闲，就生出汉译的念头。试译一章，觉得尚可，遂写信向李赋宁先生汇报。李先生亲自致函三联书店沈昌文先生，推荐出版；并指示翻译上的问题，可向杨先生请教。所以八八年秋先生来美，我译诗每有想法，即写信与先生讨论。而先生总是立刻复信，就《贝》学术语、史诗风格，连同译文的处理和变通之处，一一评析。原来，先生早年在牛津求学时，听过几位大家讲解《贝》诗与中世纪文学，如冉恩（C. L. Wrenn，曾校注《贝》诗）、托尔金（J. R. R. Tolkien，《魔戒》《霍比特人》的作者）同刘易斯（C. L. Lewis，今以《纳尼亚传奇》及宣教小册子闻名），于古英语诗颇有心得。本想深入研究，回国后由于种种条件限制，又有编教材跟翻译的任务，便放下了。因此我知道，先生对学子的译本的殷殷期待，是系着自己未遂的心愿的。可是不久，他病倒了；信，也就中断了。

九二年夏，我初次回国，与慧辉等在王府井相聚，沈昌文先生送来刚面世的《贝奥武甫》的样书。翻开书，心头一热，感觉仿佛告慰了先生的在天之灵。

先生忆师长，著有一文《饮水思源》，我读了很受教益。比如先生倡导，读原著之外，也应研习优秀的译作，并举托尔斯泰和莫泊桑的经典译本、费慈杰罗《鲁拜集》、威利（Arthur Waley）的《中国古诗》同《道德经》为例。先生以为"翻译是一个解释过程"，译者出于语言动物的"本能"，一定要把晦涩译为易懂，表达上便"比原文明澈"。这里面的技巧，遣词造句之法，对于训练写作提高译艺，都是极有帮助的。

但文章所述，最令人感佩的，是这件事：抗战胜利后，先生由西南联大英文系主任叶公超先生推荐，获英国文化委员会奖学金，一九四六年秋留学牛津，入王后学院。牛津的传统，有一年制硕士，进修性质，婉称"文学士"（B.Litt.）。然而先生考虑，与其进修一年，不若重读本科。"文学士"固然"划算"，功课少，且含金量高，亦可挑一个扬长避短或者取巧的题目做论文，却谈不上是扎实系统的训练。解放前，国内大学的风气，也是崇洋媚外的；也热衷于"国际化"办学即建设"克莱登大学"做文凭买卖，跟现在相去不远。先生出国时，在联大任讲师已满六年，来到正牌的"世界一流大学"，不赶快镀金而回头去念本科，简直是拿职称晋升当儿戏，拒绝"按经济规律办事"，"非理性"了。可是，先生直至晚年仍说，"这个决定是对的"。

是的，这就是先生做事的认真。而那选择的终生不渝，对于先生，既是"对的"也是完满的。通观二十世纪，西方文学在中国，无论唤作启蒙的"火种""偷运的军火"（鲁迅先生语），抑或斥为反动思想、腐朽文化，一直享有显学的地位。解放后，"文革"前十七年，经历了一场场政治运动的冲击，教学和理论研究，尤其是翻译，本着"古为今用""洋为中用"的方针，也从未间断。先生的译作，包括剧本小说诗歌同罗马文学，如《情敌》《兰登传》跟《亨利八世》《诗艺》《变形记》与维吉尔史诗,以及先生编撰的《欧洲文学史》、《莎士比亚评论汇编》,影响了几代学人。"文革"结束,先生老骥伏枥,新论迭出,开拓并引领了比较文学研究,从《攻玉集》《镜子和七巧板》到《十七世纪英国文学》。这一切,都是那理想达于完满的见证。

如今,先生已入居"光明的国度",民主楼依旧树影斑驳。能否破除借"改革"之名还魂的"克莱登大学"的新迷思,则取决于我们每个人的努力,像先生一样,守持理想。而且时代变了,须更进一步,在那理想的旗帜下团结起来,实现人民反对官僚主义、监督批评官员、从事教育并捍卫学术自由的宪法权利(《宪法》第 27、35、41、47 条)。这是因为,学术理想的守持,不仅是领承诺而生希望的权利,毋宁说是意志之权能。而守持者既已退到墙角,沦为"数字化管理"的佣工,他迟早要学会工人的联合,集体行动,否则无以抵抗那彻底官僚化的教育与学术体制。因为,每一个学人的自由,唯有实现于全体的自由之中,才能真正巩固、伸张。

这将是一条崎岖的小路,一时望不见尽头。但是我想,先生以其一生的学术追求为我们照亮了的,正是我们前行的方向——那谆谆教诲、无私关爱存于我们心底的明光。

二〇一五年十一月于清华园

---

杨周翰:《饮水思源——我学习外语和外国文学的经历》,载《外语教育往事谈:教授们的回忆》,上海外语教育出版社,1988。

冯象:《信与忘:约伯福音及其他》,生活·读书·新知三联书店,2012。

柳鸣九:《杨周翰的"矜持"》,载《文汇报》,2007.9.17。

# 以赛亚之歌

以赛亚在歌唱。

歌声萦系着我的耶路撒冷,锡安山的残垣的每一块石头。

先知呀,我说,你为何那么悲伤?圣城依旧是圣城,别的都过去了,那一度无比强大的一切。


以赛亚在谴责。字字声声,在哭墙下回荡:

可恶的一族,负罪之民 / 造孽的苗裔,腐败子孙!他们已将耶和华抛弃 / 竟自蔑视以色列的圣者,朝他背转了身子(赛1:4)。

不,不,我说,请不要这般严厉,福地已种满了苦难。你看,墙脚这些巨石缝隙里生长的不是小草,是悼念者插的纸条,世世代代人子的祈愿!


以赛亚在见证:那片废墟,曾是至高者的殿堂。

啊,耶和华有言(赛1:11):你们那许多牺牲于我何用?我受够了公绵羊的燔祭 / 连同肥畜的脂油;小公牛、羔子和山羊的血 / 我一样也不喜欢!

这我知道:祈祷胜于献祭,甚而强似善功,如博学的拉比论证。

然而那圣居的荣耀就要飞升而去，接驾的銮舆正抵达东门，由四脸四翼的天尊牵引——救主将出离圣城（结 10:18–22）。

求救的，赶快求救啊！

以赛亚没有回答。

于是我说，这是最后的日子了，耶和华的大日。但是先知，你预言过的，藉一异象：待到那一天（赛 2:4）——

> 他将在族与族之间裁判
> 在万民中明断是非。
> 而人要把剑打成犁头
> 变长矛为修枝的钩。
> 一族不必向另一族举剑
> 再也不用学习争战。

以赛亚只是叹息。无论我走到哪里，在沙垄的葡萄园，在石城遗址峻峭的崖岸，或在鲜花盛开的琴湖（又名加利利湖），问他，都是一声叹息：颓败了，耶路撒冷/犹大业已倾覆！因为他们的舌头与行事/挑衅耶和华，冒犯了至尊的眼睛（赛 3:8）。

直到我告别了福地，自高处看海波里星光荡漾，歌声才又响起，沉沉的，在我耳际：不，那些预言和异象不是我的；是我主让使者向祭坛取了红炭，点我的口，收我为先知——收拾了我的舌头！

夜幕遮蔽了埃及，从南地的荒漠到黎巴嫩高峰，从死海绿洲到大河幼发拉底，大地坠于昏暗。突然，他的话音颤抖了：凭什么／我的子民你们如此践踏，连贫苦人的脸也碾破？啊，耶和华起身提出了控诉，万军之主掷下判决（赛 3:13–24）：

> 只因锡安的女儿轻狂，
> 走路伸出颈子又卖弄媚眼
> 扭扭捏捏踏着碎步
> 脚镯叮玲，所以我主
> 必使锡安女儿的头顶生疥疮——
> 耶和华要裸她们私处！

那一天，我主必剥去她们的妆饰：脚镯、束发带和月牙项圈，耳坠、手钏与面纱……

> 直到馨香被腐臭代替；
> 珠带换作了囚绳
> 绾髻变为光头，
> 华服［撕碎］围上缞衣
> 羞辱，取代美丽。

直到一轮红日跃出了云海，像一只血色的大眼，在穹顶安下帐幕，俯瞰人世（诗 19:4），以赛亚仍在歌唱。

## 望见

我问先知，你去过天庭，虽是"灵中所见"（hazon），称异象，但就圣史或人的堕落与拯救的整个历程而言，那蒙召归圣是绝对真实。那高处之高处究竟怎样，有无救恩？如有，可是我们能够认知的？

圣言俭约而含蓄，写以赛亚登天，只一个动词"望见"（'er'eh）——望见我主高踞宝座之上，袍裾垂下，覆盖宝殿（赛 6:1）。但他藉异象迈进殿门，俯伏敬拜，应是先看到镶嵌了各色美玉的地板、金光流溢的袍裾，迎着青烟向前，才瞥见了宝座与周围侍立的火焰天尊；然后颤抖着，举目，在极度晕眩之中，领受圣容的荣耀。

旧说此异象发生在耶路撒冷圣殿（圣城本译序），似无经文的依据。以赛亚受命的所在，是天上的圣居，一石一木，皆大匠神工，奇妙至极，绝非锡安小山那一座人手修筑的殿堂可比。后者为大卫之子所罗门敕命所建，也算得奢华，但格局不大：长六十肘，宽二十肘，高三十肘（约合公制 27 米 × 9 米 × 13.5 米，王上 6:2），远小于挪亚避洪水的方舟（创 6:15 注）。那点面积，只怕连一个天尊，如果他现出原型，都蹲不下呢。

火焰天尊（seraphim），即专职护卫銮驾的神子或天使，长相一说像火蛇、飞龙（民 21:6，赛 14:29），或近于圣殿的至圣所内，那一双"锤金制成"的约柜神兽（kerubim，出 25:18，诗 18:10, 80:1）。当然，身材要高大得多，而且"各生六翼：一对遮面，一对掩脚，一对飞翔"（赛 6:2）。

掩脚，是委婉语，"脚"指羞处（赛 7:20, 58:13 注）。似乎造主面前，重霄之上，羞处仍是羞处，不得暴露了"冒犯至尊的眼睛"。问题是，神子并非人类或兽畜，本无繁衍之需，要这副阳具何用？反而使得一些修养不高的天使生了淫欲，见人的女儿漂亮就按捺不住，乃至下凡娶妻生子，破坏人神的纲常（创 6:2）。结果亚当子孙作恶，竟有了一个榜样——不然，哪来的巴别塔之乱，天父被迫扭了人的舌头？是的，当白羽神子列队，三呼"圣哉"，宝殿的基石为之震颤之际，先知却一笔荡开，为我们指出那一只只捂着灵根的翅膀的尴尬。这就让人不得不担心，万一神界纪检不严，苍生如何安顿？比方说，女子出门是否应戴面纱，防备无良天使的觊觎，如圣保罗谆谆告诫（林前 11:10）。

遮面，则是人间的规矩。因为人见圣容必死，除非蒙天恩如雅各，"与神角力，占了上风"；或如摩西，特许"同上帝面对面交谈"，"亲眼得见耶和华的形象"（创 32:31，民 12:8）。现在我们从先知的异象得知，原来神子也守这一禁忌，尽管他们每日陪伴着天父。所以，蒙召的心里发慌：这灵中所见，不仅有白羽掩脚的天庭秘密，更可怕的，是"亲眼见了吾王，万军耶和华"，触犯了一条死罪（出 33:20）。呜呼，我完了！他脱口而出：我这人嘴唇不洁（赛 6:5）。不洁，喻沾染罪愆，应小心回避神圣。罪人而未能如天使遮面，实在是大不敬了。须知上帝至圣，他"连自己的臣仆都不信赖／天使身上，还要挑剔过失"（伯 4:18）——何况人子，"在嘴唇不洁之民中居住"的区区一个？

## 红炭

按圣史，人在异象中的遭遇，乃至真之启示，不像梦中触罪，只是惊出一身冷汗。幸好，以赛亚的险境被一个天尊飞来化解了；后者从祭坛的馨香里夹起一块红炭，抹了他的嘴唇。这奇特仪式是象征赦罪，并擢立先知，同时也暗示了以色列的堕落。礼成，新先知即可于宝座前聆受神的训示，而不必怕圣言入耳丢了性命（出 20:19 注）。

  接着，便听见我主雷霆之音：我可派谁？
  谁愿为我们前往？我忙回答：

我愿意，请派我去！（赛 6:8）

　　出任先知，是很需要一点勇气的。据经书，耶和华的先知不光要吃苦，还常被同胞误解，遭人恨，受迫害。别的事上帝或许会改变主意，遴选先知的决定却是从无撤销的。一经选中，圣灵附体，人就成了神的口舌，纵使心里还在挣扎。像圣祖亚伯拉罕那样自觉顺从，二话不说便遵命上路的，历来不多。伟大如摩西，当初曾三番五次寻借口推脱，惹至高者生气（出 3:11 以下）。可怜的约拿则企图逃跑——当然，他跳进大海，在大鱼肚子里待了三天三夜，也未能藏过救主的眼睛（拿 1:3, 2:1）。做先知，就得交出自由。"狮子咆哮，谁不害怕？我主耶和华发话，谁敢不传？"（摩 3:8）还有一个耶利米，没出娘胎即被"认定"为"万族的先知"（耶 1:5）。他的哀怨、抗议也最是激烈，直把上帝比作了施暴的凶徒（耶 20:7, 9，参《宽宽信箱与出埃及记》，页 63—64）：

> 耶和华啊，你勾引了我。我竟然
> 没有拒绝！你抓住我强迫我，
> 我反抗不了：如今我一天到晚
> 受人耻笑！
> ……
> 我说了我不要想他，
> 再也不奉他的名说话。
> 可是心里就像禁闭着一团烈火
> 烧干我的骨髓——我忍不住
> 我受不了！

相比之下，以赛亚的耿耿忠心，就全在那一声急切的应答里了：我愿意，hineni！那是圣祖和摩西回复至圣召遣的用语。可是受红炭的先知万没有想到，宝座上一声霹雳，颁下这样一桩使命（赛6:9–10）：去吧，告诉那一族人——

> 你们听是听了，但就是不明白
> 
> 看也看了，却什么都不见！
> 
> ——你去使这些人的心肥肿
> 
> 让他们耳背眼浊；
> 
> 免得他们眼睛看见
> 
> 耳朵听到，心里明白
> 
> 而悔改，而得了医治！

他惊呆了，不敢相信这是上帝的意思：要我去愚弄同胞，让子民"心肥肿"？肥肿，那是形容作奸犯科、愚顽不逊的恶棍哪（申32:15，耶5:28）！斗胆问救主：几时为止呢？青烟后面传来隆隆的话音：要到城邑废弃，无人入居，房舍空寂，田亩一片荒芜；要到耶和华将人赶去了远疆，山河沦亡（赛6:11–12）。

主啊，这是做什么？以赛亚觉得头痛得厉害。以色列出埃及那一次，你使法老硬了心，失去理智，拒绝放行（出4:21，10:20，11:10）；好让你降灾蹂躏他的臣民，取家家户户头生子的性命。可如今，这是雅各的后裔，万民当中你"特选的产业"呀（出19:5）。犹大沉溺在罪里，你的葡萄园快抛荒了（赛5:6），你还要人死不悔改？然后呢？"而残留的仅及什一，即便悔改了也要火里走，如笃耨香或橡树伐倒了只剩树桩"（赛6:13）——你要谁来掳掠他们，屠杀他们？

他差一点学了愤怒的耶利米或好人约伯,诅咒自己的生日,并母亲怀胎之夜(耶20:14,伯3:3)。

## 阿摩的儿子

《以赛亚书》六十六章,按希伯来《圣经》的编排,位于历史书("前先知")之后,先知书("后先知")之首。基督教"旧约"则依循七十士本,即埃及亚历山大城犹太经师的希腊文译本的传统,将智慧书(《约伯记》《诗篇》《箴言》等)置于先知书前,以使众先知关于受膏者(弥赛亚/基督)的预言跟《新约》的福音衔接。两种顺序,《以赛亚书》都是叙事的转折点:福地沦陷、子民为奴,受膏的王被剜去双眼的惨剧讲完(王下25章),重拾或"追忆"之前各个时代大小先知的训诲。故对于解经及人神关系的维护,此书的启示至关紧要,既是圣史的自我批判和总结,又是救恩之"永约"的见证(赛55:3)。

以赛亚的预言或所传之神谕(massa',赛13:1注),大约生前就脍炙人口了。第六章说,他蒙召那年,乌齐亚王晏驾(约前742/733)。设若三十岁归圣,可推算他的生年。另据开篇题记,先知领受异象,历经南国犹大四朝(乌齐亚、约坦、琊哈、希士迦),传道四十余年至公元前七世纪初。唯卒年不详。犹太传统(后圣经文献),称其殉道在希士迦之子玛纳西(前698/687—前642在位)治下。史载玛纳西拜异教神,献童子祭,亵渎圣殿,是个无恶不作的暴君;终于招致圣怒,种下了国家毁亡的祸根(王下21:3, 24:3-4)。

《以赛亚书》的文字,雄浑悠远,适于咏诵。细读,则语汇句式思想立场均前后不一,所涉人事一直延续到先知身后(如圣城倾圮、犹大蒙难、波斯灭巴比伦、居鲁士释囚等),长达两个多世纪。历史地看,许多片断不可能出自先知之口,当属后人编撰,托名传世。因之现代译本一般分作三篇,即"预言集"(1—39章)、"安慰书"(40—55章)与"万民的殿"(56—66章),而仅把上篇的一部分归于以赛亚。其余的章节,凡内容分歧风格迥异,可考证的人事年代较晚的,就视为弟子或再传弟子的作品。

当然,站在传统神学的立场,这些文本矛盾、年代错乱都不是问题,而是上帝恩许以赛亚"魂游象外"预览末世,且变化其思想语汇所致。教义的凭据在奥秘,凡人不得窥探。只是逻辑上此说偏向了"小概率事件",因拒绝历史方法而无从证明,也不符以色列先知的预言实践。先知施教,是为了匡时弊救同胞;即便兆示将来,多数也是针对现实困境或危机而发的(圣城本译序)。

相传以赛亚的父亲名阿摩,是乌齐亚的叔叔;那么先知便是国君的堂弟。乌齐亚十六岁登基,在位五十二年(王下 15:2,代下 26:3)。晚年患癞病,不能进圣所,朝政遂交给嗣子约坦,但南国大体维持了繁荣稳定。经书提及,以赛亚曾撰史著录乌齐亚的事功(代下 26:22),可惜散佚了。还说,他曾带上儿子(名余必回,儆诫犹大要"残余回头/悔改")去见琊哈王,当面进谏(赛 7:3)。希士迦亦多次向他问政,召他看病、施神迹(王下 20:1–11,赛 38 章)。足见他的身份特殊,颇受信任了。以赛亚夫人称"女先知"(赛 8:3),或许她平时也参与祈祷,教育百姓。

## 以马内利

以赛亚若是做过史官,不会不知蒙召未必蒙福,也可能,竟开启了圣怒,"一声唿哨,[亚述]起于地极",做了耶和华降罪的"刑鞭"(赛 5:26, 28:15)。

其时琊哈王继位不久，二十出头。亚述西侵，亚兰（首府大马士革）同北国以色列（都城撒玛利亚）组织联军抵抗。因犹大拒绝加盟，两国便兴师问罪（约前734）。消息传到耶京，"君王百姓皆心头颤抖，犹如林木在风中瑟瑟"（赛7:2）。以赛亚却呼吁"镇静"，信赖上帝；并预言敌军必败，而国君将得一子，获救恩：

我主必亲自为你们降一征兆：看，那少女怀孕了，要生子了，要给他取名 / 以马内利，`immanu'el，"上帝与我们同在"（赛7:14）。

注意："那少女"（ha`almah，已届婚龄的少女、新妇），带定冠词，钦定本作"一个童女"（a virgin < 七十士本：parthenos），不妥。当指对话双方，国王与先知都知道（故用定冠词确指）的某人，通说即琊哈的新王后。她腹中的胎儿便是希士迦，"将来的王"（rex futurus）。也有学者主张"少女"是婉称以赛亚夫人，但女先知诞下的男婴小名"速掳快夺"，是讽喻敌人难逃厄运。"因为不待这孩儿会叫'爸''妈'，大马士革的财富和撒玛利亚的掳获，就要搬到亚述王面前"（赛8:3–4）。

可是琊哈不听劝诫，转而向亚述乞援，俯首称"子"（王下16:7）。结果来犯之敌虽然遁去，犹大却引狼入室，成了亚述的藩国。

先知苦闷极了。他请祭司同怀孕王后的父亲撒迦利亚（zekaryahu，"耶和华记得"）见证预言，又命门徒抄录了"卷起""封好"，留存后世（赛8:2, 16）。

他明白了：自从受了红炭，当上"神的口舌"，无论赞美诅咒、教诲谴责抑或祈福禳灾，他的使命，便是叫人"心肥肿"而不知悔改！

然而出于职责，他必须企盼救恩。所以一俟宫中报喜，男婴诞生，"以马内利"，先知就像"走在黑地里的人见着一道大光"，唱出了子民的心声（赛9:5）：

> 君权必担在［婴孩］的肩头，
> 此乃他的名号：
> 神迹之谋士，至勇上帝
> 永世为父，和平之君！

这王子希士迦长大，果然十分虔敬。甫一登基（前716—前687在位），便纯洁祭礼，下令清除境内的异教偶像，平高丘砍神柱，连摩西铸的那条救命铜蛇（nehushtan）也一并打碎了，只因百姓向它叩拜（民21:9，王下18:3–4）。似乎先知的预言应验了。但新王的志向不止于此，他开始筑墙修渠、整顿军备，试图借埃及之力挣脱亚述的"铁掌"。以赛亚坚决反对，认为非上帝不可信靠；劝阻结盟，未果（赛30:1–2）。正值非利士人的滨海重镇亚士都起事，被亚述王萨尔公摧毁（前711），先知哀伤，"裸身赤足行走三年，做埃及、古实的一个预兆"，尽管无人肯信：盟国会不敌亚述，要献城献俘，"露出臀部，叫埃及蒙羞"（赛20:3–4）。

后来，萨尔公远征小亚细亚战死（前705），希士迦趁机反叛，倒向埃及。不料亚述军卷土重来，攻陷犹大诸城，将耶京团团围住。以马内利大惧，称臣求和；掏空府库，刮下圣殿大门的金饰，才凑足了贡金（王下18:14–16）。《以赛亚书》悄悄略去了这一屈辱的细节，只说先知晋见国君，预言神助。当晚，"耶和华的使者""入亚述军营，杀了十八万五千人"（通说指鼠疫，赛37:36注），强敌慌忙退兵。

就这样，忠信者的希望一再落空，连号称"神迹之谋士""和平之君"的，终于也"耳背眼浊"——没能吃上救主应许的"凝乳与蜜"，没躲过"亚述王的日子"（赛7:15–17）。

# 上帝之人

先知（nabi'），即人神间的中介或中保，负责预言、替人祷告并训诲子民，又名视者（ro'eh）、获异象者（hozeh）、上帝之人（'ish 'elohim）。

预言来自神的启示，而神谕不拘途径，包括弹琴奏乐（王下 3:15）、托梦或"魂游象外"（徒 10:10, 22:17；傅利门，页 17）；不论看见、听到、嗅得，皆称异象。仪式可以一个人做，亦可数人乃至成百上千一起举行，集体陷于迷狂。

预言除了口传，也有用动作演示的，属讽喻（mashal）的一种。例如，先知将身上的新衣撕成十二片，比拟以色列十二支族分裂（王上 11:29）。上文所述以赛亚"裸身赤足而行"，也算一例。北国先知何西阿娶妓女，则是象征子民对天父不忠，拜迦南大神巴力为主/丈夫（ba`al，何 1:2–3）——大神有女圣者/祭司侍奉，子民蔑称她们为"庙妓"。在南国，耶利米负轭，以西结画砖，皆预示圣城倾圮，被上帝抛弃（耶 27:2，结 4:1–3）。

跟家族垄断的祭司职位不同，先知不论出身，可从任何阶层及女性中擢立：在人世给至高者的旨意做一个"征兆"，用蒙召者的言行，甚至生命，见证圣言。历史上，以色列不乏女先知：摩西的姐姐米莲，耶和华的"全胜"由她领头歌颂（出 15:20）；海枣树下的黛波拉（deborah，蜜蜂），号火炬/闪电女（'esheth lappidoth），又审案又领军，享"以色列的母亲"之美誉（士 5:7）。耶路撒冷的胡尔妲（huldah，鼹鼠）也是著名的先知，约西亚王（前 640—前 609 在位）曾就圣殿发现圣法古卷（《申命记》经卷）一事，向她讨教。不想她预言了犹大的覆亡（王下 22:14–20）。

早期的上帝之人，类似别处的神汉巫婆，百姓可请他祈祷求雨、医病、寻回遗失的牛羊。也有游走四方，单干或结门派的。后来王朝建立，重大决策如兴兵、立嗣，往往请视者探求神意，先知便卷入了政治。遂有以利亚挑战巴力的四百先知，反对牙哈王（前874—前853在位）同王后夷色贝纵容异教的斗争（王下18—21章）。

公元前八世纪起，先知的"工作方式"发生变化，常上圣殿和街市布道，向百姓谈论国事、批评这个谴责那个，俨如"公共知识分子"。其言说经门人辑录整理，流传开去，便是先知书的文献来源。这一时期影响最大、思想最深刻的一位先知，就是以赛亚。

## 救恩

起初，人与天父一同漫步乐园，"一起"怀胎"造人"（夏娃语，创4:1），自然是无须中介的。这世界头一趟遭灾，那赢了神恩可任先知，却没有起身向耶和华求怜悯的，是完人挪亚。他以沉默迎接圣怒（创6:22, 7:5，详见《后悔》），直至洪水退尽，方舟着陆，逃生者筑坛献祭，仍一言不发。

先知之名，始于圣祖。经书说，亚伯拉罕客居基拉耳时，与夫人以兄妹相称。国王听说夫人美貌，便接她进了后宫。上帝动怒，闭了王后嫔妃的子宫，命国王归还人妻："亚伯拉罕是先知，只有他可以替你求情，保你的性命。"（创20:7）之前，圣祖曾就罪城所多玛能否得救，"立于耶和华面前"反复交涉，履行了中保之责（创18:22以下）。

先知之能够任中保，替人子申辩祈福，是由于天父至仁，愿意宽赦。按照教义，全能全知者"言出即成"，绝无收回成命的可能

（参《宪法宣誓》）。造物主若有"后悔"，重做决定，只可归于他的奥秘，"上帝不掷骰子"的奥秘（爱因斯坦语）。然而"后悔"是耶和华亲口说的，不止一次（创6:6，撒上15:11, 35）；调整计划、改变政策的事例就更多了。

没错，上帝会视一国一家的表现，重新分配祸福（耶18:7–10；哈佐尼，页88）。他还屡屡回转心意，答应戒怒（何11:8–9），验证了先知的这句祷词：我知道[上帝]慈悲，不轻易发怒，且愿意收回灾祸（拿4:2）。因为，神恩系于悲怜（代下30:9）。

通观圣史，中保的典范非摩西莫属。除了与法老斗法，率子民出埃及走荒野，布法建国，他还将冒犯至圣的族人挡在身后，好几回，替他们辩护，甚而为之蒙冤，被剥夺了入福地之福（民20:12，申1:37）。而且如同圣祖，他跟上帝保持着一种特殊的几乎是随叫随到的亲密关系，是后来者不敢奢望的。或因当时耶和华相对"邪神"处于劣势，亟需先知的协助，以发动"绝地反击"（参阅《考验》）。所以摩西面对至高者的云柱，一向是大胆进言的。诚如以色列铸金牛犊为神、招惹圣怒那天，他苦苦谏诤，提醒救主：天火焚烧子民，只会让埃及人幸灾乐祸，也违背了上帝的信约义务——是谁应许亚伯拉罕，他子实要多如繁星（出32:11–13）？再如，子民闻报迦南城防严密，驻有巨人的子孙，竟泄气了想回埃及。耶和华震怒，欲降瘟疫剪除会众，由先知"另起一大民族"。但摩西劝住了他：求求你，别让那些听说过你威名的列国议论！愿我主力伟，一如先前所允诺：耶和华不轻易发怒，他施爱守信……宽恕为怀（民14:13–19）。

这里，先知引用的是上帝"自云中降临，立于身畔"，宣告圣名的那一段自白（出34:5–7）。而摩西以神的伟力和仁爱（hesed）"包容千万"为由，求得恩惠，恰好说明：耶和华有些旨意或出于一时激愤，先知是可以而且应当规谏的。在此意义上，神的"一次次忍住，不让怒火迸发"（诗 78:38），一如人的无休止的悔改，也是普世拯救的一个前提。圣书为证，每当上帝干预或卷入亚当子孙的历史，就不免"为了人的缘故"而有所悔恨；而救主至慈，看在忠仆的份上，必赦免咎责——创世造人，因而确如苇叶所见，于神性并无增益，反倒是神格的减损（见《信与忘/约伯福音》）。

也许，埃及灵知派的哲人是对的：创世失利，乃有救恩（陶伯斯，页 57）。

## 假先知

以赛亚蒙召，固然是天恩，那红炭点唇叫人"心肥肿"的使命，却是取消中保之权：先知降格，不复引领子民，不能如摩西站在"信仰之城的豁口"，为以色列抗辩（出 32:11，民 14:13，诗 106:23）。他成了圣怒的一支传声筒，眼睁睁看着会众四散，"像失去牧人的羊群"（民 27:17，王上 22:17），而无力救助。只因圣意已决，要先知预言，无论真确与否，其实际效果都是障蔽或扭曲真理，而犹大的君臣百姓要"像没了眼睛那样摸索，大白天跌跤，如走夜路"（赛 59:10）。

上帝之人陷入了两难，他灵中彷徨、痛苦，却无处倾诉：圣言若非传布真理，那领受启示的将如何？他总不能把扭曲了的说成是直的吧（传 1:15），扮一个摩西临终要同胞警惕的"假先知"。而子民若是遵嘱不忘，就该拒绝假先知的蛊惑。同样，死搬律法，脱离实际，哪怕"爱上帝、爱邻人"的诫命天天挂在嘴上（申 6:5，利 19:18），先知依然失职了。因为，他一旦放弃中保的伦理，福地便交在了假先知和投机家手中，如圣史一再警示我们；虔诚的礼拜就蜕变为"依从人的指令"（赛 29:13），信条堕入教条。

经书所谓假先知，有的是"邪神"的仆人，也有侍奉上帝但门派不同，被官方定为异端的。论法术，解梦演预兆降奇迹之类，异教视者并不弱于耶和华的先知。例如善解城的比兰，巴剌王重金聘请，要他登高丘诅咒以色列；显然他神通广大是出了名的。不料上帝托梦，把预言放进比兰嘴里，拿他当了一回自己的先知（民22—24章）。

预言而未能应验，圣史归于"谎言"。但谎言不一定是说谎者的意愿，也可以是神意，如北国牙哈王的悲剧所示（王上22章）：牙哈欲攻打亚兰，收复失地。他宫中养着四百先知，都是奉圣名施法术的高手。这些人异口同声，说耶和华已将仇敌交在国王手里，出师必大捷。国王随后召一位民间先知米迦询问。米迦却预言以色列败绩，还说，那四百先知传的不是神谕，而是上帝派一个蒙骗之灵（ruah sheqer）喂给他们的谎言。牙哈大怒，把米迦投入大牢。可是命运已定：国王中了敌军乱箭，倒在兵车里，污血被狗舔吃，流进了妓女洗浴的池子。

假先知"谎报"圣言，偏偏能占据朝政和舆论的主流；他们善唱高调，讨人喜欢。真先知相反，往往不受欢迎，不为人理解，像米迦说话带刺儿。或者就如耶利米，他唇上的启示老是兵燹灾荒瘟病，弄得圣城上下个个厌烦，只肯信那些报平安的（耶6:13–14）。待巴比伦真的打来，众人求他问得神谕，却又骂他撒谎，不是耶和华差遣（耶43:2）。

既然如此，子民遇到称先知的，该如何辨识真假呢？这问题最早是摩西提出的，他举了两项标准，后人诠释纷纭：一是看预言能否应验；第二，能否引导会众走正道，忠于上帝（申18:22, 13:2–6，耶28:9, 23:22）。能，便是真的；否，一律处死。因为那传正道的是神亲自擢立，"把话放进他口中"，而圣言必不落空。可惜现实要比这复杂：预言的应验，有时很考验耐心，也可能等不及看不到，辨别遂成了猜想而非验证。而所谓正道，忠诚与否，又是言人人殊的。

耶稣讲论福音，亦有同样的警告：要当心假先知，那些披着羊皮的狼。他要门徒看"他们的果子"，检验其言行是否"遵行在天之父的旨意"（太 7:15–20）。可见施奇迹驱邪灵等等，本身是不足以证明真假的，若无正道衡量。那"加利利的先知"还预言，末日前夕，必有征兆：假先知假基督四起，冒充圣者骗人。而基督的会众要受迫害，"被交出去受刑、处死"（可 13:22，太 24:4 以下）。可以说，自圣法降世到天地终了，这始终是困扰着忠信者的一大难题。

这难题放在今天，转化为思想者的求索，从宗教批判上升至法的批判，或由神学批判进于政治批判（马克思语），便是社会主义革命胜利的次日，新国家面临的一个根本问题：新社会应怎样造就新人，或革命事业的接班人如何选拔、锻炼培养？这其中，也有识别"果子"的困难，以及坚持正道的努力与挫败，历史教训亟待总结。理论的探究，则因复辟了的旧偶像变本加厉"编造谎言／怀上祸种，生的是罪孽"（赛 59:4），而变得紧迫了。

摩西有一理想，我以为可称以色列先知传统的最高境界：他希望"耶和华的子民都变成先知，人人承接耶和华的灵"（民 11:29）。天才的帕斯卡指出，此句名言是先知顶着族人的哭闹围攻，"苦恼极了"时说的（《思想录》295）。也许，百姓对荒野长征的艰苦生活不满、不理解西奈山领受圣法的划时代意义，让先知想到，问题不在选拔少数能分享圣灵而预言的；以色列出埃及建新国，不是一时间的异象，如七十长老蒙恩仰望上帝的荣耀（出 24:9–11）。毋宁说，那新国唯有发动群众，实行群众的自我教育，才能从根本上消除精英集团"异化"，被投机分子或假先知篡夺政权的危险。而人人先知，实际是取消中介，包括视者、祭司或任何官僚机构对神谕及其解释的垄断，让子民直接诉求于主权者的启示,"蒙耶和华选召,面对面承教"(申34:10),从而永葆新国之青春。

## 刑鞭

"还是躲进岩缝,藏身尘土吧,耶和华的恐怖,他的无上威严来了/当他站起,震悚大地!"(赛2:10)这是上帝扔给耶路撒冷的判决,是的,他已经"立于万民的审判席上"(赛3:13)——他既是公诉人,又是判官,还是施苦刑的狱吏!

那一天,这大恐怖由他的红炭先知宣布,也是要人"心肥肿"么?

四下一片死寂,夜幕笼罩了山冈。

良久,飘来细细的歌声,"我的爱有一座葡萄园",像是一首少女怀春、思念佳人的曲子(赛5:1–7):园丁开荒,原本满怀希望,可是红葡萄枝条辜负了主人,结了酸涩的野种。听到末阕,说爱人恼了要拆掉篱笆,让园子"抛荒,不修剪也不动锄",我们才意识到,那园丁是隐喻万军之主。有趣的是,园丁对"野葡萄"失望,竟要苗木即耶京居民来"主持公道",扮演裁判天父的角色。

不过,苗木没来得及得意,园丁就收了歌喉。猝然,"公平"谐音"流血"(mishpat: mishpah),"正义"叶韵"哀号"(zedaqah: ze`aqah),天父发出了诅咒,子民"六祸"临头:"远方一支异族"军靴沉沉,来了,耶和华的"刑鞭"(赛5:26–28, 28:15)!

> 他们没有一个疲倦、绊倒
> 没有一个打盹、睡着
> 没有一个腰带松脱
> 没有一个鞋襻断掉。

> 他们的箭矢锋利
>
> 他们的弓弩弯弯,
>
> 他们马蹄仿佛火石
>
> 他们车轮似旋风。

然而以圣史观之,全书作一连贯有机的启示,则亚述入侵不仅是"刑鞭"降罚,更是人神关系一次公开的破裂,对信约双方以及中保,都是严峻的考验。在上帝,那圣城面临的"惊恐、践踏与劫难之日",既是圣者"竖起一面旗"召来的,便不能指其为非法,哪怕亚述王把功劳都归于"手上的力气",显摆异教徒"狂妄的心果"(赛10:12–13)。在子民,却是忽然发现,"那万民喧嚷/一似喧腾的大海喧嚣,那部族嘶吼,宛如/怒吼的洪水吼叫"(赛17:12)——这亡国之祸早已预定,当至高者朝以色列背转身子。而一旦上帝藏脸,不再垂听,先知就失了祈福禳灾的能力(赛59:2)。

希伯来《圣经》记载,福地所见最后一次神迹,是希士迦问病,耶和华通过以赛亚显征兆,让晷盘上的日影后退了十度(王下20:8,赛38:8)。

## 亚述王

福地惨遭蹂躏,锡安危在旦夕。此时红炭先知的预言,倘若只在教人变得愚顽,那子民的救恩何在?信约还算不算数?天父又如何称义?他借异族为"刑鞭",向亚述"租一把剃刀"割大卫子孙的"须发和腿毛",究竟是什么目的?而亵渎者一路杀来,在圣城门口吹嘘和谩骂:还信靠耶和华呀,你们?他那些高丘祭坛,不都是希士迦废的(赛7:20, 36:7)?

亚述王说的没错,靠纯洁祭礼,救不了犹大。"各族的神明,可曾有一个把家园从亚述掌下救出"？"难道我不能待耶京和她的雕塑/如同撒玛利亚及其虚无"（赛36:18, 10:11）？他高傲的仆人对锡安山的王唯有蔑视：给你两千匹马，要是你能够配上骑手！来，同我的主公赌一把，看亚述讨伐耶路撒冷，可是背着耶和华的！

没有比这更大的羞辱了，当膜拜偶像的对服侍上帝的说，"是耶和华吩咐了的，上去，把这国灭了"（赛36:8–10）。

亡国，对于耶和华的会众意味着什么？会不会如摩西预言，人们追悔莫及，归咎于自己的忤逆？"这没完没了的祸患，上帝真的不在我身边了"（申31:17）。或者，像日后那些逃亡埃及的，说天父抛弃了子民，圣殿也烧了，还理会他的先知干吗？赶紧拜天后（生育女神）吧，上香求她保佑（耶44:16–19）！是呀，既然那"生养以色列的磐石"绊倒了子民（申32:4, 18, 赛17:10），他们向亚述乞和称臣有何不可？反正抵抗也是失败，全能者的宏图必成；屠杀所剩，便是名列他的生命册的"余数"（诗69:28, 74:9–11）。

> 看不见了，我们的军旗
> 先知，也已绝迹，
> 谁也不知，还得苦熬到几时。
> 啊上帝，还要多久，任敌人辱骂？
> 你的圣名，岂能容仇寇蔑视？
> 为什么，掣回你的手
> 将右手藏在怀中？

先知啊，我说，你想过没有？你的谴责、哀叹，你的祈福与咒诅，不过是在拆除那必拆除的，一如亚述王的虚妄？

以赛亚的歌声停了。

# 圣言

救恩，于是大大缩小了适用范围，仅及"预定"了的灾殃的幸存者，那些最终回返圣城的"余数"，称"圣洁之子实"（赛 4:3, 10:22 注，摩 5:15）。上帝仿佛忘了圣法的归责原则：他曾取消子承父罪，立誓宣谕，废除连坐（申 24:16）。因为"一切生命归我；父子一样，生命皆属于我。谁犯罪就该谁死"（结 18:4）。可现在，圣城竟与罪城无异，无辜百姓要为王公贵族和祭司的"背叛"而引颈受戮。难道虔敬者的困苦，"因圣言而颤栗"（赛 66:2），还不足以打动至尊，解脱会众的咎责？不是说救主愿意宽恕耶路撒冷，如果城里找到一个——是的，只需一个——"行公义、求忠信"的人（耶 5:1）？

然而圣怒没有因忠信者的祈祷而平息，惩罚一如拯救不讲对价（赛 52:3 注）。于是先知的"真"，对危难中的子民，就毫无助益：除了更多更可怕的危难，他能预言什么（耶 28:8）？

还有，天父至仁，却命他的先知使受教的"心肥肿"，这是否乖违神性？按说，至高者降罚是无须借重人的唇舌的；他一个意念，即可硬了罪人的心，犹如当年令法老愚钝，他十次痛打埃及。但那是戏弄顽敌彰显大能的手段，怎就施与以色列呢？何况先知奉旨，句句是真理，子民有什么理由不听，不为之忻喜？除非一个个都变作不可救药的恶棍：神谕未到，人先已"耳背眼浊"了。如此，红炭使命便是冗余的一道手续，而全能反成了神性的累赘——莫非圣言可以教人不信圣言，真理引人背弃真理？

也许我们应当寻找一种历史的解释。比如先知谨守圣法，宣讲的也是真理，但他老是不切实际、不合时宜，居然把真理僵化了搞成一堆教条。久之，百姓失望，生出对立情绪，甚而讥嘲先知，心就"肥肿"了，就偏离了正道而招致天怒。换句话说，先知以真知的错误运用即教条主义，完全出于敬神爱民的动机，是可以做到不辱使命，叫圣言失败、子民亡国的。

以赛亚的传道遂演成一悖论：他越是气愤，谴责犹大，甚至给儿子起名"余必回"充当讽喻，兆示圣城的灭亡，或歌颂耶西的"嫩枝"，以马内利"君权极大，和平无涯"（赛 9:6, 11:1）——越是这样，在子民听来，圣言就越接近谎言，仿佛一个"获异象者"在"用口吃的唇/异邦的舌，来对这一族说话"（赛 28:11，申 28:49）。而大能的神迹，不再召唤人皈依真理（《思想录》379），反倒如亚述王所称，上帝确认，做了抽打锡安儿女的一条"刑鞭"。

## 同在

安慰吧，安慰我的子民——言者是你们上帝（赛 40:1）。"安慰书"如此开篇。但耶和华的先知预言国难、诅咒异邦，以色列何来的安慰？毋宁说，那是委婉承认，造主知错，他忏悔了（nhm，词根同安慰，创 6:6–7）。诚然，当初是圣言定案，指他们为"负罪之民、造孽的苗裔"，"娼妇"兼"凶手"（赛 1:4, 21），百分之百，罪有应得（赛 40:6–8）。

> 一个声音说：你喊哪！
> 我说：喊什么？
> ——那肉身皆草，美颜似野花；
> 花草一经耶和华的灵吹打
> 即枯败了：那草
> 不就是子民？
> 草可枯，花可败，

我们上帝之圣言永存。

信哉,圣言永存。故而那"肉身美颜""枯败"的起因,只在上帝藏脸,"坐视不理"(赛 54:8,诗 35:17);否则,怎会有无辜者倒在血泊,百姓如绵羊"任人宰杀"(诗 44:22)?换一角度,在贫苦人眼里,那红炭使命人心"肥肿",不过是神恩阻断的表现。而救主出离战火中的锡安,便是信约失效、圣法中止、大能的溃不成军了。在这生死存亡关头,忠信者如何行动,挽救信仰,与上帝同在?

## 一个疾苦人

"安慰书"的作者(或定稿者),习称"第二以赛亚"。他比以赛亚晚了大约一个半世纪,传道于子民入囚巴比伦以后,思想境界亦大不相同。因为他寄望的不在大卫王室的以马内利,而是"日出之地"波斯的"一个宏图之人",居鲁士大帝,享誉圣书的耶和华的弥赛亚。(赛 45:1,46:11)

"啊,一个声音在喊:荒野里预备好耶和华的道 / 大漠中为我们上帝修一通衢"(赛 40:3)。不似被托名的前辈那般怨恨、身不由己,当大难之日,"第二以赛亚"反而"拿出勇气坚定信心",向"耶路撒冷的废墟"把光明咏唱(诗 27:14,赛 52:7):

> 多美啊,那喜讯使者上山的脚!
> 他传布平安、报佳音、宣救恩
> 向锡安道:你的上帝为王了!

更重要的是,"安慰书"收有四首"忠仆之歌",藉一羔羊受宰的名喻，象征"耶和华的仆人"替罪牺牲，提出一门崭新的伦理：即以牺牲者的德性取代减损了的大能，给信约与圣法重建根基，化解危局，从而部分恢复了先知的中保之权。

"受尽侮蔑，被人遗弃，一个疾苦人，他认得病痛"——谁是这位忠仆，这只沉默的羔羊（赛53:3, 7）？羔羊，一岁大、无残疾，是圣法规定子民献全燔祭的牺牲（利9:3）。这牺牲，本着"第二以赛亚"普世拯救的信念，可否视为上帝拣选以色列为"义仆"（赛41:9, 53:11），替万民承罪受苦呢？此说看似不无道理，却是有漏洞的。首先，外族并未同耶和华缔约，谈不上守约的责任；其次，即便他们的生活和制度合乎律法，那也只是"顺其本性"，因"良知"称义，如圣保罗所言（罗2:14–15）。推而论之，不知圣法不为罪，上帝之法跟人法的原则相反。这一点，是习法者不可不察的。

另说，忠仆乃中篇的作者自谓。据第二歌，他未出子宫即已蒙召得名，与耶利米、保罗相仿（赛49:1，耶1:5，迦1:15）。无论如何，这"羔羊先知"承担的任务，跟红炭先知不同："复兴雅各"不算，他还要做"万国的光"，俾耶和华的"救恩囊括地极"（赛49:6）。

救恩是赦罪的"果子"，而赦罪即上帝改变原先的决定、计划、立场和感情，视人子悔罪的态度而更新人神关系："我要把本不是子民的叫作子民，把原非所爱的唤作爱人。"（何2:25，罗9:25）如此，大能减损，无限进于有限，无极套上四极，竟至于"他出空了自己，取一个奴隶形象，诞作众人的模样"，把"帐幕立于我们中间"（腓2:7，约1:14）。或者说，唯有藉人格化的宽赦，救主入居忠仆，才能保持至高者的地位，避免在亲手造就的天地间沦为一件奥秘、一段信条。

救恩，源于神的大爱与公义。但神性并非抽象的崇高，须处处通过忠仆的谦卑来展现，叫世人认识。当灾难无边，救恩不至，忠信者的牺牲便是神在人内的德性之见证。因为，受苦于恶人固然是罪有应得，在义者却是自愿背上人与神的咎责，"余数"替下子民，当赎罪的牺牲（赛 53:4–5）——

> 而他，承受的是我们的病痛
> 背走的是我们的疾苦，
> 可我们竟以为，他遭打击
> 是上帝出手，将他折磨。
> 不，他是因我们忤逆才被刺穿
> 因我们罹罪而被碾碎；
> 是为我们复元而身负惩戒
> 道道鞭痕，俾我们愈痊……

圣书所载第一只羔羊，是亚伯的祭品（创 4:4）。它带给主人的却不是神的眷顾，而是凶杀；是罪的突然来世，连同耶和华对土地（'adamah）即人／亚当（'adam）的出处的诅咒。"罪就蜷伏在你的门口，垂涎窥伺"——那抟土造人的是否疏忽了，没有及时将罪"制服"（创 4:7），竟使亚当的长子击倒了亲弟弟？这血的教训，神不会忘记。所以当圣祖遵命把爱子绑上献上祭坛，天父没有悦纳；他顾惜了挚友的独生子，取一匹公绵羊换下孩儿，做了全燔的牺牲（创 22:13）。

所以，"第二以赛亚"礼赞羔羊／忠仆的"疾苦"与"病痛"，表面上像是在祈求天父垂怜，实际指明了"公义之上帝"的信约义务，救主藏脸的伦理咎责（赛 45:21）：上帝若是子民的"爱人"而值得讴歌，本应亲自"主持公道"，不可遗弃他的所爱。

回到摩西的真假先知之辨，既然报应无期、救恩延宕，智者就只能以受苦人的德性为"善果";而义人唯有勇于牺牲,方能自证其圣洁(耶11:19)。受苦与牺牲,便是忠信者争取实现那"人人先知"的理想的前提条件,也是甄别假先知的唯一标准,直至圣容不再隐匿,万军之主起身,向"余数"说(赛51:22):

> 看,我这就取走你手上
> 那只踉跄之杯,我的圣怒之爵
> 你不必再饮了。

## 羔羊

但是,圣容即神恩已经对子民藏起,摩西临终的预言不幸成真(申31:17)。摩西的历史观是善恶报应,祸福取决于人的行事,因此人神关系破裂的责任永远在会众(利26章,申28章)。然而考之于圣史,先知心里明白,那分配祸福的似也有难处。

首先,至少客观上,上帝藏脸使得无辜者受苦,罪人享福。虽说是推迟报应,但神的隐匿(deus absconditus)或未能及时扬善除恶,等于默认了至善对万恶的容忍,不啻理想神格露出破绽。其次,天父待人子,无论施恩(rahamim)、惩罚(din)抑或救助(`ezer),总是具体地呈现于历史的语境而为人们所认知的。其立约数度,再三申明双方的义务,是要确认耶和华之"亲在"(shekinah)于人世属实。故藏脸看似愠怒不理,实则是尝试出离历史,神修长假(deus otiosus);是大能者因选择造人而爱人、杀人救人而必须承受的不自由,并对此不自由的逃避不及。

其实藏脸之先,以色列在西奈山聆受了圣法的教导和规范,拯救便不纯是神的事业了,要靠会众协力,"兄弟同心"(诗133:1,徒

2:46），人对自己的命运负责。之后，才有众先知的问题："环视福地，只见黑暗与困顿"（赛 5:30），如何引领并团结子民，捍卫信仰？

先知一如常人，可以观察现在、了解过去，却无法真正参透未来，因那是至高者的荣耀之奥秘（哈佐尼，页 248）。如今，上帝之人既已免除中保之责，他能否替会众求情，劝动"全世界的审判者"垂顾，或帮耶和华的救恩辩护（陶伯斯，页 47），便不再是要务了。不，他要将神的德性体现在自己身上——让神入居人内，人做神的殿堂，而成全其德性、启示其圣洁（deus revelatus）。此即"第二以赛亚"羔羊沉默的象征所指，忠仆牺牲的伟力所在（赛 53:7–8）：

> 啊，如此折磨贬损了
> 也不开口！像羔羊牵去屠宰
> 又像母羊面对剪毛人
> 沉默：他不开口。
> 囹圄之中，不容他申辩。
> 谁会思念他的一世，
> 当他从生者之地被割弃
> 因我子民的忤逆，遭击杀……

依照传统教义，社会苦难同天灾病痛一样，归根结蒂是神意的征兆、预定和安排。现实中，则好人受苦是一醒目的标记，指向上帝创世"版本二"所遗留的各样"不好"（创 2:18，见《说罪》），或造主完工第七日安息，清晨起来发现的遗憾。藏脸，便是那"不好"累积而发的后果，原非"全工尽善"的设计（申 32:4），一如忠仆之牺牲。但那牺牲于人子是自觉自愿的，是在天父背转身出离子民之后，为众人担起苦难，负罪而赎罪。

圣书褒扬，为他人的利益牺牲自己，始于圣祖夫人。苦命的莎拉叫丈夫哥哥、献婢女为妾，虽是情势所迫，其道德选择符合耶和华的"公道"是无疑问的（创 16:5）。先知的毫不利己，则以摩西为模范。他是领袖，重任在身，却主动替子民受过，折了命数，没能踏足福地——按他自己的解释（申 1:37, 3:26）。

自摩西起，苦难就成了圣法立于信约的一个要件，称作天父的"管教"或"惩戒"（申 8:5，伯 5:17），是为子民的好。"我落难前曾误入歧途／但现在，我信从你的诺言……其实苦难／于我也是好事，让我学习你的律令。"（诗 119:67, 71）等到国破家亡，拯救无望，这"管教"的正当性就动摇了。仿佛那藏脸的并不在意"愁苦人的苦愁"，也不肯垂听子民的哀求（诗 22:24）。

当救恩悬置，信约消解，人与人之间便失了德性的伦理支撑，产权契约开始束缚一切（参《信与忘·约伯福音》）。而忠仆的牺牲，看似逆来顺受，沉默却是伸张反抗的意志，亦即否定今世的罪恶秩序，坚持失败了的信仰。好人受苦，因而不是别的，恰是神的德性化作天国乌托邦得以证成，人能立信企盼而坚忍的唯一理由。是的，"大地充斥暴行"，"恶人不死／反而颐养天年，势力嚣张"（创 6:11，伯 21:7）；人只有拿羔羊的苦难赎下受缚的救恩，公义之审判才可留待末日。

所以，上帝之称救赎之主，是被寄托了热切的希望的。先知大胆提出，要他分担子民的痛苦，如忠仆"承受众人的罪愆"，甚而"像一个产妇／大口喘气，喊痛"（赛 53:12, 42:14）。事实上，天父若是拒绝分担，信约便会立即失效。反之，减损了的神格唯有在"苦灵"身上，"大能在弱处"，才能恢复完满（林后 12:9）。这就是天国之救恩了：永远延宕，不断被催而"传为喜讯，包扎破碎的心"（赛 61:1, 30:20）——

虽然我主给了你痛苦作面饼、艰辛为水

你的老师却不再隐藏，

你必亲眼望见你的老师。

## 一切的苦难

神的隐匿，在康德看来，乃是人行使道德自由的前提。上帝假使常在眼前，有求必应，则人悔罪向善，爱上帝，不免成了趋利避害"理性人"的算计，而非忠信者的道德觉悟与伦理价值（孔德-思朋维尔，页95—96）。爱因斯坦也说：若我们行善只是怕惩罚、求奖赏，那就太可怜了（道金斯，页226）。换言之，走耶和华的道，须有圣法（赏罚和拯救）之外的理由；例如，人子想帮助天父（哈佐尼，页98），实现后者的创世宏图，在神的身上寄托人的理想。

天父爱人，人爱天父，这是信约的道德基础。耶和华感情丰富而爱憎分明，一如人子，灵中亦常存哀伤："出于大爱与怜悯，[他]将众人赎回……而这些人居然抗命，刺痛了他的圣灵。"（赛63:9–10）

上帝造人，实为神的人性化，或神入居人内的开端。因为造主不单要人爱他，依其神性，他也爱上了自己所造（伯特，页32）；乃至一次又一次饶恕忤逆，容忍不忠，哪怕所爱者信仰不坚，经常撒谎，没把他"存在心底"（赛57:11, 63:8–9）——

他曾想：他们确是我的子民

做儿女的不会欺瞒。

他便做了救主

加入他们一切的苦难。

于是，忠信者人人要努力成为神的德性的化身，那是上帝能够有别于一切"人手制作"之偶像的担保。可是，面对会众无尽的苦难，他能不负疚，不实践信约，说："看哪，我要做一件新事，马上就发生，懂不？"（赛 43:19）

这新事，在"第二以赛亚"，却是要中断救恩的延宕，要受苦人盼来解放——他太想离开那藏脸的今世之神了，去迎接圣祖与摩西的上帝，信约的末日之上帝。诚然，万军之主已经爽约：倾覆巴比伦，迎来居鲁士，那圣灵激励敕命释囚的受膏者，之后，以色列并没有复兴。而子民"由耶和华之手／受了双倍惩罚"，那从"巴比伦河畔"生还的（赛 40:2，诗 137:1），还在祈祷：为什么，应许了的救恩遥遥无期？在哪儿呀，你这"弱小者的堡垒／穷人救急难的坚城"（赛 25:4）？莫非"至勇上帝"交出了他的特选产业，未留"余数"？

救恩延宕，若是因为上帝推迟或推卸了信约义务，这算不算背叛？

## 背叛

> 但是我说：憔悴呀憔悴，我有祸了！
> 背叛的皆已背叛——
> 那背信的在背信中背信。
> 恐惧、陷坑、罗网缠上了你
> 大地的居民！（赛 24:16–17）

《以赛亚书》以谴责子民"背叛"开始，终于报应之日，"背叛"

者在圣山周围"尸首狼藉"（赛 1:2, 66:24），红炭先知的警告化作"耶和华的恐怖"。

背叛或背信，按圣法属忤逆之罪（pesha`）；"忤逆，即假装认耶和华，却对我们上帝背转身子/鼓吹欺诈和反叛"（赛 59:13）。然而，至高者只需抬眼留意一下以色列的历史表现，即可明白，他是错怪了子民。会众里是有不少受诱惑入歧途的，但作为一个整体，他们从未背弃亚伯拉罕、以撒和雅各的上帝，一刻也没有。相反，如圣殿诗人叹息的，这一族圣者之所以流散四方，饱尝屈辱，是因为信从了救恩之主（诗 44:20–22）！

> 倘若我们果真忘却了圣名
> 朝异神举起双手，
> 难道上帝不会察觉——
> 既然他洞悉人心的隐秘？
> 可是，为了你的缘故
> 我们终日遭屠戮
> 如绵羊一般任人宰杀！

是的，若非义仆自愿牺牲，充任"负罪之民"，世代坚守耶和华的信约，只怕圣言早成了谎言，如以马内利辜负了先知预言。

## 万民的殿

起初，人造了众神，套用自己的形象和生活，希腊哲人说。神性之丰美，演绎为神话，讲的是人性的故事。而在圣书的世界，亦即上帝所造"一切可能世界中"他选择的唯一居处，人却是神的摹本："当初上帝造人，取的是他自己的模样。男人女人，都是他的创作。"（创 5:1–2）人性，便是神性的一个个缩影；人的喜怒哀乐、爱恨纠结，善恶消长冲突不断，足可照见那成长中的至圣的性格。天父面前，因而是人人来得，对所有"苦灵"开放的（赛 58:10），宗族疆界不论；哪怕是不信的，或"死人葬死人的"（太 8:22），亦不排斥。

上帝是圣书的主角，男一号（protos agonistes）。但他并无自己的"浪漫史""历险记"，既不同众神交往，也没有父母和配偶。他的故事，从一言创世到末日审判，一切伟绩，都是藉他造的人，在这"非常之好"又"充斥暴行"的人世间上演的（迈尔斯，页 85）。换言之，他虽享全能之号，充盈天地超脱死生，却只能通过人的历史来昭示神格，为人认识而受敬拜。所以摩西十诫以圣史定义以色列的圣者：我，乃耶和华你的上帝，是我把你领出埃及，那奴隶之狱（出 20:2）。据此，亦可推论，造主本无自身的利益，完全是为了他的所爱而创世，而起宏图的。人的言行、情感、生活经验与善恶选择，便成了我们想象、理解、信赖或怀疑上帝，包括如约伯"坐于尘灰"与圣者争讼的主要依据。

上帝唯一，主宰一切；上帝之外，别无他神：圣法如此教导（申 4:35, 6:4，赛 43:10, 45:5）。故异教神非神，只是一尊尊木石偶像，圣者视若"虚无"。但如果耶和华决意，当"天下万国的上帝"，要圣殿重起，"迎来万民"（赛 37:16, 56:7），那应许了的救恩与圣洁就不可能专属信众了。正像先知所言，古实一如子民，属上帝；那带领子民出埃及的，及安置非利士和亚兰的，是同一位神（摩 9:7）。以色列不复是特选的产业，外族也可以归附救恩，参加耶和华的会众，一道守约，受赠"永久的名"，"那不得剪除之名"（赛 56:5）。

那一天，从"混沌之都"的废墟，"于大地中央，万民之前"（赛 24:12–13），上帝要全世界回归完人的彩虹之约，"一切肉身"与他重

以赛亚之歌 - 145

新缔和（创 9:12–17）。因此，他向子民藏匿了圣容，变得陌生、缥缈而神秘：仿佛大能者不再无敌，居然他没了仇敌（赛 65:25）！

> 狼与羊羔要一起放牧，
> 狮子如牛，嚼着干草
> 而大蛇以尘土为食：
> 在我的整座圣山之上
> 再无作恶，无伤亡
> ——耶和华有言。

## 新天新地

按理，藏脸之神无所不知，不可能遭人子背叛，除非他放弃全知；或者，如以赛亚蒙召受命，教人"心肥肿"而不得医治——上帝自己造一族"违命之民"（赛 65:2）。

那么当忠仆负罪，如羔羊被牵去面对屠刀，当天父由此加入子民"一切的苦难"，他所分担的，是否也包括因"心肥肿"而被救主遗弃之苦？以色列的守信约之苦？

我的上帝，我的上帝，你为何立我为先知？"一个疾苦人"打破沉默，问道：你既是圣所，缘何又是"绊脚石——令以色列两家跌跤的那块磐石"（赛 53:5, 8:14）？

确实，若以圣史观之，圣殿焚毁，神在人内，是同一个末世征兆的两面。一如天怒寓于至仁，智慧始于敬畏（伯 28:28，箴 1:7）：若无福地的应许，亚伯拉罕子孙承为"永业"，上帝会举亚述、巴比伦为"刑鞭"？若非无所不能，万军之主会掣回右手，他的大能与救助之手？同理，若不是大劫难的"余数"仰望着圣山，不顾失效了的信约的善恶报应，那永世救恩何以避免失败第二次？

第一次失败，在犹大王"以马内利"的殿，在耶和华离弃的家（结 10:18, 11:23）。第二次，关乎子民心底那一座"万民的殿"；它靠卑微者，就是"灵中破碎""因圣言而颤栗"的人保卫，目前胜负未决。如是，不仅神的德性，连他无力履约的内疚，他降世承认的罪愆，也尽在人内了，存于义者的勇于牺牲而支援上帝之觉悟。是呀，救主有了牺牲者救助，他还会丢下宰公牛献羔羊的子民，说（赛66:1）：

> 诸天放我的宝座，大地做我的脚凳
> 那么何处你们能建我的殿
> 哪里，可供我安息？

安息若不在锡安，不啻永久的藏脸与出空神格，让诸神和异族耻笑，如摩西指出，是颠覆圣史、废除圣法、自毁亲选立名的圣居。反之，神在人内，纵使大恶主宰今世，圣言仍值得期许，因救恩只在忠信者的行动——因延宕不等于取消，先知已宣布，那定期了的（mo`ed）终必到来（哈 2:3，赛 34:4）：

> 诸天要如书卷卷起
> 星辰纷纷凋落，
> 凋败一如葡萄的枯叶
> 如无花果一地凋残。

那一天，以赛亚的歌沉寂了。当先知的灵返归天父身畔，第二次加入宝殿祭坛下列队行进的白袍义灵，同六翼神子一起，日日赞美山呼圣哉：他才真正领会了先前造访天庭，于灵中所见所闻，以及不洁嘴唇所受的红炭——那宝座上掷下的一记雷霆，多少祸患与恩典！

他只是没有想到：听了他的哀歌，那享万民祈福"阿门之上帝"，也会如人子认错、悔过，站起而震悚四方，重新与万国缔仇（赛65:16–17）——

> 因为，看哪，我要造新天新地了！
> 那先前的，不必再记住
> 不必绕心头。

二〇一六年一月初稿
六月定稿

---

伯特（Robert Burt）：《旋风中》（*In the Whirlwind: God and Humanity in Conflict*），哈佛大学出版社，2012。

道金斯（Richard Dawkins）：《上帝是错觉》（*The God Delusion*），Houghton Mifflin Co., 2006。

冯象：《宽宽信箱与出埃及记》，第二版，生活·读书·新知三联书店，2012。

傅利门：《上帝之消失》（*The Disappearance of God: A Divine Mystery*），Little, Brown & Co., 1995。

哈佐尼（Yoram Hazony）：《希伯来圣经哲学》（*The Philosophy of Hebrew Scripture*），剑桥大学出版社，2012。

孔德-思朋维尔（Andre Comte-Sponville）：《论无神论的灵性》（*The Little Book of Atheist Spirituality*），Nancy Huston 英译，Viking, 2007。

迈尔斯（Jack Miles）:《上帝传》（*God: A Biography*），Vintage Books, 1996。

帕斯卡:《思想录》（*Pensées*），A. J. Krailsheimer 英译，修订版，企鹅丛书，1995。

陶伯斯（Jacob Taubes）:《保罗的政治神学》（*The Political Theology of Paul*），Dana Hollander 英译，斯坦福大学出版社，2004。

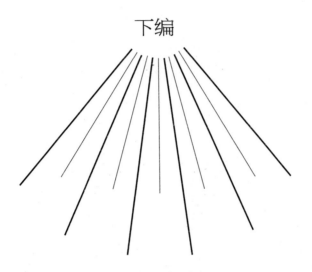

下编

# 以赛亚书

## 上篇
# 预言集

一章

　　阿摩之子以赛亚的异象，<u>hazon</u>，所见，特指神的启示。以赛亚，yesha`yahu，"耶和华拯救"，南国先知。阿摩，'amoz，相传是乌齐亚王的叔父。关乎犹大与耶路撒冷，见于乌齐亚、约坦、琊哈、希士迦为犹大王之时。由此推算，先知活跃于公元前八世纪下半叶。

## 背叛

² 听哪，诸天！大地呀请侧耳，起首程式，呼天地作证，申 32:1。

此乃耶和华之言：

明明是我养大的孩儿

　　却一个个背叛了我！按圣法，逆子该判死罪，申 21:21。

³ 牛认主人驴认槽，直译：驴认主子的槽。

以色列居然不认，我的子民

　　他们不明白！旧译留意，误。


⁴ 啊，可恶的一族，负罪之民

造孽的苗裔，腐败子孙！自甘堕落，如摩西预言，申 31:29, 32:5。

他们已将耶和华抛弃

竟自蔑视以色列的圣者，婉称上帝，5:19, 10:20。

朝他背转了身子。七十士本无此句。

155

⁵ 为什么你们还要讨打，造反不停？

整个头昏心衰了，是吗？

⁶ 从脚掌到头顶无一处完好，

遍体鳞伤，创口敞开　形容犹大遭亚述蹂躏；后世借喻基督受难。

却不挤净包扎，不膏油止痛。旧译不通：滋润。路 10:34。

⁷ 国土一片荒芜，城郭一把火烧尽

眼睁睁看着外邦人吞掉

你们的地，一切覆亡于敌族。传统本校读：如所多玛覆亡。

⁸ 唯有锡安的女儿还支撑着

仿佛葡萄园里的草棚，锡安的女儿，拟人喻圣城。下同。

又像黄瓜田头的茅舍

一座孤城陷入重围。

⁹ 要不是万军之耶和华

给我们留下点残余，sarid，从中拣选获救者，称余数，10:21。

我们早变成了所多玛，

与俄摩拉无异。反言"不认 / 不明白"与冒犯神明性质不同，创 19 章。

## 谴伪善

¹⁰ 听，耶和华有言，所多玛的首领，qezine，旧译官长，不妥。

请留意我们上帝的教导，俄摩拉百姓！

¹¹ 你们那许多牺牲于我何用？耶和华说：摩 5:21 以下。

我受够了公绵羊的燔祭

连同肥畜的脂油；

小公牛、羔子和山羊的血

我一样也不喜欢。

¹² 当你们前来觐见我时　直译：见我面。

谁向你们手上要过这个？

践踏我的殿院，¹³ 别想！断句从犹太社本。

献什么无谓的素祭　无谓，shaw'，或作虚妄，5:18；旧译虚浮，误。

薰香也让我恶心；

月朔、安息日、召集圣会——　利 23:24 注。

拿圣会抵罪，我受不了。罪，七十士本：禁食（与安息）。

¹⁴ 我的灵厌恶你们的月朔和节庆　灵，naphshi，强调整个的人。

这些东西于我只是重负，旧译麻烦，误。

实在是忍无可忍。旧译不通：便不耐烦。

¹⁵ 当你们伸开手来，祈祷状。

我一定闭眼不看，祷告再多

也决不垂听——你们手上沾满了血！双关：祭牲／无辜者的血。

¹⁶ 快洗去，弄弄干净

把你们造的孽从我眼前拿走。

停止作恶，¹⁷ 学学行善吧

寻求公义，惩治凶徒，hamoz，另读如钦定本：解救受害的，hamuz。

为孤儿伸冤，替寡妇辩护。遵从圣法，出 22:21 以下。


¹⁸ 来吧，让我们辩论一番，耶和华说：如在法庭，结束指控。

你们的罪，虽似猩红　暗示流血之罪，上文 15 节。

将来要变为雪白？

哪怕红得像栎胭脂虫　tola`，寄生于虫栎，古人捉来制深红色染料。

也会洁如羊毛？喻赦罪；若上帝愿意，诗 147:16。

¹⁹ 不，要你们愿意听从

方可享用大地之丰美；

[20] 若抗拒而反叛，必为刀剑吞吃——

此乃耶和华亲口所言。<sub>如摩西传达，利 26 章，申 28 章。</sub>

## 审耶京

[21] 忠信之城哪，怎么就当了娼妇？<sub>责其背离上帝，何 1:2。</sub>

她从前处处是公平，家家义举，<sub>夸张对比，激愤故。</sub>

如今却住满凶手！

[22] 你的银子已成残渣，<sub>你，指耶路撒冷。</sub>

你的美酒掺了水。

[23] 你的王公谋反作乱

做了盗贼的帮凶。

人人喜欢收礼

个个贪图回报，<sub>贪赃枉法，违反诫命，出 23:6 以下。</sub>

既不为孤儿伸冤

也不替寡妇主持公道。<sub>回应上文 17 节。</sub>

[24] 于是，万军之主耶和华

以色列的大能者宣谕：<sub>大能者，'abir，耶和华的号，创 49:24。</sub>

啊，我要泄仇于我的仇敌

向恨我的人雪恨！

[25] 我要对你下手，

用火碱熔炼你的杂质　<sub>用火碱，kabbor，校读：用火炉，bakkur。</sub>

除尽你的残渣。

[26] 我还要让你的判官复位如初　<sub>宽赦旧人，恢复司法尊严。</sub>

谋臣一如往日。

之后，你必称作公义之都

名为忠信之城。七十士本：母城。

27 锡安，必因判决而获赎，判决，mishpat，兼指律例、公平。

城内悔改的，靠公义。城，直译：她。指圣城。

28 但忤逆犯罪的要一并摧毁

那背弃耶和华的必亡。此二节风格略异，如赘语，或属后人补注。

## 橡树

29 是呀，那些橡树必令人蒙羞，橡树，提喻异教祭坛，申 12:2。

看你们沉迷不悟，迟早

要为自己选的园子而懊丧。园子，礼拜迦南"邪神"处，65:3, 66:17。

30 因你们要变得如一棵橡树

黄叶飘零，如枯园断水；

31 而强权不啻一团麻绒，易燃物。

他的作为好似火星；强权，hason，另读财富，hosen，33:6。

两者注定要一同焚毁

无人会来扑灭。此片断脱上下文，像是插入的。

## 锡安山

二章

阿摩之子以赛亚所见之言，dabar，此处指异象，或所启示之圣言，1:1。关乎犹大与耶路撒冷，如下：

² 待到最后的日子，暗示历史之必然。

耶和华的圣殿之山

定将耸立于群峰之上，百岭之巅。同弥 4:1–3。

于是列族汇聚，³ 万民向前，说：

来呀！

让我们登上耶和华的山

去到雅各上帝的殿宇，

求他指示正道，教我们走他的路。

因为圣法必出于锡安，圣法，torah，本义教导，复指圣言。

耶京，出耶和华之言。耶京，简称耶路撒冷。

⁴ 他将在族与族之间裁判　他，指耶和华。

在万民中明断是非。不用君主、祭司或先知中介，直接统治。

而人要把剑打成犁头

变长矛为修枝的钩。mazmeroth，木柄小刀带钩，修剪葡萄枝用，18:5。

一族不必向另一族举剑

再也不用学习争战。

⁵ 哦，雅各家，来呀

藉耶和华的光明，我们前行。

## 耶和华的恐怖

⁶ 可是你抛下了子民，雅各一家，

因为太久了，他们占卜念咒

活像非利士人，太久，miqqedem，或作东方（巫术）。

而且找异族儿女击掌。立约做买卖,箴 6:1。先知反对与外国结盟。

7 他们遍地是金银,财富无边

遍地骏马,兵车无数;不顾摩西的警告,申 17:16。诗 20:7。

8 遍地偶像——他们膜拜

自己的手工,自家指头的造形。

9 如此,人人屈膝,个个堕落—— 死海古卷 1QIs$^a$ 无以下四行。

请别扶起他们! 扶起,犹言宽赦。

10 还是躲进岩缝,藏身尘土吧, 惊恐状,启 6:15。

耶和华的恐怖,他的无上威严来了 恐怖/威严互训,伯 31:23。

当他站起,震悚大地! 原文脱此句,据七十士本及下文 19,21 节补。

11 高傲的人垂下眼睛 直译:人的高傲……下同。

狂妄者不得不屈服,

那一天,唯有耶和华受尊崇。

12 因为那是万军耶和华之日, 又称报应日,伯 21:30。

要惩办所有骄横而不可一世的

一切自大的,都要按下—— 预言外族入侵。

13 所有的黎巴嫩雪松,不论多么挺拔 直译:高傲。

每一棵巴珊橡树;

14 所有的崇山峻岭, 15 一切巍峨塔楼

每一道坚固的城墙;

16 所有的拓西巨舟 拓西,西班牙东南或撒丁岛商港,诗 48:7 注。

每一艘华美的画舫。sekiyyoth,无善解,校读从传统本注。

17 高傲的人终要屈服

狂妄者必被按下,

　　那一天,唯有耶和华受尊崇。

¹⁸ 于是偶像一总消失

¹⁹ 人就躲进岩穴,藏身土洞,

　　耶和华的恐怖,他的无上威严来了

　　当他站起,震悚大地。


²⁰ 那一天, 人要把金银偶像, 那些造来给自己膜拜的虚无之物, 'elilim, 贬称异教神。通扔给鼹鼠和蝙蝠—— 鼹鼠, hapharpereth, 掘洞者; 无确解, 犹太社本: 飞狐。


²¹ 以便躲进岩穴,藏身崖缝,

　　耶和华的恐怖,他的无上威严来了

　　当他站起,震悚大地。


²² 够了,你们别理世人, 此节突兀, 七十士本无, 或是补注。

　　他仅有一口气存鼻孔里　典出创 2:7。

　　算个什么东西?　暗示人性孱弱, 不自量力, 诗 146:3–4。


# 颓败

三章

　　看哪!万军之主耶和华

　　即将夺去耶路撒冷及犹大

　　所倚仗的储备,全部粮食　此句似插注。

　　全部饮水的储备,

² 并勇将、战士、判官同先知　　拿钱说事的先知，弥 3:5。

巫师、长老、³ 五十夫长和显贵

谋臣与擅长手艺、精通咒语的——

⁴ 我要他们以小儿为王公　　手艺，ḥarashim，或作法术。传 10:16。

让娃娃统治他们！　娃娃，ta`alulim，或（复数表抽象品质）：任性。

⁵ 人与人互相压迫

邻里彼此盘剥；

少年人欺侮老翁

贱人蔑视尊者。


⁶ 还有，人会拉住一个本家兄弟　　本家，直译：父亲家。

说：你还有一件外袍，simlah，方形布袍或毡袍，出 22:25 注。

你来带领我们吧，这片颓垣

就归你手下。⁷ 可是那天

对方要高声抗议：

我不是包扎伤口的，呼应 1:6。

我家也断了粮，没有穿的；直译：没外袍。

别让我做族人的头领！旧译官长，误，1:10。


⁸ 啊，颓败了，耶路撒冷

犹大业已倾覆！

因为他们的舌头与行事

挑衅耶和华，冒犯了至尊的眼睛。

⁹ 那副嘴脸恰好作证，指控他们

展览罪行，一如所多玛

不加掩饰——大祸临头了

这些魂灵，自己给自己添灾！以下插入两节箴言，对比命运。

10 告诉义人，他必蒙福

必享用善行的果子；

11 祸哉，作恶的人

他手里的歹事难逃报应。

12 我的族人哪，他们被娃娃欺压　校读：被勒索者征税／掠夺。

堕入女子的统治；女子，贬损当政者。七十士本：放高利贷／敲诈者。

我的族人哪，领路的迷失方向

把你该走的道吞吃了！　bille`u，喻毁坏、搅乱，9:15；创11:9注。

13 于是耶和华起身提出控诉　上帝既是审判者也是公诉人；伯9:15。

立于万民的审判席上。万民，七十士本：他子民。

14 耶和华要向子民的长老王公

掷下判决：侵吞葡萄园的

正是你们，穷人的财物

抢来家中。15 凭什么

我的子民你们如此践踏，teḏak'u，旧译压制，误。

连贫苦人的脸也碾破？剥削残酷如碾谷。旧译不确：搓磨／折磨。

——宣谕了，万军之主耶和华。七十士本无此句。

## 锡安的女儿

16 耶和华还说：

只因锡安的女儿轻狂，旧译不妥：狂傲／趾高气扬。

走路伸出颈子又卖弄媚眼

扭扭捏捏踏着碎步

脚镯玎玲，[17] 所以我主

必使锡安女儿的头顶生疥疮——

耶和华要裸她们私处！ pothhen，通行本：(剃光) 头发。摩 8:10。

[18] 那一天，此段通说是后加的。我主必剥去她们的妆饰：脚镯、束发带和月牙项圈，似指异教护符，创 35:4。[19] 耳坠、手钏与面纱，[20] 花冠、踝链、腰带、香水瓶儿跟护身符，[21] 戒指同鼻环，如利百加所戴，创 24:22。[22] 节庆礼服、大氅及斗篷，荷包，[23] 手镜与亚麻衫子，还有头巾和裹身的披肩—— 或作大面纱，歌 5:7 注。

[24] 直到馨香被腐臭代替；

珠带换作了囚绳

绾髻变为光头，志哀，如下句。

华服 [撕碎] 围上缌衣 saq，丧服，山羊毛驼毛或粗麻缝制，黑褐色。

羞辱，取代美丽。原文无"羞辱"，据死海古卷补，伯 8:22。

[25] 你的男人要倒在剑下

你的勇士长眠战场——

[26] 她的城门要哀哭，她，指锡安/圣城。

她，被遗弃的，坐地上。遗弃，niqqathah，或如犹太社本：出空。

## 四章

那一天，七个女人要抓住一个男子，因男丁死伤大半，多寡妇。说：我们自己有面饼吃、有衣裳穿，即无须丈夫负担，如律法规定，出 21:10。求求你，让我们归你名下，做妾。拭去我们的耻辱！引拉结语，希望"开开子宫"怀上孩子，创 30:23。

## 耶和华的新枝

² 那一天，耶和华的新枝必美，必灿然，呼应耶 23:5–6。

大地的果实要把尊严与荣耀

赠予以色列的遗民。新枝，指"残余"子民，1:9，兼喻受膏王／弥赛亚。

³ 凡是留守锡安，残存于耶路撒冷，

即一切在耶京载于生命册的

皆可称圣者。旧定义，留守者皆入余数，10:22 注。摩 5:15, 9:8。

⁴ 当我主洗净锡安女儿的秽污，

用审判之灵并焚毁之灵清除她身上

耶路撒冷的血迹，灵，ruah，本义风、气，转指圣灵，11:2，创 1:2。

⁵ 耶和华必在锡安山整座根基

及圣会之上，白天造一云柱，如在荒野为子民指路，出 13:21。

夜晚烟火熊熊。

因为一切荣耀之上，必有华盖

⁶ 可作帐篷，日间遮荫避暑，意象同 25:4–5，启 7:15–16。

暴风雨中的庇护。

## 葡萄园之歌

五章

我要讴歌我的爱，yadid，爱人、心爱，申 33:12，诗 127:2。

这爱之歌献给他的葡萄园。民歌风格，女声。歌 1:6。

我的爱有一座葡萄园

坐落在肥沃的山冈。

² 他开一片地,捡走石块

　　扦下红葡萄枝条。soreq,一种优质葡萄,色红,16:8。

　　园中央筑他的守望塔

　　还凿一个榨酒的池子。

　　原指望甜果满园

　　不想结的尽是野葡萄。味酸苦。参较诗80:8以下。


³ 啊,耶路撒冷的居民、犹大人　　园主/爱人说话。

　　请在我和葡萄园之间主持公道!　反讽:苗木能审判园丁?29:16。

⁴ 还有什么能给葡萄园做的

　　我没有做到?

　　为什么,原指望甜果满园

　　可结的尽是野葡萄?　竟然令至高者失望。


⁵ 好,告诉你们,我要拿这葡萄园怎样:

　　我要拆掉篱笆,随它被啃吃;

　　挖了围墙,叫它受践踏。

⁶ 我要它抛荒,不修剪也不动锄,

　　随它荆棘丛生;并且命令

　　乌云不给它降雨——

⁷ 对呀,这万军耶和华的葡萄园

　　是以色列家,而犹大人

　　便是他钟爱的幼苗。给出喻底,引出下文的诅咒。

　　他原指望公平,却只见流血　mishpah,谐音公平,mishpat。

　　期待正义,竟听着哀号!　ze`aqah,谐音正义,zedaqah。

## 六祸

⁸ 祸哉，那房连房，田接田

把国土圈了独占的人！ 直译：乃至无处（可圈）仅他们居国中。

⁹ 万军耶和华向我耳中[宣布]：

等着吧，许多楼宇必成废墟　shammah，旧译不通：荒凉。

再高再美也无人居住；

¹⁰ 甚而十顷葡萄园只榨得一罐　顷，zemed，一对牛一天的耕地。

一驮谷种仅收获一筐。十筐合一驮，干量单位，利 27:16 注。

¹¹ 祸哉，那一早起来即追逐烈酒　谴责统治阶级生活糜烂。

天黑了还酩酊大醉的人！

¹² 宴席上三角琴十弦琴，打鼓吹箫

伴他们饮酒，

从未想着耶和华的作为　昏庸且忘本，诗 28:5。

没理会他的巨手之功。

¹³ 所以我的子民才流亡，无知啊　指其背离圣法，下文 24 节。

贵族才饿昏，百姓渴倒——　以下插入一冥府片断，14:9 以下。

¹⁴ 所以，阴间就食欲大增　食欲，或作喉咙，43:4 注。

张开她无涯血口，她，阴间/冥府（she'ol）是阴性名词。

官家百姓都要下坠

那喧哗纵乐的一堆！　喧哗，旧译繁华，误。

¹⁵ 啊，人人屈膝，个个堕落　回放 2:9, 11。

高傲者垂下了眼睛。

¹⁶ 万军之耶和华因判决而受尊崇　呼应 1:27。

至圣之上帝为公义而显圣。 惩恶扬善，是为圣德，民 20:13。

<sup>17</sup> 而后，羔子要回到放牧的草场　"肥畜"之都回归自然，1:11。
肥牛的废墟迎来小山羊。 原文：外邦人。校读从传统本注。

<sup>18</sup> 祸哉，那用虚妄之缰绳牵着咎责　虚妄，婉言邪神；另读公牛。
一似以牛车索子拉来罪愆的人！ 牛车，另读犊子，对上句公牛。

<sup>19</sup> [因为] 他们说：他那大功
能否快点完成，给我们看看？ 嘲讽"耶和华之日"，2:12。
以色列的圣者之宏图
能否再近些，让我们认识？ 口吻不敬，如所多玛人，创 19:5。

<sup>20</sup> 祸哉，那将恶称善、善称恶， 谴责花言巧语，淆乱是非。
叫黑暗为光、光为黑暗
而以苦为甜、甜为苦的人！

<sup>21</sup> 祸哉，那自视聪慧　谴责狂妄自大，箴 3:7, 26:5。
自以为明辨的人！

<sup>22</sup> 祸哉，那豪饮的勇将　谴责司法腐败。
调烈酒的壮士！

<sup>23</sup> 他们收了礼就开释恶人　直译：以恶人为义，1:23 注。
剥夺义者的正义。

<sup>24</sup> 是呀，就像火舌舔食麦秸　喻罪人得意不久，出 15:7。
或秕糠落入烈焰， 秕糠，hashash，兼指干草，33:11。
他们的根必如腐物
他们的花儿如尘埃飞散；
只因他们拒绝万军耶和华的圣法　作为道德指引，2:3 注。

蔑视以色列圣者的训言。一说原有第七祸,即 10:1–4 片断。

## 圣怒

<sup>25</sup> 于是,耶和华的怒气喷向了子民

　　他伸出巨手狠狠打击;

　　山岳动摇,尸首如粪土散落街口　似描写地震。

　　——即便如此,他的怒火仍未收起

　　那巨手,伸展依旧!　此阕通说是搀入的,原属 9:7–10:4 片断。

<sup>26</sup> 他竖起一面旗,召远方一支异族,原文复数,校读从传统本注。

　　一声唿哨,[大军]起于地极——看哪

　　他们来了,马不停蹄!　直译:飞快。亚述做了上帝的刑鞭,28:15。

<sup>27</sup> 他们没有一个疲倦、绊倒

　　没有一个打盹、睡着

　　没有一个腰带松脱

　　没有一个鞋襻断掉。

<sup>28</sup> 他们的箭矢锋利

　　他们的弓弩弯弯,开弓状,21:15。

　　他们马蹄仿佛火石

　　他们车轮似旋风。

<sup>29</sup> 他们吼声像是母狮　套喻。何 5:14,摩 3:12。

　　又如小狮怒吼,

以赛亚书:5:25–6:5

一边咆哮，一边猎食 <sub></sub>巴勒斯坦至中世纪尚有狮子生息。
叼走，也无人敢救——

<sup>30</sup> 向她咆哮着，那一天 她，指犹大。
仿佛怒海咆哮。
环视福地，只见黑暗与困顿 报应日到来，2:12，摩 5:18。
明光在阴云里，沉沦。

# 蒙召

六章

乌齐亚王晏驾那年， 约前 742（另说前 733）年。我望见我主高踞宝座之上， 袍裾垂下， 覆盖宝殿。<sup>2</sup> 左右有火焰天尊侍立， 火焰天尊，seraphim，一说即牵引天庭銮驾的"活物"，结 1:5；类同约柜施恩座上的神兽，出 25:18；迥异于降灾火蛇，14:29，民 21:6。各生六翼：一对遮面，避见圣容，竟如人类。一对掩脚，婉称羞处，出 4:25 注。一对飞翔。参观启 4:2 以下。<sup>3</sup> 彼此高呼着：

圣哉，圣哉，圣哉，万军之耶和华！
大地充盈他的荣耀！ 呼应民 14:21。

<sup>4</sup> 那呼声极大， 连门槛的基石也震动了， 基石，'ammoth，一作门柱。无确解。殿上青烟缭绕。<sup>5</sup> 我说：呜呼，我完了！

因为我这人嘴唇不洁 婉言有罪，恐冒犯至尊。
在嘴唇不洁之民中居住，

竟亲眼见了吾王,万军耶和华! 死罪,出 33:20。

⁶ 忽地飞来一个天尊,手持一块红炭,是他拿火钳从祭坛上夹起的。⁷ 他就用那红炭点我的口, 取洁,并象征擢立先知之礼,耶 1:9, 番 3:9。说:

看,你嘴唇受过红炭

你的咎责就除了

你的罪愆赦免了!

⁸ 接着, 便听见我主雷霆之音: 我可派谁? 谁愿为我们前往? 我们,君主自谓, 朕;解作包括天庭神子, 亦通, 创 1:26 注。我忙回答: 我愿意, hineni, "诶", 应答语;创 22:1, 11。请派我去! ⁹ 他说: 去吧, 告诉那一族人——

你们听是听了,但就是不明白

看也看了,却什么都不见!

¹⁰——你去使这些人的心肥肿 喻愚钝、忤逆, 申 32:15。

让他们耳背眼浊; hasha`, 污损失明状。

免得他们眼睛看见

耳朵听到,心里明白

而悔改,而得了医治! 反言先知警世失败。耶稣借以论讽喻, 太 13:13。

¹¹ 我问: 几时为止呢, 我主? 答: 要到城邑废弃, 无人入居, 房舍空寂, 田亩一片荒芜, ¹² 要到耶和华将人赶去了远疆, 山河沦亡。¹³ 而残留的仅及什一, 即便悔改了也要火里走, 比作献什一捐, 创 28:22。此节晦涩, 无确解。如笃耨香或橡树伐倒了只剩树桩——那树桩, 便是圣洁之子实。寄望 "新枝", 4:2。七十士本脱末句。

# 劝立信

七章

犹大王乌齐亚之孙、约坦之子琊哈在位时，约前734年，其时琊哈继位不久，二十出头。亚兰王列钦联合以色列王雷马之子培卡，peqah, "开眼"，前735—前732在位。列钦，rezin, 约前750—前732在位。上来攻打耶路撒冷，两国联手，企图迫使南国加盟反抗亚述，王下16:5以下。但未能攻破。

² [之前] 大卫家闻报：大卫家，指南国朝廷。亚兰驻扎在以法莲了！即与北国以色列结盟。君王百姓皆心头颤抖，旧译不通：跳动。君王，直译：他。犹如林木在风中瑟瑟。³ 于是耶和华指示以赛亚：带上你的儿子余必回，she'ar yashub, 人名警世：残余必回／悔，1:9, 4:3, 6:13。到上池的水沟头，往漂工田走的大道上，去会琊哈，⁴ 对他说：望 [大王] 慎重、镇静；心莫怯，别怕那两个冒烟的火把头，喻其长久不了。那列钦、亚兰和雷马儿子的怒火。不称本名而叫某人儿子，表示轻蔑。⁵ 诚然，亚兰同以法莲及雷马儿子合谋害你，说：⁶ 让我们进军犹大，捣毁它，征服它，在那儿立无善之子为王！无善，tab'al, 亚兰人名，本义上帝至善，tab'el, 传统本标音作无善，讽其作恶不得善终。⁷ 但我主耶和华有言：

这不成，决计不会得逞！

⁸ 因为亚兰以大马士革为首　ro'sh, 头、首领、首府。

大马士革以列钦为头——

不出六十五年　另读：六年五年。则较贴近史实；此句是插注。

以法莲将不国不民：前722/721年，北国为亚述所灭。

⁹ 以法莲以撒玛利亚为首

撒玛利亚以雷马儿子为头。

若非立信，你们必不能立定。意谓犹大须以上帝为头，无条件信靠。

## 以马内利

¹⁰ 耶和华复又晓谕琊哈, 通过先知。说: ¹¹ 向耶和华你的上帝求征兆吧, 阴间深处、重霄之上都行。¹² 但琊哈说: 我不求, 我不要试探耶和华。唯恐冲犯神圣, 申 6:16。¹³ 于是［以赛亚］道:

听着, 大卫家!

你们让人讨厌还满不在乎

想叫我的上帝也厌恶?

¹⁴ 然而我主必亲自为你们降一征兆: 应许国王得子, 9:5 注二。

看, 那少女怀孕了, 少女, ʽalmah, 或新妇; 七十士本: 童贞女。

要生子了, 要给他取名 由母亲起名, 如摩西, 出 2:10。

以马内利! ʽimmanu'el, "上帝与我们同在", 暗示孩儿带来救恩, 8:10。

¹⁵ 他一旦懂得拒恶择善

便要吃凝乳与蜜; debash, 兼指蜂蜜、椰枣糖浆, 象征恩惠, 申 8:8。

¹⁶ 但没等这孩儿会拒恶择善

那令你恐惧的二王的国土

就要毁弃。

¹⁷ 耶和华定将［大难］之日带给你

给你的百姓、你父亲的家,

那是自以法莲脱离犹大以来

未曾见的——亚述王的——日子! 犹大不久即臣服亚述。

## 剃刀

¹⁸ 待到那一日

耶和华要打起唿哨

召集埃及河源的苍蝇

并亚述大地的马蜂；喻敌族入侵。天父亦是蚊蝇之主，出 8:12 以下。

<sup>19</sup> 它们一群群飞来，落满

深谷与岩穴，刺丛和草场。

<sup>20</sup> 那一天，我主要拿从大河那边

租来的剃刀，即亚述王　此四字似补注。大河，即幼发拉底河。

剃去你的头发和腿毛，婉称阴毛。

连胡须也割掉！羞辱俘虏，撒下 10:1–5。

<sup>21</sup> 待到那一日，人还有

一头小母牛、两只绵羊就好！讽刺，幸存者几乎一无所有。

<sup>22</sup> 如果出奶多，就以凝乳为食——

凡是故国的残余，皆吃凝乳与蜜。对应"以马内利"，上文 15 节。

<sup>23</sup> 待到那一日，原先栽一千株葡萄

值一千块银子的地方

全要让给荆棘；

<sup>24</sup> 挎上弓箭，人才敢入内

因为那已是荆棘之国。有野兽出没，5:6。

<sup>25</sup> 只有几片能落锄的山坡

不惧荆棘蔓延，那里　或作：从前落锄的山坡都不去了，怕荆棘……

可以放牛，供羊群踩踏。呼应 5:17。译文从七十士本和犹太社本。

## 速掳快夺

八章

耶和华曾吩咐我：你取一块大板，用正体字写上：正体字，直译：(常)

人的尖笔。**速掳快夺**。maher shalal ḥash baz，人名警世，7:3，如下文所示，预言二城覆灭。² 然后请可靠的证人为我作证，原文：我就请……作证。译文从死海古卷及七十士本。请祭司乌利亚和耶伯之子撒迦利亚。zekaryahu，"耶和华记得"，一说是琊哈王岳父，希士迦的外公，王下 18:2。

³ 我便同女先知亲近，女先知，美称先知妻。她怀孕诞下一子。耶和华谕示：给他起名"速掳快夺"吧，⁴ 因为不待这孩儿会叫"爸""妈"，大马士革的财富和撒玛利亚的掳获，就要搬到亚述王面前。重申毁弃，7:16。

## 大河

⁵ 耶和华复又降谕，说：⁶ 这一族人既已唾弃徐缓的西罗亚水，由圣城东南基雄泉（上池）筑渠引水，称西罗亚渠。此处象征神恩。一见列钦和雷马儿子就吓瘫了，mesos，本义溶化。另读欢喜，尤定解。⁷ 那么好，我主必引汹涌的大河，即幼发拉底河，7:20。就是亚述王及其全部威力，来淹没他们；要洪流漫出河床，涨过堤岸，⁸ 冲决犹大，卷走一切，直淹到颈脖——而他，展开双翼，象征护佑，申 32:11。他／它，指大水，亦通。将覆盖你的广袤疆土，啊以马内利！

⁹ 醒悟吧，万民，还不丧胆！醒悟，从七十士本。原文：欢呼／联合。
请侧耳，你们遥远的列国：
束腰呀，怎么怕了 hottu，破碎、丧胆，同上。旧译破坏，误。
束紧了，还是害怕！束腰，佩刀准备战斗，45:5。
¹⁰ 谋划再三，终必失败
事情说定，仍旧不成，
因为——上帝与我们同在！意译以马内利，7:14。

## 教诲门徒

<sup>11</sup> 因为，当耶和华以大能之手，喻擢立、启示之灵。指示我不可走这一族人的歧路时，是这样说的：先知告诫弟子。

<sup>12</sup> 凡这些人认为是合谋的，你们莫说合谋　否认族人的指控。

　　他们畏惧的你们别怕，不必敬畏。

<sup>13</sup> 唯有万军之耶和华可尊圣

　　他才是该怕的，应当敬畏。

<sup>14</sup> 他既是圣所，也是绊脚石　本质上立信离不开路线斗争，罗9:33。

　　令以色列两家跌跤的那块磐石，两家，即南北两国。

　　是对耶京居民布下的网罗与陷阱；

<sup>15</sup> 那里，许多人要失足摔倒

　　受伤，落网而被俘——　反言朝廷和同胞敌视自己。

<sup>16</sup> 你可卷起证言，封好教导

　　存与我的门徒。先知沉默了，预言由门徒记录，留存后世，30:8。

<sup>17</sup> 我的希冀在耶和华；虽然他藏起脸，不理雅各家，不再福佑，申31:17。我仍然企盼着他。信，离不开望，12:2。<sup>18</sup> 看哪，我同耶和华恩赐我的孩儿，上文提及先知有二子。要在以色列成为征兆，那入居锡安山的万军耶和华的神迹！

<sup>19</sup> 要是有人告诉你们：去问问那些通鬼魂行巫术、喊喊喳喳的人吧。难道百姓不能求问神灵，婉言先人。不能为活人找亡灵，<sup>20</sup> 领受教导和证言么？——不，说这种话的，没有一个见得着曙光！

<sup>21</sup> 他们将四处流浪，直译：穿行其中。历尽艰辛，挨饿；而越是饿越容易发怒，就诅咒国王与神灵。哪哈王死后受世人诟骂。不论仰面向天 <sup>22</sup> 或注

目大地，啊，无非是痛苦、混乱、夜一般的灾殃，人撞进了一片昏黯——
[23] 真的，灾难笼罩[家园]，不就是长夜漫漫？ 通行本第9章始于此节。

## 婴孩

　　往昔，他曾使西布伦和拿弗他利的领地受辱；北国遭亚述蹂躏。他，指上帝。来日，他定要滨海道、约旦河外跟外族的加利利，亚述在迦南北部所建三省。复归荣光。

九章

　　那走在黑地里的子民，见着一道大光

　　那羁旅死影之乡的，得了光耀——

[2] 你使这一族繁盛，倍增他们的欢愉；你，指上帝。

　　他们欢乐在你面前，就像欢庆丰收　这一族，校读：欢跃。

　　像分掳获时人的狂喜！

[3] 因为那副重轭，他们肩负的横木　喻敌族入侵和压迫。

　　他们监工的棍子，已被你折断

　　一如打米甸那天。指基甸吹号击罐，夜袭米甸营，士7:15以下。

[4] 因为所有步伐沉沉的军靴　亚述军的装备。

　　并沾满污血的战袍

　　都要烧掉，给火焰为食。

[5] 只因一婴孩已为我们诞生　"少女"所生，7:14。

　　一个儿子，赐予了我们！寄望于希士迦，上帝膏立的王，诗2:7。

　　君权必担在他的肩头，君权，misrah，旧译不妥：政权。

此乃他的名号:

神迹之谋士,至勇上帝　　另读:神样的英雄。赞其大力,诗24:8注。

永世为父,和平之君——　　似埃及法老的加冕称号。

[6] 以示那君权极大,和平无涯

保大卫之宝座,保他的国,

并以公平正义使之巍然屹立

从现时直到永远:

万军之耶和华不容不忠,qin'ah,本义狂热忌妒,亦是圣名,出34:14。
此事必成。

## 怒火

[7] 我主曾发话谴责雅各　　话/言,da<u>b</u>ar,七十士本:死,de<u>b</u>er。

那一言落在以色列身上。

[8] 虽然百姓即以法莲和撒玛利亚居民

都知道,却还是心高气傲,说:死海古卷:喊。

[9] 砖墙塌了,我们凿石重砌

榕树砍了就换种雪松!榕树,即埃及榕,诗78:47注。旧译桑树,误。

[10] 所以耶和华举列钦与他们为敌　　校读,原文:对他举列钦之敌。

鼓动仇家兴兵:

[11] 东有亚兰,西有非利士

要拿以色列填一张大口

——即便如此,他的怒火仍未收起　　叠句,5:25注二。

那巨手,伸展依旧!

[12] 然而子民不肯回到惩戒者身边　　惩戒者,直译:打他的。

不寻求万军之耶和华。

¹³ 于是耶和华一日之间剪去

以色列的头尾，海枣枝、芦苇—— 海枣枝，旧译棕枝，误。

¹⁴ 那头，即长老和显贵，此节似插注，解释成语，19:15。

教谎言的"先知"是尾；

¹⁵ 是这一族人的领袖迷失方向 呼应 3:3, 12。

让被引领的陷于混乱。一说 5:25 一阕（及叠句）原在此处。

¹⁶ 故此，年轻人我主不再爱惜 从死海古卷，原文：欢喜。

孤儿寡妇他也不垂怜，"头尾"剪去，剩下孤寡。

因为全是些亵渎造孽之辈

没有一张嘴不在胡诌

——即便如此，他的怒火仍未收起

那巨手，伸展依旧！此叠句犹太社本插在下节后。


¹⁷ 是呀，罪恶犹如大火燎原，描写北国的末日。

它吞荆棘，焚密林

卷起了烟柱冲天！

¹⁸ 是万军耶和华勃然动怒

留下一片焦土，将子民

做了烈焰的美餐。

人对兄弟也没了怜惜：

¹⁹ 向右割完了还是饥饿 割，指切肉。

往左吃光，依然不饱，

最后竟嚼起亲人的肉—— 亲人，校读。另读子裔。原文：臂膀。

²⁰ 玛纳西咬以法莲，以法莲啃玛纳西 内战爆发。

再两家合力来吞犹大 见 7:1 以下。

——即便如此,他的怒火仍未收起

那巨手,伸展依旧!

## 十章

祸哉,那颁行不义之律 　一说此祸原属"六祸"片断,5:24 注四。

起草虐政,² 冤屈弱小　虐政,犹言恶法。

从贫苦人中间抢走公道,反复谴责立法/司法腐败,1:23, 5:22。

那打劫孤寡的人!

³ 及至降罚之日,当灾难

自远方到来,你们怎么办?外族入侵,耶 5:31。

向谁逃去求援,在哪里丢下财富?另读:保住小命。

⁴ 但求别蜷缩在俘虏堆里

别栽倒了,多一具尸首　直译:在尸首下栽倒。

——即便如此,他的怒火仍未收起

那巨手,伸展依旧!

## 亚述王

⁵ 祸哉,亚述,我的怒气之棍——

他们手中的杖,乃是圣怒!旧译不通:我恼恨的杖。

⁶ 我遣他攻一个亵渎之国

命他打那惹气的一族,

随他去掳掠、蹂躏他们

像践踏街上的泥污。暗合"速掳快夺",8:1-4。

⁷ 当然,这不是他的意图　亚述王只是耶和华的工具,用完便扔。

他心里并无如此算计,

他只是一意摧毁

想铲除的民族可不少！

⁸ 因为他说：

我的将领不都是王吗？　自己则号称万王之王，如同上帝。

⁹ 卡尔诺和弥西堡有何两样　叙利亚北部、幼发拉底河上游重镇。

一如哈马跟亚尔帕　叙利亚西北的亚兰商城。

撒玛利亚与大马士革？

¹⁰ 我的手既已拿下这些虚无之国　虚无，贬称异神，诗 96:5 注。

论偶像那儿远胜耶路撒冷、撒玛利亚——

¹¹ 难道我不能待耶京和她的雕塑

如同撒玛利亚及其虚无？　在亚述王看来，以色列的神也是偶像。

¹² 待我主在锡安山与耶京全工告竣，便要惩治亚述王那狂妄的心果，喻自吹自擂。便，从七十士本（单数第三人称）；原文：我。及他傲慢的眼神。

¹³ 因为他说：

完工全凭我手上的气力

靠我的智慧——看，我多聪明！

我废除了列国的疆界，

掠夺他们的宝藏，仿佛大力者　'abbir，自比神明或公牛。

将人口流放。　或作踏倒，63:6。似乎流放非上帝"授权"，27:8 注一。

¹⁴ 我伸手拿下万民的财富

犹如探一只鸟窝，

又像拾取遗弃的雀卵

我收服了整个大地；

没有谁敢拍一下翅膀

182　以赛亚书：10:8–10:22

或者张嘴，叽叽。

¹⁵ 岂有斧头对抡斧人吹嘘之理　上帝回答，45:9。

抑或锯子对拉锯的自夸？

好比说短棍能挥舞举棍的人

牧杖举的不是木头！

¹⁶ 所以，万军之主耶和华才要

遣瘦弱入他的肥壮，联想法老瘦牛吞肥牛之梦，创41章。

并在他的荣耀下燃一片炽盛的火：他，指亚述王或犹大，皆通。

¹⁷ 那火，便是以色列的光　荣耀，或作身子，如犹太社本。

雅各的圣者如一团烈焰，雅各，原文：他。

要一日之间烧光吞尽

他的蒺藜荆棘。一说指辛黑力围圣城，遭鼠疫而退兵，37:36。

¹⁸ 他森林和田园的荣耀　以下两行无定解，按文意似可移至16节后。

连肉带灵，要一总毁灭；

或如患痨病的，慢慢耗竭——旧读如钦定本：像旗手昏厥。

¹⁹ 他的林木所剩无几

连小孩也能数清。

## 余数

²⁰ 待到那一日，以色列的残余和雅各家的遗民，将不再依靠那打击他们的，谴责琊哈王乞援于亚述，引狼入室；解作影射希士迦（前716—前687在位）被迫向亚述称臣，亦通。而要仰赖耶和华，以色列的圣者，于忠信之中。be'emeth，旧译不确：诚实，16:5, 38:3。²¹ 余数一定会回来，雅各的余数归至勇上帝。暗合"余必回"，7:3。²² 虽然你族人多如海沙，按上帝对圣祖的允诺，

创 22:17。以色列啊，能回来的只是一个余数。新定义，余数为入囚而返归福地/悔改者，4:3 注；进而缩小至后生发的"新芽"，11:1。毁灭已定，公义必涌流；²³ 因为万军之主耶和华必依此定数，收拾大地。

²⁴ 就此，万军之主耶和华有言：我居于锡安的子民哪，莫畏惧亚述！尽管他拿棍子抽你，像埃及那样对你举起权杖，²⁵ 可是顷刻间圣怒就要结束，我怒气喷发，灭了他们！对比 5:25。²⁶ 万军耶和华要向他们挥动刑鞭，仿佛当初在老鸦岩击杀米甸；典出英雄基甸的故事，士 7:25。他的牧杖要指向海上，一如出埃及途中。出 14:16。²⁷ 待到那一日——

他的重轭将卸下你的肩头

你的颈项要挣脱他的枷锁　`ol，轭、枷，喻奴役，9:3。

那枷锁必因肥壮而折断。肥壮，似呼应上文 16 节。此句无善解。

## 敌人来了

²⁸ 他已抵达艾庄，穿行密谷　migron，犹大与撒玛利亚交界处。

在储仓放下辎重；²⁹ 然后

越过隘口，宿营在了戈丘。geba`，近犹大北界，距圣城 10 公里。

拉玛在颤栗，扫罗的戈岗跑了；拉玛/戈岗，gib`ah，地名。

³⁰ 你喊呀，响点，石堆的女儿！bath-gallim，地名，拟人称女儿。

听仔细了，狮子镇！layshah，在圣城东北。

回答她呀，牙娜城！`anathoth，迦南女战神之城，耶利米家乡。

³¹ "粪坑"拔脚就逃，"地沟"人人藏匿。粪坑/地沟，意译地名。

³² 就在今天，他要踏上果村　nob，圣城北面一山村。

向着锡安女儿的山，向耶路撒冷小山

挥拳。³³ 看哪！

万军之主耶和华要狠狠修剪一番：此二节按文意可接 19 节。

　　高大的一律斫断，耸立的通通砍去

³⁴ 他要用铁斧削平密林

　　叫黎巴嫩偕尊贵倒地。尊贵，美称雪松。另读：被尊贵者伐倒。

## 大卫家的嫩枝

十一章

　　由耶西的树桩，要发一嫩枝　　耶西，大卫王之父，撒上 16 章。

　　从他的根子要抽出新芽。喻受膏者，耶 23:5，亚 3:8。

² 他身上要憩息耶和华的灵：憩息，暗示蒙恩受擢拔，民 11:25。

　　智慧与悟性之灵　　如所罗门。

　　谋略和勇力之灵　　如大卫王。

　　认知并敬畏耶和华之灵——　　如摩西与众先知，箴 2:5。

³ 他的灵馨，在敬畏耶和华。加上虔诚，基督教称为圣灵七礼。

　　审案他不是凭两眼所见　　灵馨，riah，闻香，喻灵中欣悦。

　　判决也不仅靠耳闻。

⁴ 弱小的，他审之以公义

　　卑微于世的，必判以正直。变司法为伦理建设。

　　他口衔棍杖，痛击大地　　'erez，校读：暴君，`ariz，启 19:15。

　　启唇呼气，他专杀恶人——　　末世景象，帖后 2:8。

⁵ 公义，乃他的腰带

　　他胯上束的是忠信。

⁶ 而后，野狼要与羊羔共处　　恢复创世之初的和平景象，2:4, 9:6。

　　豹子和小山羊同宿，

牛犊小狮要跟肥畜合群　死海古卷与七十士本：要一同饲养。

由一个牧童带领。

⁷ 母牛母熊要一起放养

幼仔一块儿安卧，

而狮子如牛，嚼着干草

⁸ 乳儿在蝰蛇的洞口嬉玩

断奶的要伸手探虺虫窝。虺虫，ziph`oni，大毒蛇、传说中的蛇怪。

⁹ 在我的整座圣山之上

再无作恶，无伤亡；圣山，统称福地，诗 78:54。

因为大地要充盈对耶和华的认知　尤指懂得敬畏，箴 2:5, 9:10。

一如洪流覆盖海洋。

## 大旗

¹⁰ 待到那一日　此诗似巴比伦之囚后期作品。

耶西的根子要立为万民的大旗　末世拯救之旗，对比 5:26。

让万族索求，光耀他的休憩之地。

¹¹ 待到那一日，我主必再一次出手

救赎子民，那残留

在亚述与埃及

帕特罗、古实和以兰　指上埃及、埃塞俄比亚、波斯一带。

及示拿、哈马、大海诸岛的余数。巴比伦、叙利亚、地中海沿岸。

¹² 他要向列国升起大纛

召回被放逐的以色列；

还要从大地四角

把流散了的犹大团聚。

¹³ 而后，以法莲的忌恨便要消弭

犹大的敌意必被铲除；

以法莲不再忌恨犹大

犹大也不复与以法莲为敌。南北和解，再造大卫王时代，耶 3:18。

¹⁴ 他们要往西，飞扑非利士人的背　katheph, 肩胛, 转指山坡。

一起打劫东方之民；直译：子孙。实行同态报复，10:6, 45:16 注。

再拿红族、摩押按在掌下　征服二邻国（世敌）。

要亚扪子孙听命。

¹⁵ 耶和华将禁绝埃及海的舌头；即红海。禁绝，七十士本：干涸。

并以炽热的风，向大河投手　大河，指幼发拉底河。

使之一分为七，人不湿脚

即可跨越。¹⁶ 而他子民的余数

必有一条大道，自亚述起，

让残存者如以色列当年

迈步，出埃及。最后的解放，比作重出埃及，40:3, 出 14:22, 29。

# 赞歌

十二章

那一天，你要说：

耶和华啊，我要赞美你！呼应摩西凯旋之歌，出 15:2。

你虽然向我发怒，但怒气一消

就安慰了我。² 看哪

上帝是我的拯救，我要信靠他　暗合先知的名字，1:1 注。

我不恐惧；因为耶和华是我的力量

我的歌——我的救恩在他。我的歌，从死海古卷。原文：耶的歌。

³ 怀着喜悦，你们从救恩的泉眼

汲水，⁴ 那一天，你们要说：转入复数，着眼万民。

赞美耶和华，呼唤他的圣名，赞美，hodu，兼指感恩，诗 105:1。

向万民颂扬他的成就

宣布圣名受尊崇。

⁵ 歌唱耶和华，他的伟绩

愿圣威传遍天下！

⁶ 欢呼吧，入居锡安的人

因为以色列的圣者在你们中间

称至大。第 6 章至此为一单元，通称以马内利书。

## 巴比伦的末日

十三章

预言巴比伦，预言，massa'，歌，先知所传的启示、神谕，箴 31:1 注。阿摩之子以赛亚所见，显系后人托名，耶 50–51 章。如下：

² 秃山上，你们升一面旗

高声呼唤、招手，

叫他们快进贵胄之门。所指不详。七十士本：开（门）哪，首领！

³ 我已向我的圣洁者下令　为上帝作战须保持圣洁，书 3:5。

有请我的勇士，举行怒宴，直译：发怒。圣战比作祭餐。

一个个骄傲的来宾。直译：欢跃的。此节无确解，意译从犹太社本。

⁴ 听，群山回响，仿佛人声鼎沸

是列国喧嚣，万族汇集？

啊，是万军耶和华在点兵

准备开战！

⁵ 他们来自远方，来自天边——

啊，耶和华及圣怒的兵器

要摧毁整个大地！

⁶ 嚎啕吧，耶和华之日近了　　见 2:12 注。

如全能者降灾，它来了！

⁷ 马上，一双双手就要瘫软

人心无不沮丧；yimmas，溶化、丧气，8:6。旧译不通：消化。

⁸ 惶恐中，他们要被剧痛攫取　　剧痛，特指分娩。旧译愁苦，误。

女人临盆似的扭动；

一个望一个，吓呆了　　旧译惊奇，误。

一脸着火的神色。焦急、绝望状。

⁹ 看哪，耶和华之日来了！

那无情的，他喷发怒火

要把大地烧成废墟　　旧译不通：荒凉，5:9。

将罪人一举歼灭。

¹⁰ 那时，诸天星宿包括"蠢人"　　kesil，今名猎户座，伯 9:9。

都不再发光，旭日

成一团黑影，银月

失了清辉。暗喻异教神的衰亡，24:13 注。

¹¹ 我必惩罚这世界的邪恶

追究恶人的罪责，

必了结狂妄者的傲慢

按倒暴君的骄横。

¹² 必使人比精金还稀罕—— 联想洪水之后，仅存挪亚一家。

胜似俄斐的纯金。俄斐，阿拉伯半岛西南，盛产黄金。伯22:24。

¹³ 为此，我要撼动诸天

叫大地震颤出位，

在万军耶和华的怒火之下

在他的圣怒之日。

¹⁴ 就像瞪羚遇围猎，羊群无人领

大家各找各的亲族

往自己家乡逃命。

¹⁵ 凡被追上的，都要刺穿

抓住的，伏尸剑下；

¹⁶ 要他们眼睁睁看着

自家婴儿被活活摔碎 一报还一报，血海深仇，王下8:12，诗137:9。

房屋被洗劫，妻子被强奸。

¹⁷ 看吧，我必唤起玛代人入侵， 伊朗高原西北一游牧民族，善战。

他们既不看重白银

也不贪爱黄金。无法纳贡乞和；玛代（米堤亚）是波斯联军的一部。

¹⁸ 他们的弓要击碎青年

不怜惜子宫的果实—— 复指下句小儿。

眼里连小儿也不顾怜。

¹⁹ 而巴比伦，那万国之荣光

迦勒底骄人的华美，　迦勒底，两河流域南部，复指巴比伦。

必如所多玛、俄摩拉

为上帝所倾覆。　被波斯居鲁士大帝征服（前539），但无大损毁。

[20] 那里再也不会有人居住

世世代代，永不；

既没有阿拉伯人支帐篷

也无牧童的羊儿安卧。

[21] 唯有沙漠的野兽出没其间

空屋子留给了鸱枭，　'ohim，哀鸣的鸟兽，无定解。

还有鸵鸟在那儿营巢

羊怪在那儿起舞。　羊怪，se`irim，栖居荒野、废墟，利17:7。

[22] 大殿上鬣狗长嚎　殿，'armanoth，校读。原文：寡妇，'almanoth。

后宫里红豺乱吼——　tan，吼兽、红豺，又名金豺，诗63:10。

来了，巴比伦大限将至　巴比伦，原文：她的。

不久了，她的日子！

# 回国

## 十四章

然而耶和华要怜悯雅各，　此段散文打断叙事，通说是补入的。他必再一次拣选以色列，让他们重返故土。外邦人要加入他们，依附于雅各家；皈依上帝。[2] 万民则会接受他们，送他们回国。婉言各国向锡安俯首称臣，颠覆霸权与世界格局，60:10, 14, 61:5–7。而以色列家就在耶和华的土地上，占万民为奴婢——囚徒要当主子的主子，叫昔日的监工听命。监工，nogesh，提喻压迫者，出3:7。

## 巴比伦王

³那一天，当耶和华赐你安宁，摆脱悲楚、祸乱和强加于你的苦役，⁴你要吟诵这一支讽喻，mashal，兼指寓言、预言，民 23:7。说巴比伦王：

啊哈，监工怎么住手了？
他的狂暴止息了？　狂暴，marhebah，从死海古卷。原文无解：mdhbh。
⁵是耶和华把恶人的棍子
把统治者的权杖折断——　旧译不通：（折断）辖制人的圭。
⁶他们一怒就抽打万民　他们，直译：他/它。指上帝或权杖，皆通。
没完没了地抽打，
脾气一发，拿各族蹂躏
追捕迫害不停。

⁷看，大地休憩、安静了
处处欢声笑语，
⁸更有丝柏与黎巴嫩雪松
一同庆祝你的［厄运］：讽刺。
自从你倒下，就再无人
上山砍伐我们！　亚述和巴比伦曾大兴土木，毁坏黎巴嫩森林，37:24。

⁹地下的冥府好生激动，旧译不妥：震动。结 32:17 以下。
欢迎啊，你的到来！
为你，她唤醒了幽影　repha'im，死者的亡灵，伯 26:5 注。
那些世上曾经的领袖，她，指冥府，5:14 注二。
并要列国的君王从宝座上起身

¹⁰ 一齐迎接你，说：似乎他们在阴间仍可称王，下文 18 节。

原来你也像我们一般虚弱

跟我们没什么两样！

¹¹ 你的浮华，琴音靡靡

统统扔下了阴间；

蛆，做了你的床垫

蠕虫是你的被单。

¹² 啊哈，你怎会坠落诸天

晨星哪，黎明之子？　helel，迦南神名。基督教解作撒旦，路 10:18。

你怎会被砍倒在地

列国一度的主宰？　直译：曾使列国拜倒者。

¹³ 当初你心里暗自图谋：

我要重登天庭　穹隆之上，天父与神子的居处。路 10:15。

在上帝的群星之上

安放我的宝座。打破神界秩序。群星，喻神子，伯 38:7。

我要足踏众神聚会的山峰　足踏，直译：坐上。

统治直达北极。zaphon，或北峰，迦南众神的家，诗 48:2。

¹⁴ 我要跨上飞云

与至高者试比高低！　至高者，`elyon，天庭之主，申 32:8。

¹⁵ ——如今你一跤跌进阴间

沉入这无底深渊！　陈尸荒野，未能下葬者的去处，结 32:21。

¹⁶ 人看见你，都要定睛注视

将你用心观察：

这人就是令大地颤抖

震倒列国的那个？ ¹⁷ 是他

变世界为荒原，城池毁尽了

还不放掳来的人回家？

¹⁸——别国的王都带着尊严

安睡，各有各的阴宅；

¹⁹ 唯独你被扔弃，不得安葬　受了神的诅咒，王上 13:22。

仿佛一根可憎的孽芽，nezer, 谐音暗讽巴比伦王，nebukadne'zzar。

穿上为利剑刺穿的残躯

滚下那深坑的乱石：深坑，bor, 喻阴间或指万人坑。

一具被糟践的腐尸。

²⁰ 不，你不得入他们的陵墓

因为你毁了家园

屠戮自己的国民。

愿造孽者子实永无名号。

²¹ 给他的儿子们预备屠场吧　父债子偿，出 34:7。

承担父亲的罪责！父亲，从七十士本。原文复数：祖宗。

决不许他们起来霸占大地　反言（咒）恶王绝嗣。

满世界兴建城邑。末四字一说是补注。

²² 我必起来惩办他们，起来，旧译不通：兴起。万军之耶和华宣谕；必剪除巴比伦的名号、余党及后裔，耶和华宣谕。不爱敌族，不留"余数"，斩草除根，4:3 注。²³ 我必降其为箭猪的产业，一汪沼泽；荒废其堤坝运河。必以毁灭为帚，扫了他们！万军之耶和华宣谕。排比收尾，重申大限，13:19 以下。

194　以赛亚书：14:17–14:30

## 亚述必粉碎

²⁴ 万军之耶和华立誓:
　是的,凡我计划的必发生
　一如我决定的必成。

²⁵ 我必在我的福地粉碎亚述　　亚述军染疫,弃围圣城(前701)。
　在我的群山上把他践踏。
　[以色列]的枷锁定将拿走　　意同9:3, 10:27。
　他的重轭要卸下肩头。

²⁶ 这是对整个大地所做的决定
　这巨手伸展,囊括万族。
²⁷ 万军耶和华计划已定,谁能取消?
　他巨手一伸,谁可抵御?　呼应9:11, 16等叠句。

## 非利士

²⁸ 琊哈王晏驾那年,前727/715年。有此预言:

²⁹ 非利士呀,你别高兴!　非利士是以色列的世敌,9:11。
　别以为那打过你的棍子断了。
　因为蛇根会长出虺虫　见11:8注。蛇根,喻敌族(亚述)。
　它的果子是飞龙!　或作火蛇,6:2,民21:6注。

³⁰ 当贫弱的头生子得了牧草　比作上帝的羊群。

窘迫的可安心休憩，

我必以饥馑断你的根子　断，直译：死。

然后诛杀你的残余。然后（我），从死海古卷及通行本。原文：他。

³¹ 嚎啕吧，城门，哭啊大城！

你吓瘫了吧，非利士！

因为北方升起了烟尘　提喻亚述或巴比伦兵马。

没有一人掉队，那大军！　mo`adim，会众、军队的行列。

³² 然而如何答复外邦的使者？非利士曾鼓动犹大结盟，抗拒亚述。

就说锡安乃耶和华所修，

子民里穷苦人

靠她，必得护佑。她，指锡安，1:8 注。

## 摩押

十五章

预言摩押，如下：参较耶 48 章。

因为一夜间大城陷落

摩押成了废墟；

是呀一夜间陶墙不守　大城／陶墙，`ar/qir，系摩押重镇，16:7 注。

摩押一片死寂。nidmah，兼指停息、毁亡、废墟。

² 笛邦的女儿

爬上高丘哭泣；笛邦女儿，校读，拟人指大邑。原文：屋与笛邦。

为尼波,为米底巴 　均为摩押故地,民 21:30, 32:3。
摩押哀号不已。


头发剃光,胡须剪去
³ 他们上街围起麻衣;即缞衣、丧服,3:24 注;耶 48:37–38。
屋顶和广场,人人哀号
流着泪仆倒在地。


⁴ 合石堡、以利亚利在痛哭
哭声远在雅哈城也听到;三处皆摩押城镇,民 21:23。
无怪乎摩押的武士要惊呼 　武士,haluze,另读腰胯,halzi。
他灵中在为之悸栗——
⁵ 我的心为摩押志哀,我,七十士本:他。
她的难民已逃至蓑尔 　联想罗得父女逃出所多玛,创 19:22。
往三犊镇而来。难民,从死海古卷。原文:闩。三犊镇,地点不详。


爬上芦西坡
他们流了多少苦泪;
走下双沟道 　derek horonayim,摩押 / 约旦高原往死海南端的路上。
扬起一声声绝望的哭嚎!


⁶ 啊,宁林之水一片荒芜,死海南端一溪流,详不可考。
青草干枯,新叶凋残
郁郁葱葱不见。


⁷ 难怪他们背上全部积蓄 　pequdah,双关兼指降罚(之日),10:3。

他们所剩无几的浮财，yithrah，富足/残余，反义并举，1:9, 30:17。

跨过了柳溪。naḥal ha`arabim，摩押与红岭的界河，民21:12。

⁸啊，哭声回响在摩押全境

哀号传到了雨滴地，'eglayim，谐音反讽泪滴如雨。

橡树井萦绕她的哀鸣。橡树井，一说即摩西凿的陂池，民21:16。

⁹笛邦的河水涨满鲜血　笛邦，从死海古卷及通行本。原文：笛蒙。

但我给笛邦的还没完：河，指亚嫩河，提喻摩押，民21:30。

摩押的逃生者，那片地的余孽

要由狮子来了结！

# 哀歌

十六章

快，把羊羔献与土地的主子，即犹大王。此节歧解纷纭。

从岩堡经由荒野送至　岩堡，sela`，摩押或红岭地名，详不可考。

锡安女儿的山。似指摩押向犹大进贡。羊羔，象征臣服，王下3:4。

² 就像惊飞的小鸟

覆巢的雏雀，摩押女儿

在亚嫩河渡口徘徊。形容逃难的百姓。

³ 求［大王］召集廷议，明裁。难民乞求犹大庇护。

就在正午，展庇荫如挂夜幕

掩蔽被驱赶的人——那惊逃的

只求别掀开了。

⁴ 请允许摩押的难民寄居贵国

让他们藏身，免遭掠夺。

一旦压迫结束，祸患停息　预言，或解作摩押使者允诺，皆通。

蹂躏者从家园消灭，

⁵ 必有一架宝座因慈爱而立

必有一位，藉信实高踞其上　信实，旧译不妥：诚诚实实。

起大卫的帐幕而行审判，先知企盼的理想王国，9:6。

求公平而促正义。

⁶ 我们听说了摩押骄傲　犹大回复摩押，不为所动。

简直傲慢之极——

又狂又傲，动辄发怒

毫无根据地吹嘘！

⁷ 所以摩押要哀号，为了摩押

人人嚎啕！

为陶片墙的葡萄饼　美味，也是供奉异神的祭品，何 3:1。

呻吟吧，该你们悲痛了。陶片墙，qir hareseth，即陶墙，15:1。

⁸ 因为合石堡的田垄荒芜了　摩押高原盛产葡萄。

西坂的葡萄凋谢；

那一串串紫红

曾醉倒过列国的君王；

枝枝蔓蔓，曾爬到雅则

溜进荒野，甚而越过了海疆。进入死海东岸，民 21:24 以下。

⁹ 所以我和雅则一道哭泣

哭我的西坂的葡萄。

我用泪水浇灌你

啊，合石堡、以利亚利，呼应 15:4。

正当你收获夏果秋粮

呐喊声骤然降临！兵灾取代了欢庆，耶 48:32。

¹⁰ 从此果林里不见了喜悦

葡萄园再无笑语，无欢歌；

再没有榨酒人踩起酒榨

停了，出酒时的呼喊。停了，从七十士本。原文：我停息。

¹¹ 于是，我的肝肠如三角琴

为摩押呜咽，我的五内

替陶片墙哀鸣。肝肠／五内，犹言心，情感之官。

¹² 然而，待摩押在高丘上显出困乏，高丘，迦南土著建祭坛处，15:2。即便去到圣所祈祷，也是徒劳。旧译不确：不蒙应允。

¹³ 此即往日耶和华谴责摩押的训言。此段是后加的。¹⁴ 如今耶和华又说：三年之内，如佣工计年，意谓一日不差，如定工期。摩押的荣耀必受鄙视，尽管她人口众多；旧译不通：与他的群众。幸存者将寥寥无几，灭了势力。

# 大马士革

十七章

预言大马士革，如下：

看，大马士革不复是都邑

她将沦为一堆废墟。

² 一座座城，永远遗弃　原文费解：诸桧城被弃。译文从七十士本。

给羊群安卧，无人惊扰。

³ 以法莲的要塞尽毁

大马士革被革除王权，前732年，为亚述征服，王下 16:5–9。

而亚兰的残余

要像以色列子民那样"荣耀"！反言蒙羞。

——万军之耶和华宣谕。

⁴ 待到那一日

雅各的荣耀必坠落，荣耀，kebod，双关兼指重量、肝脏。

一身肥肉要掉膘。喻国土被侵占、分割。

⁵ 仿佛人下田收割庄稼　人下田，校读从传统本注。原文：秋收。

手臂弯一抱麦穗，

抑或拾落穗，到巨人谷　在圣城西南，撒下 5:18；申 2:11 注。

⁶ 他总要剩下些残粒

犹如打橄榄树：用长竿子打落橄榄。

总有两三颗果子留在梢头

四五颗藏在枝叶茂密处

——耶和华以色列的上帝宣谕。

⁷ 那一天，此段似后加的，预言万族皈依。人必仰望着造物主，瞩目以色列的圣者。⁸ 再也不去朝拜那些祭坛或他自己的手工，贬损迦南异教，2:8。不理睬自家指头的造形，无论神柱、香坛。拜生殖女神和巴力，出 34:13，利 26:30。

⁹ 那一天，他的坚城必如希未人、亚摩利人在以色列子民面前丢弃
的疆土，希未人亚摩利人，从七十士本；二族代表迦南土著，申 7:1。原文：林子与树
梢。一片荒芜。

¹⁰ 由于你忘却了上帝，你的救恩
　　没有记住磐石，你的堡垒，磐石，复指上帝，8:14，申 32:4。
　　所以你才开辟"可欲"园　可欲，na`amanim，还阳神 Tammuz 的号。
　　种植异［神］的幼苗。似指亚述的还阳/繁育神崇拜，结 8:14。
¹¹ 当天栽下就催它发芽　另读：围起篱笆。
　　早晨插枝，已含苞欲放，
　　然而收获，却是消失
　　在沉疴与伤痛不治之日。消失，nad，校读。原文：成堆，ned。

¹² 呀，那万民喧嚷
　　一似喧腾的大海喧嚣，形容外敌傲慢、凶残；诗 93:3-4。
　　那部族嘶吼，宛如
　　怒吼的洪水吼叫——
¹³ 一族族嘶吼如汪洋咆哮！少数抄本脱此句。
　　但是他一声呵斥，他们远远逃遁
　　仿佛秕糠被山风吹散
　　又像狂飙中飞尘旋舞。熟语，诗 1:4，伯 21:18。
¹⁴ 捱到傍晚，看，多恐怖！
　　未及天明，已一个不剩：
　　这，就是那些掠夺者的下场
　　打劫我们得来的报应。

# 古实

十八章

呀,古实河外,万翅嗡嗡之地! 　万翅,提喻飞蝗,象征灾祸。

² 她由洪波上派来使臣　洪波,yam,海,形容尼罗河之阔大。

纸草舟划过中流——　纸草,gomeʼ,旧译蒲草,误,出 2:3 注。

去吧,轻捷的特使,

回去报告你们高个头光皮肤的一族

那令远近畏惧、强大而好胜

江河贯穿全境的国度:　当时埃及为古实(第二十五)王朝统治。

³ 芸芸世人与大地的居民哪

看真切了,何时群山举起大旗,

当羊角号吹响,你们听着!

⁴ 这是耶和华对我说的:

我将在住所静静观望

俨如日光下灼人的热气

或是收获时节的露雾。　时节,从诸抄本及七十士本。原文:热。

⁵ ——因为收获之先,一俟花落　先知解释。

花蒂成熟结出葡萄,

就要拿修枝钩挑去嫩枝

剪齐参差的藤蔓。

⁶ 是的,全部要舍弃　埃及一如亚述,必倾覆。

留给山野的鸷鸟和走兽:

夏天让鸷鸟啄食

冬季被群兽撕吃。　直译:其上鸷鸟度夏,群兽其上过冬/秋。

⁷ 之后，便有贡品献来，归万军之耶和华：预言古实/埃塞俄比亚皈依，步他国后尘。那高个头光皮肤的一族，那令远近畏惧、强大而好胜，江河贯穿全境的国度，就要朝拜万军耶和华的立名之地——锡安山。

## 埃及

十九章

预言埃及， 先知反对犹大向埃及求援，与之缔盟，故语多贬斥，31:1以下。如下：

看哪，耶和华驾着快云

降临埃及！

埃及的偶像在他面前颤抖

埃及的心在内中溶化。审判临头，惊恐状，申1:28, 20:8注。

² 我必鼓动埃及人打埃及人 鼓动，旧译不通：激动。

令他们兄弟相争，邻人互斗

这城攻那城，这国击那国。古实王朝初起，上下埃及内战。

³ 埃及要耗尽全身精气 直译：内中的气/灵，4:4注。

待我挫败她的计谋。

让他们求问偶像去吧

连同念咒通鬼魂行巫术的，熟语，讥异教不灵，8:19。

⁴ 我必将埃及交给一个凶狠的主子 或指外敌侵占。

叫他们受暴君统治！

——万军之主耶和华宣谕。

⁵ 洪波要退去，大河要干涸 洪波/大河互训，指尼罗河，18:2注。

⁶ 江流变得腥臭，

　　埃及要断了饮水，枯竭！重演血水之灾，出 7:18 以下。

　　苇子和香蒲，全烂掉

⁷ 大河之滨一片光秃；

　　两岸的庄稼凋零

　　被风吹走不见。

⁸ 渔夫在呻吟悲叹，

　　所有在大河垂钓、往水里撒网的

　　都要绝望。

⁹ 种麻、梳麻的同织白布的

　　无不蒙羞。

¹⁰ 国柱破裂，一如做佣工的

　　灵中一团沮丧。国柱，shathoth，喻贵族。另读：织布工。


¹¹ 是呀，锁安的王公极蠢，锁安，尼罗河三角洲东北都邑，民 13:22。

　　法老最聪明的谋臣

　　出的都是笨主意——

　　你们怎敢对法老说：

　　我是智者之子，是古君王的后裔？

¹² 是吗，你的智者在哪儿？反讽，埃及本是智慧之乡。

　　叫他们告诉你，公之于众

　　万军耶和华对埃及有何旨意！

¹³ 蠢哪，锁安的王公

　　墨府的首领，自欺欺人；墨府，moph，即孟菲斯，下埃及都城。

　　是各郡的柱石，在误导埃及。柱石，喻诸侯。

¹⁴ 耶和华给她注入了混乱之灵；她，指埃及。七十士本：他们。

让他们使埃及步步走错

好似醉汉乱闯，一路呕吐。

¹⁵ 如今埃及已无计可施

不论头尾，海枣枝、芦苇。成语，象征各阶级，9:13–14。

## 三者如一

¹⁶ 那一天，埃及必像妇人一般颤栗、惊惶，当万军耶和华巨手抡起，朝她按下。¹⁷ 而犹大之地，便是埃及的眩晕；hogga'，惧怕仓皇状。每一次想起，都惶恐不已，因万军之耶和华对她，旨意已定。以下补充四段，申明普世救恩；时代较晚。

¹⁸ 那一天，埃及上下，必有五座城说迦南话，此处指希伯来语。五座城，统称子民在埃及的居住地。参见耶 44:1。并指万军之耶和华立誓；祈祷、献祭、出征等。其中一座要叫太阳城。heres，从死海古卷及部分抄本。原文：heres，倾覆。七十士本：义城。

¹⁹ 那一天，必有一方祭坛归耶和华，设于埃及中央；而边界上要立一柱，也归耶和华。象征至高者对埃及的主权。²⁰ 此乃万军耶和华在埃及的记号与见证。每当人受欺压而呼求耶和华，他必遣一位施救的，moshia`，解放者，因"身怀圣灵"而称英雄，士 3:9, 15。那为首的，rab，七十士本：审判者。来解救他们。²¹ 耶和华必为埃及所知，到那天埃及人要认耶和华，要献上牺牲和素祭，并向耶和华许愿、还愿。²² 而耶和华若是打击埃及，打了，他必医治；喻宽赦，化自申 32:39。人就要归依耶和华，而他必垂听祈祷，给予医疗。

²³ 那一天，必有一条大道，自埃及通亚述。接通子民的流散地，35:8。亚述人要入来埃及，埃及人要加入亚述，埃及与亚述一同敬拜。

²⁴ 那一天，以色列必与埃及、亚述三者如一，和而不同。在大地中央

称福。为万国祈福之榜样或标尺，创 12:2。旧译不妥：三国一律，使地上的人得福。²⁵ 而万军耶和华必赐福与他们，说：福哉，埃及我的子民，亚述我的亲手所造，以色列我的产业！

# 异兆

二十章

那年，亚述王萨尔公遣大将军来犯，萨尔公二世，前721—前705在位，吞并北国者。攻取了亚士都。'ashdod，非利士五城之一，曾受埃及支持，反叛亚述，前711年陷落。² 之前，直译：其时。耶和华曾降言，藉阿摩之子以赛亚之手：训示先知，并通过他儆诫世人，出9:35注。去，你解下腰间的麻衣，脱去脚上的鞋！他便照办了，言说之外，也可用动作演示神的启示。裸身赤足而行。

³ 末了，耶和华道：一如我的仆人以赛亚裸身赤足行走三年，裸身，不着衣袍，仅围一块腰布。做埃及、古实的一个预兆或异兆；三年间时而演示，很可能有门徒伴随。⁴ 亚述王必驱赶埃及俘虏和古实流民，无分老幼，都裸身赤足，露出臀部，sheth，旧译不确：下体。叫埃及蒙羞！⁵ 于是惊惶失措，人人羞愧：居然拿古实寄希望，把埃及当荣光！⁶ 那一天，这滨海一带的居民要说：滨海一带，指非利士。亦是对犹大的警告。看，我们的希望原来如此！当初我们逃去那边求援，是想摆脱亚述王——到底上哪儿逃命呢，我们？

# 巴比伦覆灭

二十一章

预言海之漠，midbar-yam，指巴比伦，得名于其南部（两河流域下游至波斯湾）滨海之地。如下：

宛如风暴扫荡南地　迦南南部荒野。

他来自大漠，那可怖之乡。他，指波斯王，41:2 注。

² 一严酷的异象，在对我展示：

那背叛的已背叛，掠夺的正掠夺——　巴比伦摇摇欲坠，33:1。

冲哪，以兰，围攻吧，玛代！城外波斯军呐喊，11:11, 13:17 注。

一切哀叹归我止息。呼应 19:22。


³ 所以我腰间才疼痛难忍　后人托名，摹状先知预言，13:1 注二。

被剧痛攫住，似难产的妇人；

躬着身我一样也听不到

害怕呀，敢看什么？

⁴ 心里一团混乱

恐惧压倒了我，

那个渴望已久的傍晚

叫我发抖——⁵ 他们摆开宴席　行将灭亡，仍花天酒地。

铺好毯子，大吃大喝——　铺毯，或如犹太社本：派人站哨。

起来，王公们，给盾牌上油！保护皮革，备战，撒下 1:21。


⁶ 因为这是我主对我说的：

去，设一岗哨，让他把看到的报来。岗哨，喻先知自己。

⁷ 他会望见骑兵，一对对前进

随后是骑驴、骑骆驼的；

要他仔细听，非常仔细地听！

⁸ 那站哨的就喊：站哨，从死海古卷及古叙利亚语译本。原文：狮子。

主啊，我整天守着哨位　另读（"主"做修饰语）：主的哨位。

在瞭望台上一站一个通宵。

⁹ 看，他们来了，是骑兵

一对对地前进！

接着又大叫：

覆灭了，覆灭了，巴比伦！后世借以形容末日，启 14:8, 18:2。

她所有的神像，都砸碎在地了！

¹⁰——我打下的谷啊，我的禾场之子，喻流亡巴比伦的子民。

凡是万军耶和华，以色列的上帝

赐我聆受的，皆已为你们宣示。

## 将破晓

¹¹ 预言杜默，dumah，"沉寂"，借指红岭／红族，'e<u>d</u>om，创 25:14。如下：

有人从毛岭向我喊：毛岭，se`ir，即红岭，子民的世敌，创 36:8。

喂，守望的，夜已几何？打听兵燹祸乱。

守望的，夜已几何？

¹² 守望者答：

将破晓，夜依然。直译：夜亦然。似成语，灾难未完之意。

你们如果想问就问吧

回头再来，也行。黎明不至，沉寂无期。此段晦涩，无善解。

¹³ 预言荒漠，`arab，此处指北阿拉伯诸部。如下：

荒漠里，灌木丛，你们过夜　逃难路上，耶 49:8。

啊，狄旦人这一趟"商旅"！狄旦地处商路，故言，创 25:3。

¹⁴ 提玛的居民哪，请拿水送去

给口渴的人,备好面饼

迎接难民。提玛在狄旦北边,也是一处绿洲,创 25:15。

<sup>15</sup> 因他们逃避的是刀剑

是出鞘的剑、弯弯的弓　回放 5:28。

是跟惨烈的兵灾照面!

<sup>16</sup> 是的,这是我主对我说的:还有一年,死海古卷:三年。如佣工计年,见 16:14 注。基达必丧失一切荣耀;基达,北阿拉伯部族,以弓箭闻名,创 25:13 注。<sup>17</sup> 而基达子孙,那些英勇的弓手,必所剩无几。因为耶和华,以色列的上帝已降言。

## 房顶

二十二章

预言异象谷,见下文第 5 节,但耶路撒冷周围并无此地名。一说即圣城东侧橄榄山下的"审判谷",yehoshaphaṭ,珥 3:12。如下:

出了什么事,人全上了房顶——

<sup>2</sup> 你这兴高采烈的大城啊

喧声鼎沸的享乐之都?一说指亚述退兵,圣城欢庆解围,14:25 注。

你的死难者既非死于刀剑　即被俘处决,而非战死。

也不是阵亡。<sup>3</sup> 你的头领

一个个溜掉,抓获的

连弓也没有一张;丢盔卸甲状。

追上了,一总捆起　追上了,另读如七十士本:(你的)壮士。

哪怕他们跑得再远。

⁴ 所以我才说：别管我

　让我痛哭一场；

　不要因我子民的女儿遭祸

　就急着安慰我。女儿，拟人，爱称圣城，1:8。

⁵ 因为这是惊恐、践踏与劫难之日　审判及报应之日，2:12。

　万军之主耶和华在异象谷之日——

　城墙崩塌，呼救声响彻丘壑。

⁶ 以兰挂上箭袋

　点起兵车骑手　校读：亚兰（叙利亚）点起骑兵。

　陶墙亮出了盾牌。陶墙，提喻摩押、亚述的帮凶或雇佣军，15:1, 16:7。

⁷ 你最富饶的谷地挤满兵车

　骑手封住四门：

⁸ 犹大的屏障已破。屏障，指扼守圣城西路的亚泽卡要塞，`azeqah。

　那一天，你指望着林宫内的武器　林宫，所罗门建造，王上 7:2。

⁹ 眼里只有大卫城多少裂隙　检视锡安山要塞，撒下 5:7。

　如何储积下池的水；此句意同 11a 节，或有讹。

¹⁰ 然后数点耶路撒冷的房屋

　哪些可拆掉加固城墙。

¹¹ 两道墙之间，凿一方塘

　用来蓄那老池的水。希士迦修造，引基雄泉入城，王下 20:20。

　唯独没想到把造物主

　仰望，那早已安排一切的

　你们未曾注目。军事压倒了政治，无远虑。

¹² 那一天，万军之主耶和华本是叫人

  哀哭、剃发、围上缞衣。举丧，3:24, 15:3 注。

¹³ 可是看哪，人反而在取乐

  屠牛宰羊，啖肉饮酒：

  吃吧喝吧，反正明天就死了！夸张，犹言生命短促。

¹⁴ 万军耶和华遂向我耳中吐露至真：直译：显露自己。

  这罪，等你们死了也不赦免！

  ——万军之主耶和华有言。七十士本无此句。

## 薛伯

¹⁵ 此乃万军之主耶和华说的：去，告诉薛伯，shebna'，希士迦王的内臣与亲信，遭弹劾后降为书记，36:3，王下 18:37。就是宫中掌事的那个家宰：宫中，旧译银库，误。

¹⁶ 你算什么东西，谁让你干的 极轻蔑的口吻。

  在这儿给自己开凿墓窟？

  竟然把墓窟凿在高处

  崖石上给自家刻住所安息。或属僭越，或涉及舞弊。

¹⁷ 看，你再了不起，geber，有力气/勇气。咒其虚弱。

  耶和华也要狠狠地抛掉

  就是将你紧紧捏住，¹⁸ 卷成一团

  像扔球一样，丢在空旷地方。

  让你死在那里，连同你的车马荣华 车马，校读：墓窟。

  你这主子家的羞耻——

¹⁹ 我要撤你的岗

革你的职!

²⁰ 待到那一日

我必召席尔加之子艾利雅金　'elyaqim,"上帝所立";36:3以下。

为我的仆人,²¹ 且把你的外袍

给他穿,你的腰带给他束

你的大权交在他手里;

让他做耶路撒冷居民

与犹大家的亚父。宰相如父,创45:8。

²² 还要取大卫家的钥匙放在他肩头;象征家宰之权,启3:7。

他开则无人能闭

闭则无人可开。

²³ 我要将他如一根橛子钉在牢固处

担当父亲家荣耀之銮舆。

²⁴ 如此, 此段附笔,说明艾氏最终也失势了,且连累了家人。他身上系着父亲家全部的荣耀, 子孙苗裔并各样细物、盆碗壶罐。暗示其任人唯亲,未收敛腐败。²⁵ 但是那一天, 万军之耶和华宣谕:那钉在牢固处的橛子必脱出, tamush,旧译压斜,误。被砍断在地;结果也砸了上面挂的那副重担——耶和华已降言。

# 石城

二十三章

预言石城, zor,岩岛筑城,故名;希腊名推罗,腓尼基繁华港市,诗45:12。如下:

嚎啕吧，拓西的船队　指从拓西归来的商船，2:16 注。

因为家园毁了，进不去了：

噩耗从基廷传来。基廷，即塞浦路斯岛，民 24:24。

² 别出声，滨海一带的居民；见 20:6 注。

啊，西顿的商家　西顿，zidon，黎巴嫩南部港口、腓尼基大城。

你的使者曾越过波涛，使者，从死海古卷。原文：使你充盈。

³ 洪流之上运来黑水的五谷　黑水，shihor，下埃及尼罗河支流。

大河的丰登，叫她获利——

不愧是万族的码头。sehar，做买卖、集市。

⁴ 羞愧吧，西顿，因为大海说了

汪洋的堡垒有言：堡垒，ma`oz，美称良港。此句似补注。

我不曾娩痛，不曾生育　仿佛大海不认自己的子女腓尼基人。

从未带大青年或抚养少女。bethulah，开始行经、已届婚龄的姑娘。

⁵ 一俟风声传到埃及，

他们要为石城的厄运

而喊痛。⁶ 还想远航拓西？

哀号吧，滨海的居民！

⁷ 这于你们便是欢跃［之都］？

自古，她就脚步不停

四海为家。⁸ 是谁

做此决定，打击石城

那一度的加冕者——

她的商贾不啻王公　腓尼基人殖民地中海沿岸，起初由母邦任命长官。

她的买卖人举世尊重？以商贸隐喻拜"邪神"，启 18:23。

⁹ 是万军之耶和华的定旨，

　　他要污损一切华美者的高傲

　　贬抑天下的权要。

¹⁰ 种你的地去吧，种，从死海古卷及七十士本。原文：穿越。

　　大河一样，拓西的女儿　爱称船队，下文14节。大河，即尼罗河。

　　[你的] 港口没了。港口，校读，诗107:30。原文：腰带。

¹¹ 他巨手指向大海

　　顿时万国震动，

　　耶和华已对迦南降旨　迦南，借指腓尼基人/买卖人。

　　要摧毁她的坚城。

¹² 他说：你不可再欢跃

　　受欺压的姑娘，西顿的女儿。

　　起来，跨海去基廷　亚述入侵时，石城王曾避难于塞浦路斯。

　　但那里你也不得安宁！

¹³ 看，迦勒底的大地，此节原文有讹或脱文，无善解。

　　是这一族，而非亚述

　　将她丢给了荒漠野兽；ziyyim，旧译不妥：住旷野的人，13:21。

　　一座座戎楼包围，巴比伦王尼布甲尼撒曾围攻石城多年，结26:7以下。

　　夷平了她的宫殿

　　留下废墟一堆——

¹⁴ 嚎啕吧，拓西的船队

　　你们的坚城毁了！重申定旨，上文11节，诅咒石城。

¹⁵ 待到那一日， 以下两段散文是后加的。石城要被遗忘七十年之久， 象征流亡异乡，耶 25:11。历史上，推罗毁于亚历山大大帝之手（前 332）。合一君王的寿数。七十年过后， 石城就要如小曲唱的那个妓女：旧译不通：像妓女所唱的歌。

¹⁶ 抱着琴，满城荡

这个娼妓呀人已忘；

甜甜拨，支支曲

好叫男人呀想起你。

¹⁷ 七十载结束， 耶和华必眷顾石城。她便又回去接缠头，'ethnan，旧译利息，误。跟这泥尘世界的万国行淫。旧译不妥：交易。泥尘， 联想上帝对人的诅咒，创 3:19, 23。¹⁸ 不过， 她的获利或缠头都要祝圣了归耶和华；不再储存， 放弃奢靡生活及异教。而是要使那些住在耶和华面前的人得利，让他们吃饱穿好。以下四章年代较晚，习称以赛亚启示录。

## 一道咒誓

二十四章

看哪，耶和华要出空大地　剿灭生灵，如方舟洪水。

任其荒芜，要扭曲地面　形容地震。

驱散居民——²是的

无分祭司百姓，主子奴仆　颠倒并消灭旧阶级关系，何 4:9。

主母婢女，卖家买家

放债的一如借债的

收利息的一如欠利息的：

³ 人地必彻底出空　hibboq tibboq，旧译空虚，不妥。

　　劫难加上劫难，

　　因为，此乃耶和华所言。

⁴ 大地因悲恸而凋零　何 4:3。

　　世界在枯萎、凋落；

　　萎谢了，天下的高位者　校读：高天与大地同萎谢。

⁵ 居民脚下，大地已玷污：德堕落造成社会环境的腐败。

　　就因为他们违法犯禁

　　竟敢破坏永约！犯挪亚/彩虹之约禁止的流血之罪，创 9:5 以下。

⁶ 所以才有一道咒誓吞食大地

　　要众生为之负罪，

　　所以寄居大地的才遭了火烧　如所多玛人，创 19:24。

　　幸存者为数寥寥。下接 16b 节。

## 混沌之都

⁷ 新酒在悲泣，葡萄已枯干

　　曾经快乐的心都在哀叹。

⁸ 铃鼓的欢声沉寂

　　喜庆的喧嚷不闻

　　三角琴乐音止息。

⁹ 人们不再举杯歌唱

　　烈酒入口，太苦！

¹⁰ 那混沌之都一片残败　与圣城为敌者如巴比伦、石城，详不可考。

　　家家闭户，无人能进；混沌, tohu, 暗示被造物主克服，创 1:2。

¹¹ 街上只剩讨酒的在喊

　　百般乐事到了黄昏

　　大地的欢愉，遭了放逐——

¹² 一城瓦砾，正门打碎

　　好大的一方废墟！

¹³ 如此，于大地中央，万民之前，

　　宛如橄榄树打过、葡萄摘后

　　捡起的残粒，¹⁴ 他们要放声讴歌　　此段写以色列的余数，17:6。

　　从西海欢呼，耶和华至尊：

¹⁵ 对呀，东土把荣耀归于耶和华　　西海／东土，统称子民流散地。

　　海岛颂扬以色列的上帝耶和华的名。

¹⁶ 天涯地角，处处是赞歌——　　直译：我们听见赞歌。

　　美誉，非义者莫属！　　义者，兼指上帝、忠信者。旧译义人，欠妥。

## 沉沉的忤逆

　　但是我说：憔悴呀憔悴，我有祸了！　不为欢歌所动。上接第 6 节。

　　背叛的皆已背叛——　同 21:2。

　　那背信的在背信中背信。犹言背信／叛（bgd）之极，无以复加。

¹⁷ 恐惧、陷坑、罗网缠上了你　　同耶 48:43。

　　大地的居民！

¹⁸ 那听喊恐惧就逃的

　　要掉进陷坑，那爬出陷坑的

　　要落入罗网。

　　看，高处的水闸开了　　天河倾泻，洪水景象，创 7:11。

大地的根基震动。

19 裂了，地一下裂开

破了，地突然破碎

摇了，地摇摇欲坠——

20 仿佛一个醉汉东倒西歪

晃动得像一间茅舍，

上面还压着自己沉沉的忤逆

塌了，再别想撑起！

21 待到那一日，耶和华必于高天

惩治天军，向泥尘里查办

泥尘的王；22 必将他们圈起　　天军，此处指反叛天庭的神子，14:12。

囚徒般投入地牢

锁进监狱，年数到头

再一一讨罪——　　暗示末日审判。

23 直至银月脸红，赤日蒙羞，　　日月，代表异教神，13:10，创 1:16 注。

因为万军之耶和华

必在锡安山上耶路撒冷为王，

必对他的众长老

彰显荣耀。　　回想以色列七十长老觐见上帝，出 24:9–11。

## 感恩颂

二十五章

耶和华啊，你是我的上帝

我要颂扬你，赞美你的圣名！　参 12:4 注二。

因你成就了神迹，亘古之宏图　`ezoth，上帝创世的计划，28:29。

信实之至！

2 因你变都邑为瓦砾

化金汤为废墟，使外邦人的宫阙

不再为城，永无重建之日。外邦人，zarim，另读傲慢者，zedim。

3 无怪乎强力之民要光耀你

霸主之城须敬畏你；

4 因你是弱小者的堡垒

穷人救急难的坚城；

是躲暴雨的屋檐，避炎热的树荫。呼应 4:6。

当强霸动气，如寒冬风暴　寒冬，qor，校读。原文：墙，qir。

5 像大漠蒸腾，外邦人喧嚣，外邦人，七十士本：傲慢者。

是你以云影消散了酷热

令强霸停奏凯歌。

## 圣宴

6 就在此山，万军之耶和华

要为万民设肥馔之宴、美酒之席，此山，即锡安／圣城，24:23。

那肥馔饱含髓脂，那美酒滤出醇香。

7 就在此山，他必除掉万民遮面的丧纱

拿走包裹列国的尸布

8 将死亡吞灭——永远！反言死神不再吞噬，林前 15:54。

主耶和华还要抹去众人脸上的泪痕　启 7:17, 21:4。

在大地四方为他的子民雪恨，

因为耶和华已降言。

⁹ 那一天，人要说：作感恩之歌。

　　看哪，这是我们的上帝

　　我们一直寄望，他来拯救；

　　这是耶和华，我们寄望于他　七十士本脱此句。

　　让我们起舞欢庆，迎他的救恩！　或作胜利，26:18 注二。

¹⁰ 因为耶和华必手按此山

　　将摩押踩在脚下　摩押，象征子民的仇敌，参较 15 章。

　　一如草堆被踏进粪池：

¹¹ 任凭他在池中划动臂膀

　　仿佛落水的死命扑腾：

　　他的狂傲终将淹没

　　不论他双手怎样挣扎——　'orboth，手段、计策、阴谋，无确解。

¹² 是呀，你城墙围起的坚固堡垒

　　他必摧毁了夷为平地　你，转换人称，拉近距离，歌 1:2 注。

　　碾作尘灰。

## 锡安颂

二十六章

　　那一天，这首歌要在犹大传唱：

　　我们有一座坚城　死海古卷：庇护城。指耶路撒冷。

　　以救恩为内墙与外郭。

² 敞开大门吧，让忠信的义民进来！　呼应诗 24:7–10。

³ 心志坚定的，你皆保平安——

　　平安，只缘他对你信赖。他，指上帝或义民，皆通。

⁴ 愿你们信靠耶和华，到永远

因为主耶和华是磐石，万世不移。意同申 32:4，诗 62:7。

⁵ 他曾摧折了居高位的　主，原文：在耶（yah）内，12:2 注二。

连同巍峨的都城；恶势力的营垒，混沌之都，24:10, 25:2。

他将那城夷为平地

碾作尘灰，⁶ 让脚践踏——　同 25:12。

踏在贫苦人、弱小者的脚下。

## 你的死者必重生

⁷ 正直是义人的道：

至直者啊，义人的前路靠你铺平。至直，上帝的号，申 32:4。

⁸ 就在你行审判的道上，耶和华

我们寄望于你；

你的圣名，牢记不忘　死海古卷：你的律法。

是我们灵的欲求。原文无"我们"，从七十士本补。

⁹ 夜里，我思念着你　欲求/思念，旧译羡慕，误。

我内中的灵，苦苦寻觅；

因你的判决垂范天下

公义为普世居民所研习。

¹⁰ 但恶人即便蒙恩也不学公义

在求实的国度他依旧造孽，求实，nekohoth，诚实、真相，30:10。

眼里毫无耶和华的圣威。呼应 12:5。

¹¹ 耶和华啊，你巨手高举，

他们居然不见——　即拒绝认上帝，6:9。

愿他们蒙羞，看到你不容不忠　爱恨皆系于此，9:6 注。

待你的子民，愿你怒火发作

吞噬仇雠！

[12] 耶和华啊，愿你给我们定平安！

真的，我们行事，无不是

你替我们成就。

[13] 啊，耶和华我们上帝

除了你，别的主也统治过我们，别的主，兼指征服者及其神祇。

可是唯有你，你的圣名

我们祈求。nazkir，本义记住，转指祈福、赞美，诗 20:7。

[14] 死者不会重生，幽影不会复起：幽影，旧译去世，误，14:9 注。

如此你惩罚、消灭了他们

把对他们的记忆抹净。俾子民牢记圣名，上文第 8 节。

[15] 你已使族人大增，耶和华

族人大增，荣耀在你——

是你，拓展了福地四极。犹言应许以色列复兴。

[16] 耶和华啊，患难中他们把你找寻　他们，七十士本：我们。

倾心祷告，只因身负你的惩戒。前四字无确解，直译：倒出低语。

[17] 仿佛一个孕妇临盆

禁不住剧痛而扭动、尖叫——　启 12:2。

我们也是如此，由于你，耶和华：由于你，或作：在你面前。

[18] 我们也曾怀孕受苦痛

可产下的竟然是风；形容徒劳无功，传 1:14 注。

没有给大地带来拯救　yeshu`ah，兼指胜利，25:9。

世界亦未添一民。

¹⁹ 不，你的死者必重生　回应上文 14 节。结 37:1–14，但 12:2。

他们的尸身必复起；他们，校读从传统本注。原文：我。

醒来呀，欢唱吧，入居尘土的人！　超越传统，祈望义人复活。

因你的露珠是晨光之珠　晨光，'oroth，喻新生命。另读绿草。

大地必将幽影娩出。tapil，掉落，转指生产。

## 海龙

²⁰ 去，我的子民，进你的内室

关上门，稍躲片刻，等圣怒过去。末日不会太久，2:10，10:25。

²¹ 因为看哪，耶和华一出居处

便要追究世人的咎责，

而大地必显露［无辜］的血　联想该隐杀弟，大地饮血，创 4:11。

不再掩藏遇害的人。婉言复仇，创 37:26 注。

二十七章

那一天，耶和华必挥起他的巨剑

无情地严惩海龙，liwyathan，原始混沌之怪，伯 3:8，26:12–13。

那逃窜的虬蛇，海龙

那蜿蜒的长虫——

必击杀那头大洋之怪。tannin，旧译大鱼，不妥，创 1:21，出 7:9 注。

## 园丁

² 那一天，可爱的葡萄园　此处拟人作阴性名词。

你们要把她歌唱：可爱，hemed，诸抄本：酒，hemer。摩 5:11。

³ 我，耶和华，亲自做园丁，看护以色列，5:1 以下。

  时时浇灌，日夜看守

  不要她受人侵害。


⁴ ——我从来不发怒，园子语。

  谁会给我荆棘？暗示子民松懈，在劫难逃，5:6, 7:23, 10:17。


  ——谁敢争战？我必出击　前半句如钦定本解作园子语，亦通。

  将他们一把火烧掉！

⁵ 抑或归附我，进我坚城？喻寻求庇佑，25:4, 26:1。

  那与我和好的，皆可与我和好。允诺拯救；此段无定解。


⁶ 到那时，雅各要生根

  以色列要开花长新枝

  让全世界结满果实。


## 东风之日


⁷ [主]之打他，何如那些打他的被打？此段有讹，无善解。

  他的遭杀，怎会像那些杀他的遭杀？意谓压迫者的下场更惨。

⁸ 驱逐、流放，是你定的案：似指流散子民的决定；呼应 3:13。

  一阵狂飙将她卷去，在东风之日。喻神的惩罚，耶 4:11。


⁹ 唯有这样，雅各的咎责才能赦免

  他祛罪的结果，全在此一举：

  当他把祭坛的石块捣碎

如石灰，叫神柱香坛无处安放。意同 17:8。

[10] 而坚固的大城则一片凄凉　预言强敌覆灭，26:5 注。

遗弃了的家宅不啻荒野，

那里牛犊吃草躺卧

那里嫩枝毁尽。

[11] 树木干枯，便会折断

给女人拾去当柴烧——

反正这是不肯觉悟的一族，如法老死硬，上帝安排，出 4:21, 7:3。

所以造物主必不怜悯

那抟土者不会降恩。抟土者，yozer，婉称天父，创 2:7。

[12] 待到那一日，附两则预言，作结语。耶和华必开始打麦，从大河之滨到埃及河谷，埃及与迦南的界河，民 34:5。将你们一粒一粒收起入仓，以色列子民！

[13] 待到那一日，大羊角号一旦吹响，宣布末日审判。凡灭失于亚述、流亡在埃及的，都要回来拜耶和华，就在圣山，在耶路撒冷。以下接回 23 章，谴责南北两国。

## 撒玛利亚

二十八章

祸哉，以法莲醉汉炫耀的花冠，撒城建在山上，兼指其奢华腐朽。

那华美不再、落英凋残

满脑肥肠又被酒击倒的人！满脑肥肠，从死海古卷。原文：肥谷头。

[2] 看，我主有一大蛮力者，亚述军入侵北国，10:13。

如一场冰雹，疠疫的风暴　疠疫，qeteb，或作毁灭，申 32:24。

如洪水泛滥，肆虐大地。直译：用手／猛力（beyad）扔在地上。

³ 他脚下要践踏那以法莲醉汉

炫耀的花冠，⁴ 那华美

要变作落英凋残，

那满脑肥肠，被酒击倒。

就像无花果初熟于夏日前　古人视为美味，耶 24:2。

人见着就想摘，到手便吃掉。

⁵ 那一天，万军之耶和华必亲自

做他子民余数的华美之冠冕，败局已定，信仰弥珍，10:20 以下。

⁶ 为坐堂断案的做公道之灵　或判决之灵，11:2–4。

做城门前却敌者的勇力。

## 假先知

⁷ 还有这帮人，也醉醺醺的

在烈酒里迷了方向：谴责南国犹大的政教上层。

称祭司叫"先知"，却酩酊大醉

沉溺于美酒佳酿，

他们异象晕晕，裁判昏昏。paqu，蹒跚、错乱状。

⁸ 不是吗，筵席上他们到处呕吐

没有一桌不是秽污！

⁹ ——他这是在向谁显摆知识？众人讥嘲圣者。

跟哪个讲论启示？　shemu`ah，听闻、消息，转指教导。

向那刚刚断乳

放开奶头的婴儿?

¹⁰ 不就是:命呀令呀　zaw laẓaw zaw laẓaw，戏仿先知布道的口吻。

准呀绳呀，这儿一点

那儿一点!

¹¹ ——那好，他就用口吃的唇　他,指上帝。

异邦的舌，来对这一族说话。借敌族惩戒子民, 申 28:49, 耶 5:15。

¹² 诚然他告诉过他们:这儿

可以休息，让困乏的歇歇;反言不可贸然起事。

这地方正好静养。

但是，他们不肯听从。

¹³ 因此耶和华给他们的训言便是:

命呀令呀，准呀绳呀　qaw laqaw qaw laqaw，对嘲讽者的嘲讽。

这儿一点，那儿一点!

——结果他们才迈开脚步

就仰面跌跤，断了骨

中圈套，做了俘虏。被掳去异邦为奴。

## 刑鞭

¹⁴ 还是听一听耶和华的话吧，讥嘲的人!　先知在圣城的政敌。

你们在耶路撒冷统治这子民　统治,另读:讽喻。

¹⁵ 却大言不惭:我们呀

跟死亡立过约，与冥府订了盟!当时犹大与埃及结盟对抗亚述。

即使刑鞭像洪流决口　刑鞭,喻神的惩罚,10:26。

也碰不着我们——我们

有谎言掩蔽，有伪术藏身。谎言/伪术，兼指异教神，44:20。

16 于是，我主耶和华这样宣告：

　　看，我要在锡安置一基石，罗 9:33，彼前 2:6。

　　取一块考验过的宝重的角石

　　打好根基：那忠信的人　此句打引号，作基石之名亦可。

　　就不用慌乱。17 而我

　　必以公平为准绳

　　以正义为线砣。mishqeleth，铅锤，或测平准的工具。


　　而冰雹必荡平谎言的掩蔽

　　藏身处为洪水冲垮；

18 你们跟死亡的约须废除　kuppar，掩盖，读若 tuphar，破、除。

　　一如与冥府的盟无效。

　　一旦刑鞭像洪流决口

　　你们就难逃蹂躏；

19 每次决口都要卷走你们，

　　天一亮，那大水必到

　　日日夜夜不息——这启示

　　要恐惧了才会明了！


20 正是：舒展身子床太短　引成语，形容犹大和圣城的窘境。

　　蜷缩一团被嫌窄。

21 看，如在劈裂山，耶和华必起　撒下 5:17 以下。

　　如在岌崩谷，他必发怒，为以色列而战，书 10:10 以下。

　　要成事，成他的奇异之事

　　要完功，完他的非凡之功。天父居然摧残子民，故言。

²² 所以快别讥嘲了

免得囚绳把你们捆得更紧,

因为我听见了:毁灭——

此乃我主万军之耶和华

对全福地的裁决。旧译不妥:全地……灭绝。此处非指世界末日。

## 莳萝与小茴香

²³ 请侧耳倾听我的话音

留意我作何言辞。

²⁴ 农夫耕种,怎能耕而不种

成天掘石耙土不休?

²⁵ 坡地平整了,不就该

撒播莳萝、小茴香? 也叫土茴香、孜然,太 23:23 注。

小麦成行,大麦成片　nisman, 指定(处),生僻词,无解。

田边栽一圈二粒麦:kussemeth, 旧译粗麦,误,出 9:32 注。

²⁶ 照他学得的把式

他的上帝定的规矩。

²⁷ 同样,打莳萝不用脱粒橇　haruz, 木橇嵌碎石,牛驴拖着碾谷。

碾小茴香不用车轱辘;

莳萝要拿棍儿打

小茴香得使连枷。

²⁸ 碾麦子,人不会费时

打了又打;车轱辘套马　通常用牛或驴。马,变元音校读:脱壳。

碾不碎籽粒。²⁹ 这一切

都是万军耶和华赐予,

他计划极神奇,智谋至大。故灾变也是奥秘之安排,神负全责。

## 阿列受困

二十九章

祸哉,阿列呀阿列　'ari'el,祭坛上部;又名神山,har'el,美称圣城。

大卫安营之都!　参观 33:7,结 43:15。

任凭年上加年,节期轮转

² 我也要叫阿列受困

一城悲叹呻吟,

叫她当我的阿列!

³ 我必将你团团包围　kaddur,二抄本及七十士本:像大卫,kedawid。

四面扎营,筑起箭楼攻你。

⁴ 而你就要栽倒,从地下言语　悲惨如下阴间,5:14。

在尘埃喏嚅,像鬼魂一般

嘤嘤做声,如土里透出的消息。一说阿列亦是鬼魂('ob)的称号。


⁵ 然而芸芸外邦,必如细尘　外邦,死海古卷:傲慢者,25:2 注。

那暴虐的一群好似飞糠。敌族只是神的工具,用完即弃,17:13。

一眨眼,忽然间

⁶ 万军耶和华就眷顾了你,

携着雷霆和地震的隆隆巨响

旋风、狂飙与饕餮的烈焰。

⁷ 犹如一场噩梦,夤夜的异象:

那万族麇集,向阿列进军

那围攻她堡垒的,皆陷于困惫。亚述军染了瘟疫。直译:使困惫。

8 极像一个饿汉梦见美餐

醒来,依然腹中空空;腹,naphsho,灵、整个的人。同下句喉咙。

抑或口渴的梦里饮水

醒来,愈加无力,喉咙更干——

那万族汹汹,不过尔尔;旧译不通:列国的群众。

他们攻的是锡安山。


9 惊惶吧,你们,惊惶失措 呼应13:8。旧译不通:等候惊奇。

瞎眼吧,你们,把眼弄瞎！旧译:宴乐昏迷,误。

烂醉,但不是酗酒

踉跄,却无关醇酿。

10 是耶和华给你们注入了昏睡之灵,状其昏聩无知,19:14。

他闭了你们"先知"的眼

蒙了你们"视者"的头。引号内或是插注。


11 所有这些异象,此段解释前文,似补注。于你们恰似一部封起的书卷。启5:1–3。若是交与识字的人,说:请念罢！他会答:没法念,还封着呢。12 如果拿给文盲,说:请念罢！他会答:我不识字。叹真先知处处碰壁,6:10。

## 嘴皮

13 我主有言:

正因为这一族仅是口头上跟随,谴责形式主义、伪善,1:10以下。

敬我,只动动嘴皮

心,却离我远远

而拜我，则是依从人的指令　七十士本：拜我也是枉然；太 15:8–9。
死背功课；¹⁴ 那好，
　　我就继续让这一族领教神迹
　　神妙之极！叫他们智者毁了智慧　林前 1:19。
　　明辨人失了辨析。

## 陶工

¹⁵ 祸哉，那对耶和华深藏计谋的人！　谴责犹大投靠埃及。
　　他们在黑地里行事，说：
　　谁看得见我们？谁认得我们？
¹⁶ ——你们弄颠倒了
　　难道黏土可以跟陶工并论？　见 45:9 注，罗 9:20–21。
　　哪有制品质疑匠人造了自己
　　抑或陶器数落陶工：
　　他一窍不通？　即否认陶工的制作。旧译不通：他没有聪明。

¹⁷ 不是吗，再过片刻
　　黎巴嫩就要变为丰赡的果园　秩序颠倒，始于自然界，32:15。
　　而果园却看似林丛？
¹⁸ 那一天，聋子要听到书卷里的话
　　盲眼要摆脱昏黑而复明。　迎来救恩，太 11:5，路 7:22。
¹⁹ 卑微者必从耶和华复得喜悦
　　贫苦人必因以色列的圣者而欢歌！
²⁰ 了结了暴君，讥嘲的绝迹
　　那伺机作恶的均已铲除——

²¹ 凡兴讼栽赃，在城门口

给仲裁的设圈套，凭空捏造

冤屈义人的，一个不留。仲裁，指长老为族人断案，伯 9:33。

²² 故此，耶和华对雅各家，对，'el，另读（雅各家的）上帝，'el。身为亚
伯拉罕的赎主，直译：赎下亚伯拉罕的。有言：

今后，雅各再不必蒙羞　背弃正道、亡国为奴之羞。

脸色也无须惨白，

²³ 因为，当他看见自家儿女　或如犹太社本：当他即他的儿女。

我的亲手所造，回到身边，

必人人归圣于我的名

必认雅各的圣者为至圣

必向以色列的上帝表敬畏。

²⁴ 而那灵入歧途的，便要知晓　暗示宽宥，勾销罪责，40:2。

那抱怨嘀咕的，可受教。

## 骄龙歇息

三十章

祸哉，违命的子民，耶和华宣谕：呼应 1:2, 4。

他们撇开我自行谋划

织网结盟，反对我的灵，不听真先知的启示。

乃至罪上加罪！

² 他们启程南下埃及，希士迦王曾遣使向埃及乞援，前 703—前 702 年。

未获我准许，就投靠法老　准许，直译：嘴。转指命令、旨意。

躲进埃及的庇荫——

³ 但法老的保护将使你们蒙羞

求埃及庇荫，终必受辱。

⁴ 虽然他的王公去了锁安　见 19:11 注。他，指犹大王。

他的使臣已抵达哈内，h̠anes，"王子宫"，尼罗河西岸郡府。

⁵ 结果都大失所望：那一族

实在是毫无用处，

既不施援手，亦无所补益　法老靠不住，36:6。

反而平添失望和耻辱。

⁶ 预言南地的野兽，讥刺犹大的外交政策，写使节穿行南地与西奈半岛的荒野，徒劳无功。如下：变元音校读：他们顶着南地的炎热。

跋涉那困苦之地，那群狮咆哮　nohem，校读。原文费解：mehem。

毒蛇与飞龙的故乡，飞龙，见 14:29 注；申 8:15。

他们驴背驮着厚礼

驼峰满载宝物，前往

那无用的一族；⁷ 埃及的支援

是一口嘘气，是空话；嘘气，heb̠el，喻虚妄无益，诗 94:11。

所以我称她——　下句有讹，无确解。

骄龙歇息。骄龙，rahab̠，混沌海怪的别名，借指埃及，诗 87:4。

## 永久的见证

⁸ 好，去把这个给他们写板子　书写用的木板。先知失望而立言。

记上书卷，为后世

做永久的见证。le`ed，从二抄本。原文：永远，la`ad。参 8:16。

⁹ 因这是抗命的一族　典出吵架泉故事，摩西语，民 20:10。

撒谎的儿女，不愿听从

耶和华教导的子民。教导，即圣法。

¹⁰ 他们敢对视者说：别看！

要启示者：别为我们启示真相　旧译不确：讲正直的话。

讲点好听的——幻象也行！

¹¹ 离开你们的道，丢下那条路

叫那个以色列的圣者

给我们歇了去！嘲讽，天父如骄龙歇息，上文第 7 节，创 2:2。


¹² 故此，以色列的圣者降谕：

因为你们蔑视此言　先知传达的神的旨意。

靠欺压与邪曲这等手段，邪曲，naloz，旧译乖僻，误。

¹³ 所以于你们，这咎责便如

高墙上裂开一条缝，一道凸起

摇摇欲坠而猝然间崩塌——

¹⁴ 就像陶盆瓦罐，打个粉碎

毫不吝惜，连一块陶片

一片向灶膛取火或从池中舀水的

也找寻不见。


¹⁵ 如此，我主耶和华，以色列的圣者

有言：回头、安息，你们必获救；

宁静而信靠，赋予你们勇力。以击退强敌（亚述），28:6。

无奈你们不肯，¹⁶ 反而说：信靠，旧译安稳，误。

不，我们要骑马逃走！ 逃亡埃及。

——好，你们会逃的。

[还说]：骑的是快马！

——好，那追逐你们的会飞快。 而埃及亦非庇荫，上文第 3 节。

<sup>17</sup> 会一人大喝，吓得千人溃散　化用摩西之歌，申 32:30。

五人一呼，你们个个逃逸，

直到残余如一根杆子在山巅　联想先知儿子的名字，7:3, 10:22。

如岭上遗落的一面旗。

## 太阳七倍灿烂

<sup>18</sup> 真的，耶和华盼着为你们降恩

真的，他必受尊崇而施怜悯，受尊崇，旧译不通：兴起。诗 18:46。

因耶和华乃是公道之上帝　尤指其判决，28:6。

福哉，一切翘盼他的人！

<sup>19</sup> 是的，锡安的子民，耶路撒冷人哪，你不用再哭了。他必降恩，只要你呼救；一俟听见，他即应允。<sup>20</sup> 虽然我主给了你痛苦作面饼、艰辛为水， 喻磨难。你的老师却不再隐藏， 你必亲眼望见你的老师。moreyka，复数表大，指上帝不再藏脸，8:17。解作教诲百姓的众先知，亦通。<sup>21</sup> 每当你偏右偏左了，你两耳必听到背后响起训言：这是正道，跟着走吧！<sup>22</sup> 于是你就要污损自己包银的木偶跟贴金的铸像， 贬称异教神，2:8, 20。如一条月经布， dawah，经血不洁，故借此比喻，利 15:33, 20:18。将它们扔弃，还要大叫：滚吧！

<sup>23</sup> 他必为你地里播的种子降甘霖，使田间五谷丰饶。那一天，你的畜群要放牧在广阔的草场；<sup>24</sup> 耕田的牛驴， 要吃用木杈和谷铲扬过、

拌了盐的饲料。福及牲口，悉心养殖。²⁵ 每一座高山，每一道峻岭，都有淙淙流水，在那塔楼倒塌的大屠戮之日。即报应之日，2:12 注。²⁶ 而后，月辉要胜似日光，太阳要七倍灿烂，七十士本脱右六字，一说是插注。仿佛七日合一——在耶和华替子民包扎伤口、医治创痍之日。

## 焚化地

²⁷ 看哪，耶和华的名来自远方　　名，犹言亲自（前来）。

　　他熊熊怒火，浓烟升腾，　　另读如钦定本：带着（惩罚的）重担。

　　激愤溢出他的双唇

　　他舌头仿佛烈焰饕餮。

²⁸ 他呼气像河水暴涨，直淹齐

　　人的咽喉——他要用毁亡的筛子

　　筛除列国，给万民的腮颊

　　套上歧路的辔头。　歧路一如正道，不由人的自由意志选择。

²⁹ 而你们就要歌唱，如守圣节之夜，

　　满心欢愉，箫声里登上

　　耶和华之山，以色列的磐石。

³⁰ 耶和华必使人听到至尊的雷霆

　　望见他的垂天巨臂，　象征惩戒、救恩、末日审判，申 11:2。

　　必于圣怒与烈火的饕餮之中

　　掷下霹雳、暴雨、冰雹。

³¹ 是呀，耶和华的雷霆！亚述丧胆

　　受了刑杖——³² 每一次

　　耶和华将那惩戒之棍抽在他身上　惩戒，从诸抄本。原文：根基。

都要伴着铃鼓和三角琴；

每一战，都这样抡［手］攻他。 参 19:16。此节晦涩，无定解。

33 是的，焚化地早已预备　焚化地，topheth，冥王享童子祭的山谷。

只等那大王到来；那灵坛　大王，双关兼指冥王、亚述王。

又深又广，柴火堆积，耶和华呼气

如一溪硫磺，将它点燃！

# 骏马

三十一章

祸哉，那南下埃及求援的人！ 背景同 30:1–7。

只晓得靠骏马，信兵车跟骑手　诗 20:7。

因为人家车多、力强；

却不肯倚赖以色列的圣者

抑或向耶和华求问。

2 可是他也有智慧呀，能降祸　模仿政敌的口吻，警告。参 41:23。

说了的，他决不收回。

他必起来端造孽者的窝　直译：家。

与支持作恶的为敌。

3 埃及人是人，不是神； 暗贬异神，结 28:9。

他们的马是肉，不是灵。

耶和华一旦出手，那支援的

必绊跤，那受援的必栽倒——

双方一块儿完蛋！ 埃及和犹大同样下场。

以赛亚书·上篇 - 239

# 非人的剑

⁴ 如是，耶和华降谕与我：

就像雄狮或小狮对猎物咆哮，

任凭叫来的羊倌再多

它也不会被呐喊所吓退

因众人嚷嚷而畏缩；

同样，万军之耶和华必降临

为锡安山，为那座小山而兴兵。　或如犹太社本：攻锡安及其小山。

⁵ 一如飞鸟展翼，万军耶和华　展翼，飞禽护雏状，申 32:11。

要庇护耶路撒冷：庇护

而拯救，逾越而解放！　himlit，挣脱、获自由。逾越，如子民出埃及。


⁶ 回来呀，　此段散文似后加的。以色列子民，　回到被人深深背叛的那一位身旁。深深，状其罪孽。⁷ 因为，那一天，每个人都要丢弃自己的金银偶像，历史上子民拜"邪神"，屡禁不止，2:20, 17:8 注。你们罪恶双手的制作。


⁸ 而亚述必倒在剑下，非人的剑下　非人，强调其覆灭是神意。

被一把非人之剑吞吃；

那剑他逃避不及，他的壮丁

都抓去服苦役。⁹ 他的"磐石"　讥诮敌族神祇，申 32:31。

因惊吓而碎裂，众王公

慌乱中丢了军旗——　此句晦涩，无定解。

耶和华在锡安举火　喻圣殿祭坛，兼预言亚述溃败，30:33。

在耶路撒冷置炉，宣谕。

# 义王

三十二章

看，定有君王执义为王　　祈盼中的大卫王后裔，受膏者。

也有公侯秉公施政；也有，从七十士本。原文：为。

2 每一个都像避风雨的藏身处

像大漠里的泉流

或困乏之地巨石的阴影。困乏之地，喻荒原。

3 于是睁开眼睛的不再矇眬　　旧译不妥：昏迷。

侧耳聆听的声声留意，

4 急躁的心要明辨知识　　婉言敬畏上帝，箴1:7注。

口吃的舌头要变得伶俐。

5 愚妄就不复号称高尚　　nadib，旧译高明，误。下同。

阴险的也不叫大方。阴险，kilay，兼指吝啬。

6 因为，愚妄人出言即是愚妄　　指其道德信仰，诗14:1注。

心里只想着作恶；此阕风格近《箴言》，一说是后补的。

他行事大不敬，谬论耶和华；

饥饿的灵被他掏空　　灵，犹言腹，29:8注。形容欺压贫苦。

口渴的不给水喝。

7 阴险哪，他坏事做绝

还在谋划毒计，拿谎言

害卑微者，哪怕是穷人在理！

8 但高尚者谋求的是高尚

凭依高尚，他立起。

## 麻布与蒙福

<sup>9</sup> 贪图安逸的妇人哪,起来,听我说　　参较 3:16 以下。

　　自鸣得意的女儿呀,请侧耳聆教。

<sup>10</sup> 再有一年多,你们必受惊扰

　　还兀自得意什么——

　　在等葡萄毁了,颗粒无归?

<sup>11</sup> 发抖吧,安逸的妇人

　　惊慌吧,得意的女儿;

　　把衣裙脱了,脱光

　　腰间围上[麻布]!　举哀,3:24。吊丧也是古代近东妇女的一门职业。

<sup>12</sup> 捶你们的胸脯吧,从七十士本,原文:胸脯上他们哀哭。

　　为可爱的田野,为累累的葡萄

<sup>13</sup> 为我子民的沃土,当它荆棘丛生,

　　是呀,为所有幸福的屋宇

　　及享乐之都。即耶路撒冷,22:2。

<sup>14</sup> 因为,那宫阙必倾圮

　　那喧阗的大城,被抛弃,

　　那山堡同望楼要沦为荒郊　校读从传统本注,原文:洞。

　　永远给野驴游戏,让羊群吃草——　山堡望楼,指大卫城。


<sup>15</sup> 直至一灵由高处灌注我们,灵,指圣灵。笔锋一转,充满希望。

　　当荒野变为果园

　　而果园却看似林丛。茂盛状,同 29:17。

<sup>16</sup> 之后,公平就要在荒野安营

　　果园必入居正义;

¹⁷ 那正义的出产是平安

　　那正义的功效是宁静、信靠

　　永世不变。正是获救子民即"余数"的品质，30:15。

¹⁸ 终于，我的子民住进平安之家

　　有可信赖的帐篷，有静处休憩。
¹⁹ 纵然林丛毁尽、都会夷平，毁尽，校读。原文：降冰雹。
²⁰ 你们也要蒙福，在诸水之滨

　　播种，放牛驴漫步。形容自由放牧，生活无忧；参 7:25。

## 一生的信仰

三十三章

　　祸哉，人没害你，你却害人　暴君肖像，对应必来的义王，32:1。

　　没遭背弃，你却背弃；

　　一朝你害完，人必害你

　　背弃到头，你就被唾弃！到头，klh，从死海古卷。原文有讹，nlh。

² 耶和华啊，求你降恩

　　我们寄望于你。

　　求你每天早晨做我们的臂膀　我们，校读。原文：他们。

　　患难中我们的救援。臂膀，象征力量、倚靠，59:16。诗 46:1。
³ 啊，喧声传来，万民奔窜

　　你一起身，列国四散！
⁴ 于是大肆掳获，如跳蝻掠取　跳蝻，沙漠蝗的若虫，诗 78:46。

　　又像飞蝗落地，一扫而空。

⁵ 耶和华,受尊崇,居于高处　诗 57:5。

　　他使锡安为公义所充盈。

⁶ 此是你一生的信仰　'emunah, 忠信而仰赖;在上帝则为信实, 25:1。

　　救恩之财富,智慧与知识:

　　敬畏耶和华乃他的宝藏。神爱敬畏者。他, 传统本注: 她, 指锡安。

⁷ 听,阿列人在街上哀号　阿列人, 从部分抄本。原文: 他们勇士。

　　求和的使臣个个痛哭:　求和, shalom, 谐音(耶路)撒冷, shalem。

⁸ 大路荒废了,行旅不见;　一片战乱景象, 士 5:6。

　　他毁了约,又藐视证人　`edim, 从死海古卷。原文: 城镇, `arim。

　　什么人也不看重!　他, 一度的盟友或庇护。所指不详。

⁹ 福地因悲恸而憔悴

　　黎巴嫩丢脸而枯黄;

　　沙垄如荒原一片　巴勒斯坦北部沿海平原, 歌 2:1。

　　凋败了巴珊、果园山。　karmel, 今以色列西北, 海法市附近, 歌 7:6。

¹⁰ 好,我这就起来,耶和华说:

　　现在就居高,就显尊!

¹¹ 你们怀上秕糠,生的便是碎秸;

　　我呼气像烈火,必吞灭你们。　我/像, 校读。原文: 你们。

¹² 仿佛万民作石灰焚烧

　　投在火里,如砍下的荆棘。

¹³ 听着,远方的人,我大功告成

　　近处的,你们尝尝我的伟力!

¹⁴ 锡安的罪人大惧

亵渎者为悸颤所攫取:

我们中间谁能入住贪吃的火

那炽焰不灭,谁敢寄居? 因上帝容不得不忠,申 4:24。

[15] 唯有那走正道、执义言　画义人像,诗 15:2–5。

鄙弃不义之财,摆手不受贿赂

塞耳不听血谋,闭眼不视邪恶的——

[16] 那样的人可以在高处安家;

嶙嶙峭崖做他的堡垒

不缺粮也不愁饮水。直译:他的水有保障。

## 不移的帐幕

[17] 那王极美,你双眼必见

必眺望国土无边;

[18] 你的心就要追思曾经的恐慌:

哪里去了,那登记的? 似指占领者征税,压榨子民。

那称量的,去了哪儿?

还有那数塔楼的,在哪儿?

[19] 不,你不会再遇上那些蛮子　蔑称敌族,28:11。

那说话没人懂,舌头结巴

不知所云的一族。

[20] 请仰望锡安,我们节庆之都

你会亲眼看到耶路撒冷:

安宁的家园,不移的帐幕

橛子永不拔出,绳索一根不断。形容圣所永在。

[21] 那里,耶和华为我们一展尊荣

如江河极浩淼处，无快舟荡桨　象征神恩，非描写地理。

无巨舰游行——　一说指外患消弭，无确解。结 47:1–12。

²² 果然是耶和华审判我们

耶和华给我们立法

耶和华我们的王，他必拯救我们！

²³ 你的索具也松了，栽不稳桅杆　接回 21 节意象，补细节。

升不起帆儿——同时

有无数收缴和掳获要分掉　校读：盲眼的要分许多掳获。

连跛足的亦可夺一份。

²⁴ 人居的再不会说：我病了。古人相信病起于罪，诗 103:3。

[城]内住的都要赦罪，称子民。此阕晦涩，无定解。

# 复仇之日

三十四章

近前来，列国，好好听　常用起首程式，1:2。

芸芸万族，请留意；此章与下章受第二以赛亚影响，人称小启示录。

愿大地和充盈其中的

愿普世一切生息，都谛听！

² 因为，耶和华对列国动了怒

怒火直指他们的大军：

一声禁绝——杀！禁绝，haram，杀光夷平作禁物归神，民 21:2–3。

³ 杀了，通扔在野外

让尸臭升腾，血浸群山

⁴ 直至重霄万象烂掉。

诸天要如书卷卷起　末日图景，旧世界灭亡，13:10，启 6:14。

星辰纷纷凋落，

凋败一如葡萄的枯叶

如无花果一地凋残。

⁵ 因为我的剑已痛饮诸天

看，它要刺向红族，国名红岭，曾协助巴比伦破圣城，21:11 注。

让禁绝之民领教我的惩罚。

⁶ 耶和华的剑喝足了血，沾满脂油

那是羔儿与公山羊的血，

公绵羊腰子的脂肪。按律法，这两样专属上帝，利 1:5, 3:16 注。

因耶和华在堡都享了牺牲　堡都，bozrah，红岭首府，创 36:33。

在红岭大举宰献。

⁷ 野牛要跟人一起倒毙

犊子连同壮牛；

国土要泡在血里

用脂油给泥尘上肥。

⁸ 是呀，这是耶和华复仇之日　参较诗 137:7。

锡安之讼的报应之年。讼，rib，另作申辩者，复指天父，51:22。

⁹ 她的河水要变为沥青　她，指红岭。

泥尘化作硫磺，

要她国土被沥青烧遍

¹⁰ 昼夜不熄，浓烟不断升腾。

世世废墟，永无人走，永远——　如所多玛覆灭，创 19:24 以下。

¹¹ 做一片塘鹅箭猪的产业

给猫头鹰跟乌鸦定居；

[耶和华]必拿混沌的准绳　王下 21:13。

并毁亡的铅锤，来将她丈量。混沌/毁亡，荒凉如创世之初，创 1:2。

[12] 而人就叫她"那边没国"　'en-sham melukah，讽刺。

王公显贵皆归了乌有。显贵，移自上句，从犹太社本。

[13] 刺丛要覆盖她的宫阙

一座座要塞爬满蒺藜。

那里红豺安家，鸵鸟做窝

[14] 野猫邂逅鬣狗，羊怪遥相呼应，意同 13:21–22。

还有狸狸，四处出没　狸狸，lilith，夜妖，巴比伦神话的雷雨鸱鸺。

寻找她栖身的角落。

[15] 那里，剑蛇要钻洞产卵　剑蛇，qippoz，另作鸱枭，无定解。

在阴暗处孵出小蛇，

还有鹞鹰聚会，雌雄成对。

[16] 你们可找耶和华的书，念一念：书，美称以赛亚的预言。

这些[鸟兽]一种也没缺　另说指天庭记载功罪的书卷，玛 3:16。

雌雄相配，一只不少。

因为，这是他亲口下的令　他，从死海古卷。原文：我。

是奉他的灵召集——[17] 他掷下石阄

手拉准绳，为之分地，一如替子民划分福地，民 26:55, 33:54。

俾其承业定居，永世不移。

## 救赎的圣道

三十五章

荒野与不毛之地要欢愉

大漠要忻喜，要开花，

像秋水仙，² 吐蕊盛开　　秋水仙，ha<u>bazz</u>aleth，或作藏红花，歌 2:1。

一片欣欣，在歌唱！

啊，领受了黎巴嫩的荣华

果园山与沙垄的明丽——　　见 33:9 注。

他们将目睹耶和华之荣耀

我们上帝的辉煌。

³ 请给懦弱的手以勇气　　意同伯 4:3–4。

叫颤抖的膝坚强，

⁴ 向胆怯的心说：勇敢些，别怕！　　耶稣踏海语，可 6:50，太 14:27。

看，你们的上帝

复仇来了，那至圣的报应　　至圣，'elohim，或上帝，作定语解。

他亲自救你们来了！


⁵ 届时盲眼要睁开，聋耳要听声　　太 11:5，路 7:22。

⁶ 跛子要鹿儿般跳跃

哑巴要鼓舌欢歌。

因为活水将涌出荒野　　再现磐石出水的神迹，出 17:6，民 20:11。

大漠奔流江河，

⁷ 灼沙将变为芦荡

焦土化作甘泉；

而红豺躺卧的穴居　　此句原文或有讹，无确解。

要做苇子和纸草的家园。　　<u>hazer</u>，校读从七十士本。原文：草，<u>hazir</u>。


⁸ 那里，必起一条大道，称圣道　　象征圣城的解放，11:16，40:3。

不洁者不得通行；

唯有他的子民可走此路　他的子民，校读。原文：他们。

便是蠢汉，也不会迷失。

⁹ 那里没有狮子，亦无凶兽踏足，　凶兽，兼指强盗，喻仇敌。

路人除了获救赎的

谁也不会遇见：

¹⁰ 凡耶和华赎下的必返归　同 51:11。

载歌载舞回锡安

把永远的幸福戴头顶——

欢乐并幸福，他们收取

让悲伤跟哀叹逃逸。以下四章借自王下 18–20 章，希士迦之歌除外。

# 辛黑力的大司酒

三十六章

希士迦王一十四年，重述王下 18:13–37。亚述王辛黑力上犯犹大，辛黑力，sanherib（阿卡德语：Sin-ahhe-riba），前 704—前 681 在位，建尼尼微为帝都，毁巴比伦；前 701 年讨伐犹大。将坚城尽数攻占。此处略希士迦向亚述乞和，倾国库赔巨款，入圣殿搜刮金银一段，王下 18:14–16。² 至拉岐，lakish，耶京西南重镇。亚述王遣大司酒率重兵困耶路撒冷，大司酒，rab-shaqeh，亚述官名。向希士迦王问罪。开到漂工田大道，临近上池的水沟，圣城西墙外，橄榄山方向，7:3。³ 有席尔加之子家宰艾利雅金、见 22:20 注。书记薛伯、见 22:15 注。亚萨之子史官约华出城迎见。约华，yo'ah，"耶和华兄弟"；史官，圣城本作传令官。

⁴ 大司酒对他们说：喏，告诉希士迦，大王即亚述王降旨：你倚靠的那个，算何倚靠？⁵ 你以为，你，从死海古卷及王下 18:20。原文：我。几句空话，动动嘴唇，抵得上打仗的谋略跟勇力？讽刺，说的正是人得自圣灵的禀赋，11:2。你究竟靠了谁，敢反叛我？⁶ 哼，你是靠那根破苇杆，靠

埃及呀；谁傍上它，它就刺谁，把手扎穿！埃及王法老对投靠他的，向来如此。参较 30:1–7, 31:1–3。⁷ 倘使你说：我们信靠的是耶和华我们上帝。可他那些高丘祭坛不都是希士迦废了的？还一定要犹大和耶路撒冷，只可在这一座祭坛前敬拜。希士迦曾改革教规，禁止在圣殿以外的圣所祭祀；百姓膜拜的摩西铜蛇，亦作偶像销毁，王下 18:4。⁸ 那好，来，同我主公亚述王赌一把，我给你们两千匹马，要是你能够给它们配上骑手！⁹ 连我主公的小小仆人，一个都将也抵挡不了，都将，pehah，亚述官名，总督或将军。你还敢倚靠埃及的车骑？¹⁰ 此番我上来讨伐，灭取这国，可是背着耶和华的？不，是耶和华吩咐了的：双重讽刺，或是上帝无能，或亚述是秉承神意。上去，把这国灭了！

¹¹ 艾利雅金、薛伯与约华向大司酒道：可否对您的仆人讲亚兰语，属西北闪语，是希伯来语的近亲，亚述帝国外交商务的"普通话"。我们听得懂；请别说犹大话，即希伯来语。城墙上人有耳朵！¹² 不想大司酒说：我主公派我来，只是为你的主子和你传么？你，单数表轻蔑。不也是告诫他们，那些坐在城墙上面，跟你们一样等着吃自己屎、喝自己尿的人吗？

¹³ 当下大司酒站着，用犹大话高声喊道：听好了，你们，大王即亚述王的谕旨！¹⁴ 吾王说了，莫上希士迦的当，他不可能解救你们！¹⁵ 莫倚靠耶和华，随便希士迦胡诌什么：耶和华必来拯救，不许这大城落入亚述王手里。¹⁶ 别听希士迦的，因为此乃亚述王的谕旨：同我缔福吧！berakah，喻和约。只要出城归顺，你们就能人人吃上自己的葡萄、无花果，各人喝自家的井水；¹⁷ 待我来领你们，委婉语，流放罪民是亚述对敌族的政策。去一处像你们家园的地方，一片五谷新酒之地，面饼与葡萄园之乡。¹⁸ 万勿受希士迦的骗：耶和华必拯救我们，他说。但是各族的神明，可曾有一个把家园从亚述掌下救出？¹⁹ 哈马跟亚尔帕的神祇在哪儿？见 10:9 注。双河镇的神祇安在？双河镇，sepharwayim，两河流域城邑，地点不详。他们救没救撒玛利亚，他们，指迦南众神。摆脱我

手？²⁰ 我手里的土地，列国诸神林林总总，谁救得了？偏那耶和华成了，从我掌下拯救耶路撒冷？

²¹ 百姓默不作声，未答一语，因国王有令：不可答复他。²² 席尔加之子家宰艾利雅金、书记薛伯、亚萨之子史官约华回去，撕破袍服，将大司酒的话向希士迦禀报了。

## 求问以赛亚

### 三十七章

希士迦王听毕，重述王下 19:1–7。就撕下衮服，披上缞衣，志哀，度劫难，3:24 注。进了耶和华的殿。² 随即派家宰艾利雅金、书记薛伯并几位老祭司，着缞衣去见阿摩之子先知以赛亚，³ 说：这是希士迦的话，今天是危难而受罚受辱的日子！也是向天父祈求之日，诗 20:1, 50:15, 86:7。眼看孩儿就要娩出，产妇却没了力气。成语，形容绝望。⁴ 愿耶和华你的上帝听见大司酒的狂言，他主子亚述王竟派他来辱骂永生的上帝——愿耶和华你的上帝听了那些话就降罚！请替幸存者祈祷吧。

⁵ 希士迦王的臣仆遂来见以赛亚，⁶ 以赛亚道：请告诉你们主公，此乃耶和华之言：莫害怕，虽然你听到亚述王的喽啰亵渎我的话。⁷ 看，我会降一个灵给他，令其为"混乱之灵"误导，妄动而败亡，19:14。旧译不通：惊动他的心。让他听信谣传，旧译风声，误。但下文 36 节似写军营染疫。退回老家，在本国伏尸剑下。呼应 13:15, 31:8。

## 辛黑力再遣使臣

⁸ 大司酒回去，重述王下 19:8–19。正遇上亚述王攻打白丘；libnah, 通说在拉岐东北，详不可考。原来他得了消息，国王已拔营离开拉岐，⁹ 因为

闻报，古实王铁哈卡正引兵北来。铁哈卡，tirhaqah，古实/埃塞俄比亚人，埃及法老，前690—前664在位。下接37节。

于是，以下至36节变奏劝降、王入圣殿和先知预言，渊源不同。辛黑力复又遣使臣去劝降希士迦，复又，从王下19:9及死海古卷。原文：听了。说：¹⁰告诉犹大王希士迦：莫上你上帝的当，还想倚靠他，什么"耶路撒冷决不会落入亚述王手里"！¹¹你都听说了吧，亚述诸王如何对待列国？一律禁绝！见34:2注。单你会得救？¹²我先祖灭掉的各族，古山、哈兰、雷泽，以及特拉萨的伊甸子孙，bene-ʿeden，所指不详。余皆幼发拉底河上游商城。他们的神明可曾施救？¹³哈马王跟亚尔帕王，还有双河镇、希纳和伊瓦的王，两河流域和叙利亚城邦。都去了哪儿？

¹⁴希士迦从使臣手里接过信，念了；然后走上耶和华的殿，将信摊开在耶和华面前。即祭坛上。¹⁵希士迦向耶和华这样祷告：¹⁶万军之耶和华啊，以色列的上帝！你高踞昂首展翼的神兽之上，kerubim，源于巴比伦神话，负责侍卫上帝的宝座与战车，6:2，出25:18，诗18:10注。唯有你，才是天下万国的上帝——天地是你所造！¹⁷耶和华啊，请侧耳倾听；请睁眼垂顾，耶和华！听一听，辛黑力说了什么，他派人辱骂永生的上帝！或作：辛黑力派来辱骂……的言语。¹⁸耶和华啊，确实，亚述王夷灭了列族，从王下19:17；死海古卷：列国。原文重复：列国及其国土。¹⁹将他们的神祇投入火中；但这些不是神明，只是人手的制作——木材石料，能不毁亡！驳亚述王，36:18以下。²⁰故而现在，求求你，耶和华我们上帝，从他的掌下救出我们，让天下万国都知道，唯有你，耶和华，是上帝！原文无"上帝"，从王下19:19及死海古卷补。

## 以赛亚预言

²¹于是，阿摩之子以赛亚传话给希士迦：重述王下19:20–34。此乃耶和

华，以色列的上帝说的：因为你苦于亚述王辛黑力而向我祈祷，²² 耶和华降言，谴责了他：

>她蔑视你，她嗤笑你——
>姑娘是锡安的女儿；
>她在你背后把头摇——
>耶路撒冷的女儿。先知主张坚守圣城，故言，下文 34—35 节。

²³ 你辱骂、亵渎的是谁？你，指亚述王。

>对谁，你扯起嗓门
>抬着你傲慢的眼睛？
>是对以色列的圣者。

²⁴ 用你的臣仆，你辱骂我主

>心说：是我，领无数兵车
>登上众山之巅，直抵黎巴嫩纵深。
>我伐倒它最雄伟的雪松
>并最秀美的丝柏，
>扫荡它边陲的高地
>它的茂密的林园。

²⁵ 是呀，我掘遍喝遍了

>外邦的水，我的脚掌　原文无"外邦"，从王下 19:24 及死海古卷补。
>把埃及的江河踏干。实际入侵埃及的是辛黑力之子亚述哈丁。

²⁶ 你没听说，这事我早有定夺？上帝回应，意同 10:5 以下。

>很久以前便安排了　祸福均出于天父，全能者负全责，22:11。
>而今我要它实现——
>就是让你把坚城摧毁

夷为废墟，²⁷ 而居民瘫了手　直译：短手。喻无力，50:2 注。

惊慌失措，人人羞愧，同 20:5。

仿佛一株野花、一根青苗

或者屋顶上被东风烤黄了的

一棵细草。东风烤黄，从死海古卷与王下 19:26。原文：田里未长大。

²⁸ 然而，无论你起身坐下

出去入来，我都知道，原文无"起身"，从死海古卷补。诗 139:2。

你如何狂暴——

²⁹ 因为你对我张狂　死海古卷和七十士本脱此句。

你的叫嚣已达我耳际，叫嚣，sha'on，校读。原文：得意，sha'anan。

我必将你套上鼻钩

戴上嘴嚼子，牵着你

由原路回去！


³⁰ 给你，指希士迦。征兆在此：征兆，'oth，旧译证据，误。今年你们有自生的可吃，国土沦陷，严重缺粮。明年地里还有一茬；但第三年，即可播种收割，并开辟葡萄园，享用果实。经济全面复苏；辛黑力入侵迦南不足一年。
³¹ 那犹大家幸存的，就要重新往下生根，向上结果——


³² 因为余数必出于耶路撒冷

幸存者来自锡安山。

万军之耶和华不容不忠，旧译热心／诚，误。9:6 注。

此事必成。


³³ 故耶和华有言，这么说亚述王：

他决计进不了此城

朝这儿他别想射一支箭,

持盾,也无法近前

更堆不起斜坡来强攻。斜坡,solelah,旧译筑垒,误。

<sup>34</sup> 他从哪条路来犯

必由那条路退回,此城

他进不了——耶和华宣谕。重表决心,上文29节。

<sup>35</sup> 我必守护此城,一显救恩

为我自己,也为大卫我的仆人。曾允诺大卫家永世为王,撒下7:16。

## 辛黑力之死

<sup>36</sup> 当晚,原文无此二字,从王下19:35补。耶和华的使者出动,入亚述军营,杀了十八万五千人。史载亚述军围圣城遭鼠疫,约瑟夫《犹太史》10:21。及至黎明,看哪,取逃生者视角。遍地都是死尸!

<sup>37</sup> 亚述王辛黑力慌忙拔营退兵,撤回尼尼微。底格里斯河上游古城,相传为挪亚孙宁录王所建,创10:11。<sup>38</sup> 后来,他在尼斯洛神庙拜祭时,尼斯洛,nisrok,无楔形文字记载,一说是日神 Nusku 或战神 Ninurta 的笔误。被儿子荣王和护王拔剑杀了。意译二名,'adrammelek, sar'ezer,生平不可考。两人逃去了亚拉腊国;古国,位于今土耳其东部;方舟着岸处,创8:4注。继王位的是幼子亚述哈丁。'esar-haddon(阿卡德语:Assur-ah-iddina),前680—前669在位。

## 希士迦病了

三十八章

之前,直译:那些天。重述王下20:1-11。希士迦曾病重,奄奄一息。阿

摩之子先知以赛亚过来探视，说：此乃耶和华之言：把家理一理吧，因为你在世不久了。²希士迦把脸转过去，朝着墙，向耶和华祈祷：³啊耶和华，求求你，记得我如何走在你面前，满心忠信，旧译诚实，不妥，10:20注。在你眼里非善不为！说着，希士迦痛哭不已。

⁴于是耶和华降言，嘱以赛亚：⁵去，告诉希士迦，此乃耶和华，你祖宗大卫的上帝说的：我听见了你的祷告，也看到了你的泪——我在这儿！hineni，借用先知应答上帝语，创22:1, 11，出3:4。我会给你延寿一十五年，希士迦卒于前687年，由此推算，罹病在辛黑力围圣城的前一年；王下18:2, 13。⁶会从亚述王掌下将你和此城救出，并守护此城。死海古卷及王下20:6另有：为我自己，也为大卫我的仆人。⁷看，耶和华还赐了你一个征兆：因圣言有变，不取性命了，降神迹为证。耶和华说到做到——⁸我在这儿！我要使日影倒走，在琊哈的日晷上后退十度。ma`aloth，步、阶，转指日晷或晷盘刻度。死海古卷：在琊哈的顶楼台阶。

果然，那晷盘上太阳投下的影子便退了十度。原文无"影子"，据七十士本补。

## 希士迦之歌

⁹犹大王希士迦之歌，mik<u>t</u>ab，另读金诗、轻声，mik<u>t</u>am，诗16:1注。后人托名感恩，诗30及107。作于大病愈后：

¹⁰我曾想：日子才到正午　dami，安息，转指中午、壮年。
我就要进阴间的大门
被夺去余年？
¹¹我说：见不着耶和华了　yah，圣名略写，12:2, 26:5注。
耶和华啊，在生者之地！叹自己不能再登圣殿。

再也看不到一个世人，世，heled，校读。原文费解：终止，hadel。

¹² 我的住所被拔起，扔掉

仿佛一顶牧人的帐篷；一顶，从西马库本及通行本。原文：我的。

就像织工卷布，他

将我性命从机头剪断—— 直译：我像织工卷命，他从线头剪我。

白日黑夜，是你要我完结！或如犹太社本：保我完好。无确解。

¹³ 我一声声呼救，到天亮 呼救，校读。原文不通：平复。

可他像狮子把我浑身骨头击碎—— 知道是上帝出手，伯10:16。

白日黑夜，是你要我完结。


¹⁴ 一如燕雀啾啾，我好似鸽子

哀鸣，两眼因仰望而干枯，雀，`agur，鹤、鸫、呢喃，无定解。

主啊，我受着欺侮，求你作保！法律用语，喻庇护，伯17:3注。

¹⁵ 我还有什么话可讲？他说了

这就是他的作为！

全溜走了，我的安眠 校读从死海古卷。原文：我将慢走终年。

只因我的灵太苦。


¹⁶ 主啊，人活着，是依凭这个？原文复数，叹命途多舛。无善解。

我这一口气，竟存乎其中；我，死海古卷：他。

求你让我愈痊，得生命！

¹⁷ 当然，受此大苦

纯是为了我完好——是你 完好，反讽，对上文12—13节"完结"。

将我的灵从毁亡的深坑拉回，hasak，校读。原文：看中，hashaq。

背后扔下我所有的罪愆。深坑，冥府的别名，14:19，诗103:4。

¹⁸ 因为，阴间颂扬不了你

死亡也不会把你礼赞，传统观念，冥府亡灵与神隔绝，诗 6:5。

那坠坑里的盼不着你的信实。七十士本：慈恩。

<sup>19</sup> 生者，唯有生者能颂扬你

如我今时今日；

为父的须教儿女认得

你的信实。'emeth，旧译诚实，误，16:5 注。

<sup>20</sup> 耶和华啊，救救我！

我们一定天天鼓弦

终生歌唱

在耶和华的殿上。

<sup>21</sup> 又，附笔，接回上文第 6 节，参王下 20:7–8。死海古卷脱此段。以赛亚曾说：取一块无花果饼来，当药膏，敷在疮面，即可复原。<sup>22</sup> 希士迦便问：有何征兆，我能登上耶和华的殿？见晷盘日影，上文第 8 节。

## 巴比伦使者

三十九章

不久，重述王下 20:12–19。巴比伦王巴拉丹之子马尔督–巴拉丹，merodak bal'adan（阿卡德语：大神赐子），迦勒底酋长，曾两度称王反叛亚述，终为辛黑力所败。听说希士迦病体康复了，就修书致礼。<sup>2</sup> 希士迦大喜，开宝库请使者参观，金银香料珍膏并全部军械，凡府库贮藏，无不展示；炫耀，也是准备配合酋长起事。宫中所备乃至全国上下，希士迦都让他们看了。

<sup>3</sup> 先知以赛亚忙来求见，问希士迦王：这些人说了什么？是从哪里来的？一个远邦呢，希士迦回答，从巴比伦来的。<sup>4</sup> 以赛亚又问：他

们在［大王］宫中看了什么？样样都看啊，希士迦说，凡府库所藏，无不展示。

⁵以赛亚遂向希士迦道：听着，万军之耶和华有言：⁶看哪，日子快到了，宫中所有，祖宗库藏至今的一切，都要掳往巴比伦，一样不留——耶和华说的。⁷而你亲生的儿子，你将来的后嗣，必有被抓去，收在巴比伦王宫当太监的！⁸可是希士迦回答：承［先知］见告，耶和华之言极好。不听忠告，婉拒先知。因为他想：那我这辈子太平无事了。

直译：会有平安与信实。上篇"预言集"完。

## 中篇
# 安慰书

四十章

　　安慰吧，安慰我的子民—— 由此至55章，作者称第二以赛亚。
　　言者是你们上帝。

² 请对耶路撒冷的心诉说， 温柔关爱状，创34:3, 50:21 注。
　　向她宣告：她的苦役
　　期满了，她的咎责 通说中篇大部作于"苦役"或巴比伦之囚后期。
　　宽赦了，她罪孽沉沉
　　已由耶和华之手
　　受了双倍惩罚。 如偷盗与赔偿律规定，出22:3, 8。

³ 啊，一个声音在喊： 七十士本：荒野里一个呼喊者的声音。可1:3。
　　荒野里预备好耶和华的道
　　大漠中为我们上帝修一通衢！ 七十士本作复数。
⁴ 千沟万壑要填满
　　大小山冈要削低，
　　陡壁变作平路
　　崎岖开出坦途： 俾天父引领子民，打碎枷锁，重出埃及。
⁵ 耶和华的荣耀必昭示，
　　让全体肉身一同望见
　　——此乃耶和华亲口所言。 肉身，basar，提喻人类，太24:22。

⁶ 一个声音说：你喊哪！

我说：喊什么？ 我，从死海古卷及七十士本。原文：他。

——那肉身皆草，美颜似野花；

⁷ 花草一经耶和华的灵吹打

即枯败了：那草

不就是子民？ ha`am，特指，相对肉身／人类。此句破格律，似插注。

⁸ 草可枯，花可败， 暗示巴比伦亦不长久，诗 37:2，伯 14:2。

我们上帝之圣言永存。


⁹ 快上高山吧

你这为锡安传喜讯的！ 或如路德本：锡安，你这传喜讯的。

使劲扬声吧

你这给耶路撒冷报佳音的！ 路德本：耶路撒冷，你这报佳音的。

扬声哪，莫怕，通告犹大各城：

你们的上帝在此！

¹⁰ 看哪，主耶和华携大能降临，

他的巨臂要替他掌权； 巨臂，象征拯救，30:30 注。

看，他的酬劳与他同在

他的缴获献他面前。 酬劳／缴获，喻击败顽敌，光复福地。

¹¹ 他要像牧人放羊　亲自为王，牧育子民，耶 23:1 以下。

臂弯抱羔子，搂怀里，

慢慢引领那哺乳的母羊。 喻子民回归，结 34:12–13，诗 78:71。


## 耶和华的灵

¹² 是谁，曾用掌心将大海掂量　海，从死海古卷。原文：水。

张手一拃，测定诸天？想象上帝创世，伯 38:5 以下。

又曾一斗盛尽寰中尘土，

拿大秤称大山，戥子戥小丘？暗示执掌人世公平，箴 16:11。

¹³ 谁可以探测耶和华的灵，

或替他做谋臣，出主意？罗 11:34。

¹⁴ 他同谁商议，向谁求教

学习公平之道？

又是谁给他传授知识

将悟性之途点拨？以神的全能全知反衬人类之渺小，伯 21:22, 28:12。

¹⁵ 看，万族像吊桶里的一滴水，

不啻戥子上一粒灰；

看，列岛他拈起如掸尘埃　列岛，泛指地中海沿岸各国。下同。

¹⁶ 黎巴嫩不够他当柴烧，黎巴嫩的山林盛产木材，37:24。

[林]中的鸟兽不足一次燔祭。

¹⁷ 在他跟前，那芸芸万族

仿佛虚无——要他看，

更比乌有与混沌还不如！死海古卷：一如乌有与混沌。

¹⁸ 那么你们以谁比拟上帝

将他附会作什么模样？附会，ta`arku，安排，转指比较、比附。

¹⁹ 偶像吗？那是能工塑造　如巴比伦、迦南的异教神。

金匠给它包金，

再打几条银链的东西。

²⁰ 至于献礼，可选桑木，mesukkan，另作太穷（而献不起）。

那木料抗腐；然后找个巧匠

立一只偶像不倒就成。下接 41:6–7。

²¹ 你们不晓得，还是未听说？

自始就没人告诉你们？

抑或自己也弄不明白

大地根基何在？

²² 而他，高踞大地的穹隆之上　旧译不妥：地球大圈之上。

脚下居民看似蚂蚱；联想子民见巨人而胆怯，民 13:33。

他铺展诸天如放帘子，

撑开，像一顶入住的帐篷。

²³ 他使人君归于虚无

令世上判官如一片混沌。喻毁灭，24:10, 34:11 注。伯 34:18–19。

²⁴ 仿佛才刚栽上，刚种植

刚往土里扎根的苗苗，

他呼一口气，便都枯了　意同上文第 7 节。

碎秸一般被旋风卷跑。

²⁵ 你们以谁与我相比，为我俦类？同 46:5。

——圣者有言。

²⁶ 抬起你们的眼睛瞭望，是谁

创造了这一切——

他天军如数调遣，顺次点名　天军，指星宿，敌族奉为神明，24:21。

一个不漏，全凭他的伟力

他的大能？

²⁷ 雅各啊，这是为何——

为什么，以色列，你说：

我的路已对耶和华藏起，路，指命途。反言天父藏脸不顾惜，8:17。

我的上帝，他不理我的冤情！

28 难道你不晓得，从未听说？再次提醒亡国奴，上文 21 节。

耶和华，永恒之上帝

从地极到地极，皆他所造；

他不会疲惫，亦无困乏

他的悟性不可探究。禁忌，也是人觉悟而立信之依据，伯 12:13。

29 疲弱的，他赐予力量

气馁的，他壮其体魄。

30 虽然少年也免不了困惫

那些壮汉说跌就跌，

31 但那翘盼着耶和华的

必精力复生，如雄鹰出翎，鹰春天换羽，古人视为更生，诗 103:5。

他们必迅跑，不困乏

必无惫而前行。

## 胜者

四十一章

列岛啊，来我这儿须静默，列岛，见 40:15 注。

让各部族复生精力；暗示救星出自外族，修正 40:31。

让他们近前，一一陈情 回应子民的猜疑和怨言，40:27。

汇拢了让我们审理！

2 是谁，向日出之地唤起 波斯居鲁士大帝崛起，44:28。

一位胜者，召至麾下 或作：一位，被公义/胜利召至脚前。

将万国付与，令其踏倒众王—— 踏倒，旧译不妥：管辖。

犹如泥尘，交给他的剑，形容陈尸荒野。

惊弓之下如碎秸飞散？

³ 他追击，他突防，一路无阻

仿佛双脚不用沾地。yabus，校读。原文：来，yabo'。死海古卷：认。

⁴ 究竟是谁，如此成就

一代接一代宣召，自始？

——是我，耶和华，我乃元始

那与终了同在的，是我。表白神性永恒，启 1:8, 17, 21:6, 22:13。

⁵ 列岛一见，惧怕不已　似指波斯征服小亚细亚沿岸各国。

从地极到地极发颤：

他们近了，他们来了！此句指列岛/偶像之民聚集，亦通。

⁶ 赶紧，一个帮一个，按文意，上接 40:19–20。

要自己的兄弟"放胆"；

⁷ 有木工给金匠打气

也有锤平滑的鼓励敲砧的，

说那铆活"就是好"　铆，debeq，或作焊、锻。

钉子一根根钉牢，倒不了。

## 以色列我的仆人

⁸ 可是你，以色列，我的仆人

我亲选的雅各，我友

亚伯拉罕的子裔，熟语，褒扬圣祖，代下 20:7。

⁹ 你是我从地极领回　可见子民流散之久。

由天涯召来，特意嘱咐了的：

你是我的仆人，

我既已拣选，就决不放弃！ 申 7:6。

10 ——所以别怕，有我同在， 上帝嘱咐以撒语，创 26:24。

莫恐慌，我是你的上帝。 恐慌，tishta`，生僻词，无确解。

我必使你坚强，必救助

必以我胜利的右手将你扶持。 胜利，同上文第 2 节"胜者"。

11 是呀，凡对你泄愤的

都要蒙羞受辱，谁向你发难

一定灭亡，沦为虚无；

12 那跟你争斗的，你寻不见了？

那进攻你的，连虚无也不如！ 直译：如虚无如乌有，40:17。

13 因为我，耶和华你的上帝

是我在握住你的右手

叮嘱你：别怕，

我必救助。


14 别怕，雅各你这条虫 极言其卑贱、受奴役的苦楚，14:11。

以色列你一根蛆！ moth，校读从传统本注。原文：人们，methe。

我必救助，耶和华宣谕：

那赎回你的是以色列的圣者。

15 看，我要你做一架脱粒橇， 旧译不确：打粮的器具，28:27 注。

崭新的，安两排利齿；

让你把大山碾碎，化小山为秕糠

16 然后当风将它们扬起，

任由狂飙卷去。

而你，却要为耶和华欢歌

因以色列的圣者得赞誉。

17 当贫苦人寻水无果　　回想子民在西奈荒野，出 15:22, 17:1 以下。

口干舌裂之际，

我，耶和华必应允他们

以色列的上帝，决不遗弃。

18 我要秃山开出河网　　秃山，另作：不长草的小径，民 23:3 注。

谷底蜿蜒清溪，

我要变荒原为水乡　　同诗 107:35。

旱土涌流甘泉。

19 我要在荒野遍植雪松

并金合欢、香桃木、橄榄树，

再以丝柏覆盖沙漠

连同云杉与黄杨——　　云杉，tidhar，榆、松、悬铃木，无定解。

20 为的是，让人都看到

而得知，领会而明了，

此乃耶和华之亲手作为

以色列的圣者所造。

## 审异神

21 陈明你们的案由，耶和华说，　　你们，指异教神，下文 23 节。

将辩词呈上，雅各的王有言——　　想象上帝开庭，审判众神。

22 让他们呈来，告诉我们　　转换人称，此处表轻蔑。

注定会发生什么；

描述一下从前如何，

我们好用心领会，讥其无知。

或者就说说未来怎样　从传统本注，与下行调换顺序。

为我们揭示结局。

²³ 对，讲讲往后的事儿，

教我们懂得，你们是神明！回到第二人称，嘲讽。

降福吧，降祸呀

好恐怖呢，我们一块儿看看——　另读：一同害怕。

²⁴ 啊不，你们只是虚无

所作所为，乌有不如，m'aphes，校读，40:17。原文有讹：m'apha`。

那拣选你们的，属秽恶。意谓诸神是人立的偶像，40:20，申 32:16。

²⁵ 我已自北方唤起一人，他来了！指居鲁士，上文第 2 节。

从日出之地，是凭名字蒙召；从死海古卷。原文：他呼我的名。

他蹂躏番官如踏污泥　蹂躏/踏，校读。原文：来，上文第 3 节注。

像陶工脚踹黏土。番官，seganim，亚述语借词，行省都督。

²⁶ 当初可有谁预告我们

事前通知，我们好回一声"对"？

不，谁也没预报，没说明

谁也没听见你们吭声。

²⁷ 一开始就要锡安：看哪　此句或有讹，无定解。

这儿，我给耶路撒冷一位传喜讯的！似指波斯释放子民，40:9。

²⁸ 然而我抬眼不见一人，

他们中间，无一可做谋臣　斥偶像无用，责子民不忠。

或答复我的询问。

²⁹ 啊，都是虚无！'ayin，从死海古卷。原文：罪恶，'awen。

他们的事功归于乌有，

这些铸像是风,是混沌。铸像,贬称诸神;24:10 注。

## 忠仆之歌

四十二章

看,我这仆人—— 七十士本:雅各我的仆人。太 12:18–21。

我扶持、拣选而心里悦纳之人! 同上:以色列我拣选……之人。

我把我的灵赐予了他, 喻选立、恩顾,民 11:29, 27:18。

要他向万族传公道。 即上帝之公义,创 18:25。旧译公理,不妥。

[2] 他不呼求,也不高喊 不是报佳音的那一位,40:9。

街市不闻他的声音。

[3] 压伤的芦苇,他不折断

将灭的灯芯,他不吹熄

只是将公道忠实传布。 忠实,旧译不确:凭真实。

[4] 他不会熄,也不会断, yeroz,从七十士本。原文:跑,yaruz。

直至世间奠定了那公道

他的教导,列岛期盼。 教导,或作圣法,2:3, 30:9 注。

[5] 如此,上帝耶和华——那造诸天

卷苍穹,铺开大地及其出产, 铺,或作锤(成形),出 39:3。

赐世人以呼吸,为行走者赋灵的

有言:

[6] 是我,耶和华,以公义召了你;

我挽住你的手,将你抟来 回忆造亚当的情形,27:11, 创 2:7。

给众人为约,做万族的光, 或作:立为约民。约,旧译中保,不妥。

[7] 以开开瞎眼,释放囚徒

让坐黑地里的出牢房。

⁸ 我乃耶和华——圣名在此

我的荣耀，决不归另一，<sub>如摩西言：上帝之外，别无他神，申 4:35。</sub>

我的赞誉，决不容偶像。

⁹ 看，那当初预告的实现了！<sub>或指波斯崛起。</sub>

簇新的，我这就宣布，<sub>子民即将获释、重返家园的喜讯，41:26–27。</sub>

不待发生，就叫你们听见。

## 新歌

¹⁰ 新歌一曲，献给耶和华，<sub>同诗 96:1, 98:1。</sub>

赞美他，邈邈地极！

愿大海轰鸣，水族充盈　<sub>轰鸣，校读，诗 96:11。原文：下（海）。</sub>

列岛与栖居的同声！

¹¹ 愿荒野和城邑高唱

一如基达驻扎的营地；<sub>基达，qedar，黑肤或黑帐族，21:16 注。</sub>

愿岩堡的百姓欢呼　<sub>岩堡，一说在红岭，16:1 注，王下 14:7。</sub>

从群山之巅引吭。

¹² 愿他们把荣耀归耶和华

滨海响彻他的赞誉。

¹³ 啊，耶和华如勇将出征

像一名战士，他压不下怒气——　<sub>旧译不通：激动热心。</sub>

他呐喊，他吼叫，他向仇敌

显神威！

¹⁴ 我已经沉默了太久，<sub>上帝表白。</sub>

一语未发，克制着自己；

现在我要呻吟，像一个产妇

大口喘气，喊痛！ 天父自比夏娃女儿，感受子民的苦难，49:15。

¹⁵ 我要毁掉大山小丘

令草木凋败；

我要变河流为岛屿　校读：旱地，41:18。

使池沼干涸。

¹⁶ 我要领盲眼走他们不认的路

指一条人不知的道；

就在他们面前，化黑暗作光明

崎径开出平川——

此事必行，我不会离弃！ 事，debarim，双关兼指预言。

¹⁷ 而那些人就要溃退，受大辱：

谁叫他们靠的是木偶

求的是铸像：你们

可是我们的神哪！ 仿敌族口吻，讥神祇不再灵验，30:22。

## 像约友

¹⁸ 聋子呀，你们听好

瞎眼的，你们睁眼看看！

¹⁹ 谁这么瞎，除了我的仆人，以色列让上帝又爱又恨。

这么聋，似我派遣的使者？

到底是谁，瞎得像一个约友， meshullam，与神立约者，54:10。

聋得像耶和华的仆人？ 聋，从二抄本及西玛库本。原文重复：瞎。

²⁰ 你呀，看了再多也不关注　你，校读：他。

开开耳朵，竟一无所闻！恰是救主布置，先知的使命，6:9–10。

²¹ 耶和华乐意，本着他的公义

而光大圣法。²² 这一族

却是饱受劫掠，尽数

堕于深坑，锁进牢笼；锁，直译：藏。

劫走了，无人搭救

掠空了也不敢说一声"归还"。

²³ 你们中间谁肯为之侧耳

以后仍留意倾听？

²⁴ 是谁，将雅各交与人掳掠

任凭以色列遭劫？

不就是耶和华，我们冒犯的那一位？可知约友聋瞎本是神意。

他的道，[锡安]不愿遵行

不欲从圣法聆教。道出灾祸的根源：抗命，30:9–11。

²⁵ 所以他怒气作兵燹

向她喷发，可是烈焰四起

她浑然不觉，大火烧身

她没搁在心里！她，指锡安/子民。原文：他。

## 换命

四十三章

而如今，雅各啊以色列，

此乃耶和华，那造你抟你的

所言：别怕，有我救赎，重申不弃子民，41:8 以下。

我凭名字召了你：你归我。凭名字，喻恩宠，出 33:12。

² 你尽可穿越波涛，我与你同在　应许拯救，以马内利，7:14。

渡河，水决不淹你。

踏进火里，也不会灼伤　呼应诗 66:12。

不会被赤焰吞噬。

³ 因为我，耶和华，是你的上帝

以色列的圣者，你的救主。

我已将埃及给作你的赎价

拿古实和西巴换你；西巴，埃及向南，一说在阿拉伯南部，创 10:7。

⁴ 只因你在我眼里宝重

位尊，是我的所爱，'ahab̲tika，终于表露了对子民的爱，申 7:8。

我才拿人替代　借居鲁士之手，如时人期待，41:1–2。

用诸部族换你的命。nephesh，呼吸、咽喉、灵、性命，29:8 注。

⁵ 别怕，有我与你同在，

我要从东方带来你的子裔

自西方把你聚集，

⁶ 我要命北方：交出来！

令南方：不许扣留！

快，把我的儿子从远疆领回

向地极索还我的女儿——

⁷ 凡归于我名下，为我的荣耀

而造而抟而生的，

一个不少。

## 耶和华的见证

⁸ 带出来吧，这些人瞎了，仍有眼睛　接回 42:19。

聋了，耳朵还在。

⁹ 当列国聚拢一处，部族会部族，'ummim, 诸部、各族，17:12。

内中有谁曾作此预报

将前事告知我们？

就让他们出证人，给自己辩白　即展示众神的能力。

叫人听了说"属实"。

¹⁰ 但你们是我的见证，耶和华宣谕：见证上帝唯一。

是我亲选的仆人，

如此你们可认我，信我

并明白：唯有我，才是"他"。语出摩西之歌，申 32:39。

在我前面，无［手］抟之神，讽刺，神像确是人手所制，37:19。

后边，也决不会有——　前面/后边，兼指脸、背，出 33:23。

¹¹ 我，唯有我，是耶和华，

除我之外，别无救主。

¹² 那预言、拯救、宣告的，是我

而非某个异神眷顾你们；直译：在你们中间。

你们是我的见证，耶和华宣谕：

我乃上帝——

¹³ 自有今日，我便是"他"，自有今日，七十士本意译：自始。

谁也不能从我的手里脱身

我要做的，谁能阻止？

## 新事

¹⁴ 如是，耶和华，那救赎你们的

以色列的圣者有言：

为了你们，我已派［人］往巴比伦

我要推倒一切囚栏，berihim，从传统本注。原文：难民，barihim。

变迦勒底人的欢呼为号丧。ba'aniyyoth，校读。原文：乘船。

¹⁵ 我乃耶和华，你们圣者

那造以色列的，你们的王。

¹⁶ 如是，耶和华有言：

他曾向海中指路，一条道劈开洪涛；

¹⁷ 又引出兵车战马，浩浩荡荡

大军躺倒了再爬不起来，回放以色列越芦海/红海，出14:21以下。

如一根灯芯熄灭——

¹⁸ 啊，前事无须追念

古往的，你们不必萦怀。

¹⁹ 看哪，我要做一件新事，重出埃及，更新万象，11:16，林后5:17。

马上就发生，懂不？强调解放之紧迫，后世天启主义滥觞于此。

是呀，我要在荒原开路

让大漠贯通江河。死海古卷：道（复数），上文16节。

²⁰ 便是野兽也把我光耀

红豺连同鸵鸟，

因为，我令荒野涌泉　重申救恩，41:17以下。

清溪遍布沙漠，

给我亲选的子民饮用——

²¹ 这［手］抟之民归我，

让他们讲述我的美名！暗讽子民忘义，背了骂名，下文28节。

## 以色列的骂名

²² 然而，雅各，你没有向我呼求
　你反倒厌倦了我，以色列！
²³ 没有牵你的羊来献燔祭
　没设牺牲把荣耀归我；不如鸟兽顺其天性，上文 20 节。
　我呢，也未用素祭役使你　自嘲，伦理崩溃，祭礼徒具形式。
　或以乳香叫你倦乏。
²⁴ 你没有花银子替我买菖蒲　qaneh，可提取香料，出 30:23。
　没供牺牲的脂油让我餍足；
　相反，你役使我，以你的罪愆
　累累咎责，令我厌倦！

²⁵ 我，唯有我，才是"他"——
　我抹去你的忤逆，不记你的罪愆
　是为我自己。意谓赦罪也是预定，圣名不容亵渎，48:9, 11。
²⁶ 别让我忘了，你我一道上法庭
　你先陈述，表表你的"义"。让原告举证。
²⁷ 可罹罪的，是你的老祖宗　指雅各，何 12:3–4。
　是你那些通事背叛了我！通事，指祭司和先知。西谚：翻译即叛逆。
²⁸ 所以我才玷辱圣所的王公　圣所，或如犹太社本：圣洁。
　将雅各丢给了咒誓，herem、禁绝、屠杀，34:2 注二。
　要以色列担骂名。被告即判官，难怪子民"败诉"，伯 9:2–3。

# 元始与终了

四十四章

可是你听着,雅各我的仆人

我亲选的以色列,

² 此乃耶和华,那造你

抟你于子宫,并佑助你的

所言:别怕,我的仆人雅各,

耶书伦哪,我的亲选! 耶书伦,爱称以色列,本义正直,申 32:15。

³ 因为,我必给干枯的浇水

叫清流灌溉旱地;

必以我的灵浇注你的子实

赐福与你的后裔,

⁴ 让他们如青草生发  如,直译:在之间。死海古卷:如之间。

似溪畔依依的杨柳。

⁵ 这个说:我属耶和华

那个要归于雅各名下,

再一个,手上印着"耶和华"的  喻皈依,申 6:8, 启 13:16 注。

以色列是他的称号。

⁶ 如此,耶和华,以色列的王

那救赎者万军耶和华有言:

元始在我,终了在我,重申造物主唯一,41:4, 43:10, 申 6:4。

除我之外,绝无他神。'elohim, 上帝、众神,申 32:39。

⁷ 可有谁像我?请他声明

让他宣告,给我一件件道来——

自我擢立永世之民，所有未来

及必成之事，叫他公告我们！ 校读，原文：他们。

⁸ 莫慌张，莫惧怕

我不是早已说与你听了？

是我宣布的，你们做我的见证：同43:10, 12。

真有什么神明，除我之外？

不，别的磐石，我一概不知！ 下接21节。磐石，参17:10, 31:9注。

# 牧灰

⁹ 那塑偶像的， 此片断风格一变，通篇不提上帝、以色列；从圣城本译作散文。全是混沌；不仅徒劳，终必消亡，34:11, 40:23, 41:29。他们所贪慕的， 一无益处：算是给自己做了见证，什么也不见、不知， 反衬上帝全知全能。活该受辱！ ye_boshu，同下文11节：蒙羞/遭骂。¹⁰ 谁会去塑一尊神、铸一只偶，而不求得益？ ¹¹ 看，追随它的，个个要蒙羞——那些工匠不也是人？让他们聚拢了，都站出来；看他们惊恐万状，遭骂！

¹² 铁匠的活计，[像] 炭火上一把钩镰，ma`azad，修枝用，2:4；一作斧子，此句无定解。一记记锤打成形，用他强壮的臂膀。然而一饿，就失了力气；没水喝，会累倒。可见偶像并无法力。¹³ 木匠呢，拉一根绳，用赭石打好样，赭石，se_red，或白垩、某种打样工具；经书仅此一用，无确解。凿出轮廓，再量之以圆规，直至做成人形，俨然一副男人的华美，嘲讽，诸神靠装饰，实无人的性状。即可入居庙堂。¹⁴ 他砍伐雪松，或者选一棵圣栎或橡树，让它在林子里生长——自己栽一株柏，由雨露滋润也行——¹⁵ 长成，人就有柴薪了，或取暖，或烘面饼。可是，总有人拿它制一个神，供奉起来：一具雕像，大家跪拜！ ¹⁶ 于是这一半生了火，烧一份烤肉，填饱肚子；直译：一份肉吃，烤熟了饱（腹）。还一边取暖， 一边说：啊哈，

好暖和，瞧这火光！ <sup>17</sup> 而那余下的，另一半木柴。却雕一个神，当作偶像，然后倒头便拜，向它祈祷，说：救救我呀，我的神只有你了！ 意近智 13:11，贺拉斯《讽刺诗》1:8:1 以下。

<sup>18</sup> 他们一样不知、不会领悟，因为眼睛糊上了，tah，涂抹、弄脏。旧译不确：耶和华闭住。看不见；心，也是懵懵懂懂。<sup>19</sup> 没有一个能用心的，抑或具备知识和觉悟，说：那一半给我生火了，还烧炭烘面饼，烤肉吃呢。这剩下的，岂可制作秽物，故名混沌、虚无，2:20, 10:10, 41:24 注。要我朝一段木头叩拜？

<sup>20</sup> 这等人是在牧一把灰，白费力气，一如牧风，传 1:14 注。迷了心窍，走歧途；他的灵已无力自拔，又怎会想到：我右手攥着的，是否谎言？贬异神，28:15 注。

## 归来

<sup>21</sup> 这些事须牢记，雅各，接回第 8 节。
因为，以色列，你是我的仆人。
你是我抟来给我为仆的
以色列呀，我怎能把你轻忘！ 或如七十士本：万勿把我忘记。
<sup>22</sup> 我已抹除你的忤逆，如扫残云
如迷雾散去，你的罪愆。
归来吧！是我，救赎了你。归来，即悔罪，是获救的前提，6:10。

<sup>23</sup> 唱哪，诸天，这是耶和华所为
欢呼啊，大地极深处！
让群山放声歌唱
森林里，每一棵树！

因为耶和华赎回了雅各

藉以色列夺得美誉。反言神不施救,则信约无存。

## 受膏者

<sup>24</sup> 如是,耶和华,那救赎你的

抟你于子宫的有言:

是我,耶和华,造就万物

独自卷诸天,铺大地——　见 42:5 注。

当时,谁与我同在?　谁,另读:没有。

<sup>25</sup> 是我挫败了喋喋者的兆头,　斥假先知。

令占卜的发狂,智者后退

陷其知识于一派胡诌;

<sup>26</sup> 而我仆人所说的,我必确立　我,校读。原文:他。

叫我使者的谋略成功;

并且预言耶路撒冷:要有人住!

指犹大的城邑:要重建

待我把废墟光复!　直译:立起。

<sup>27</sup> 然后命深渊:干了吧

我要你江河枯竭!

<sup>28</sup> 遂称居鲁士:我的牧人,　终于道出波斯大帝的名字,41:2 以下。

凡我的旨意,他必实施——

必向耶路撒冷说:重建,　实为上帝的旨意。一说此句是补注。

告诉圣殿:奠基!

## 四十五章

如是，耶和华训示自己的受膏者　七十士本：我的受膏者/基督。

居鲁士——我已握住他的右手　波斯王，前558—前530在位。

令列国俯伏在他面前，

还要松脱众王的腰带　解除佩剑，5:17。

为他敞开大门，不许城池锁闭：直译：城门关闭。

² 我要亲自引你前行，修平众山　从死海古卷，原文：隆起/球。

击碎铜门，砍断铁闩；

³ 我要赐你暗处的宝藏

及隐秘的财富，让你知道

是我，耶和华，以色列的上帝

指名召的你——　特许居鲁士征服天下，奴役各族，41:2, 43:1注。

⁴ 为了我的仆人雅各

以色列我的亲选，

我才指名召你，敕封圣号，但大帝铭功，把胜利归了巴比伦大神。

虽然你不认识我。外族且非信徒，也做了弥赛亚，4:2注。

⁵ 我乃耶和华，唯我无他，反复申说上帝唯一，41:4, 44:6注。

除我之外，别无他神。

尽管你不认识我，我也帮你束腰，拯救通过战争实现，8:9。

⁶ 以使人人懂得，从日出之地

到日落之乡，无我即乌有：否定异教神，41:24, 29。

我乃耶和华，唯我无他——

⁷ 光是我造，黑暗我抟　晨昏交替，始于造光，创1:5, 摩4:13。

我塑平安，我造灾祸，平安，死海古卷：福，伯2:10。

那成就这一切的，是我，耶和华。

⁸ 降雨吧，诸天，自高处

愿重霄瓢泼公义！ 通行本：义者。基督教借指耶稣。

愿大地张口，生发救恩　喻受膏者居鲁士。通行本：救主。

是呀，愿公义同抽新芽：圣杰罗姆解作"新枝"基督，4:2, 11:1 注。

那无所不造的，是我，耶和华！

## 他的路我一一修直

⁹ 祸哉，那同抟土者争拗的，传统母题，人不可向神称义，伯9:3。

你这一地陶片里的一片！

黏土岂可质问陶工：你做的什么？ 喻不自量力，27:11, 29:16。

或者：你那制品缺了手呢！ 另读：说制作它的：你没手。

¹⁰ 祸哉，谁要是说父亲：为何生子？ 或作：生个什么。

或责怪女人：干吗分娩？

¹¹ 如此，耶和华，那抟以色列的

圣者说了：想问我子孙的未来？

还是就我手的制作下个指令？ 旧译不妥：可以求我命定。

¹² 那开辟大地，又给它造人的

是我！我亲手铺展的诸天，

万象由我号令。

¹³ 是我，以公义将那人唤起　那人，即居鲁士。直译：他。

他的路，我一一修直。喻胜利，48:15。

他必重建我的城邑

把我的流民送还，敕令释囚，子民返归福地，代下 36:22–23。

不讨价钱，不求赐礼

——万军之耶和华有言。救恩非回报，不容置疑。

## 列国皈依

¹⁴ 此乃耶和华之言：

埃及辛劳的收成、古实的获利

还有西巴人的高挑个儿，似指奴隶，43:3 注。

都要运来，献给你；要他们　你，即以色列。

走在你身后，拖着脚镣

向你屈膝，对你祷白：

啊，唯独你这儿有上帝

别处，是乌有为神！'elohim，复数，如上文第 5 节，44:6 注。

¹⁵ ——真的，上帝，你藏起自己　如摩西预言，申 31:17, 32:20。

以色列的上帝呀，救主！

¹⁶ 任他们蒙羞，连连受辱

但凡塑偶像，就屈辱难逃。以眼还眼，同态报复，出 21:23–25。

¹⁷ 而以色列必蒙耶和华拯救

享永世之救恩：

永不蒙羞，永不受辱

直至万世无尽。

¹⁸ 因为，此乃造诸天的耶和华之言——

他呀，是上帝！他开辟大地

奠定一切，绝非造一片混沌

而是开辟了让人入居：

我乃耶和华，唯我无他。

¹⁹ 我从未诉诸隐秘或在黑暗之地　圣言并不隐晦难求，申 30:11。

训示，也不要雅各子裔

去混沌里寻我。劝告子民，歧路必亡，55:8, 66:3。

我，耶和华，只言公义，

我宣告的是正直。故又名至直，11:4, 26:7。

[20] 来呀，都聚拢来

列国的逃生者，你们近前。

无知啊，那些扛着木雕像的　或指巴比伦人的节庆游行。

竟拿不能施救的神祇祷告！

[21] 陈情吧，一件件呈上——　仿佛在上帝面前申诉，41:1。

让他们商议商议！这事

谁最早揭示，往古即已宣布？

不就是我，耶和华么？

除了我，难道还有他神？

公义之上帝并救主

舍我其谁？

[22] 追随我吧

若想得救，哪怕在大地四极！　直译：转脸向我而得救，全地极。

因为我乃上帝，唯我无他。

[23] 我以圣名起誓，公义

既出我口，那言决不收回。圣名，婉称至尊。原文：我，创 22:16。

但要人人向我屈膝，应允普世救恩，腓 2:10–11。

众舌凭我立誓，[24] 只道：原文：说我。译文从七十士本。

公义和大力，独在耶和华！

乃至对他泄怒的，纷纷蒙羞

来归他；[25] 而以色列的子实

必于耶和华内全体称义

以赛亚书·中篇 - 285

得赞誉。

## 大神当了俘虏

四十六章

大神蜷缩，尼波折腰，<small>大神，bel，名Marduk，巴比伦的守护神。</small>

人把偶像交给了牲口；<small>尼波，nebo，大神子，天庭书记，掌知识。</small>

可是你们扛的，沉哪

直要把役畜压垮！

² 看，折了腰，蜷缩一团

它们一驮也没能保住，

反倒自己当了俘虏。<small>偶像无用，反成了溃败者的累赘。</small>

³ 雅各家啊，请听我说

所剩无几的，以色列全家！

你们甫出子宫就被我抱起

离开母腹，便在我怀中。<small>对比巴比伦人逃亡，扛着神像的狼狈相。</small>

⁴ 直到人老了，我还是"他"——

到你们头白了仍是我背负。<small>兼指扶持、忍耐，申32:11。</small>

造化在我，怀持在我

我必背负，亦必救护。

⁵ 你们以为我像谁，似谁？

谁可与我相比，如俦类？<small>至高者唯一，不可名状，40:18, 25。</small>

⁶ 那倾囊挥金、平杆称银的，<small>杆，qaneh，指秤杆。</small>

只消雇一个金匠制一尊神

即可俯伏，向它膜拜！

⁷ 然后扛上肩，背负着它；如参加游行，45:20 注。

待到放下，它便原地立定

再不动弹：人喊，它不会应

更不会救人脱急难。诉诸常识，灾祸视为神明失灵或败落之兆。

⁸ 这事你们要记住，站稳了，hith'oshashu，另作勇敢，无定解。

忤逆的人哪，请用一用心

⁹ 记住前事，悠悠如何；

因为我乃上帝，唯我无他，

是上帝，绝没有似者！

¹⁰ 开初，我就预告了终极　重申造物主预定一切，42:9。

自古昔指明未竟，

说：我的宏图必起，宏图，旧译筹算，不妥，25:1 注。下同。

但凡我的旨意，必成！例如借波斯之力，44:28。

¹¹ 于是从日出之地召来

一头鸷鸟，天边一个宏图之人：美称弥赛亚居鲁士，41:2, 25。

我言出必行，勾画已定——

必成。

　　　　¹² 听好了，你们，别犟了心　直译：你们心壮，63:17。

丢开公义！¹³ 我的公义已近，

不远了，我的救恩必不迟误。

我要在锡安施救恩

让以色列载我的美誉。下章是一首长短句哀歌，qinah，咒巴比伦。

# 万国的主母

四七章

下去，坐尘埃里

巴比伦的童贞姑娘；拟人，城是阴性名词。童贞，犹言待嫁。

坐地上去，宝座没了

迦勒底的女儿！

因为，再也不会有人称你

娇柔或窈窕。² 推磨吧，万国的主母成了婢女，下文第 5 节。

把面磨来；揭了你的面纱

解下拖裙，裸露双腿，拖裙，死海古卷：裙裾。皆贵妇穿着。

一条条河趟去。

³ 你的羞处要暴露　破城后的惨状，被敌军强暴，耶 13:22。

是呀，让人看你的耻辱，比作战俘，或淫妇受辱，何 2:10。

任我复仇，一个都不饶恕！西玛库本：谁也阻拦不了。

⁴ 那救赎我们的，名为万军之耶和华　此节打断节奏，似插注。

以色列的圣者——　七十士本补动词：说。

⁵ 啊，默默坐下，走进黑地　喻牢狱，42:7。

迦勒底的女儿！

因为，再也不会有人呼你

万国的主母了。

⁶ 我曾对子民发怒，指敌族入侵福地，10:5 以下。

听凭我的产业玷污了

交在你的手里，而你对他们

毫无怜悯，连老人也加一副重轭：

⁷ 我必永为主母，永远！你说，

所以从未把此事放在心上

没想想后果怎样。


⁸ 好吧，你听着，别把奢靡

当安稳了，心说：别把/当安稳了，直译：你这/居安稳的。

我呀，除我之外，皆乌有；僭号，讥嘲上帝，45:6, 14, 46:9。

我决不会居寡妇之位　喻亡国。

不会有丧子之痛！

⁹ ——可是这两样你都躲不了

忽一日，猝然降临，丧子和守寡；

你巫术再大，符咒再灵

也是白搭。

　　　　　¹⁰ 而你还倚仗着

恶行，说：又没人看见。

那是被自家那点聪明才智

骗了，心存妄念：我呀

除我之外，皆乌有。

¹¹ 呀，灾殃要找你了，

你却不懂禳解，遭逢祸害　禳解，本义寻、欲求。校读：贿灾。

也无法祛除：突然间

毁灭临头，而你还一无所知！

¹² 站稳哪，就用你那自幼修行的

符咒与一套套巫术吧，

兴许能管用，兴许可以唬人！巴比伦占星术发达。启 18:23。

¹³ 你计谋太多，疲惫了吧，

让那些划分天象的起身

救救你,让他们盯着星星

每逢新月,便预报你的未来。新月,即月朔,1:13,民 28:11–15。

[14] 看,他们仿佛碎秸落在火里　熟语,5:24, 33:11。

性命挣不脱烈焰的手——　性命,见 43:4 注二。

那可不是烧炭取暖

火光前无人敢坐。

[15] 罢了,你自幼一同修炼的　原文无"一同",据二抄本补。

买卖人也不过如此：买卖人,soher,贬称巴比伦术士,23:8 注。

大家各奔东西,没有谁

救得了你。

## 困厄之炉

### 四十八章

听好了,雅各家的,你们

名叫以色列,诞于犹大之水；me,费解,另读内脏、腹,me`e。

说是奉耶和华的名立誓

向以色列的上帝呼求,指圣所祭礼。

却不是凭忠信、凭公义——

[2] 诚然,也自称属于圣城

以色列的上帝为倚靠

万军耶和华是圣名。

[3] 前事,我早已宣告

出自我口,是要人听见,即以耶和华的先知为口。

而后我忽然行事，事事皆成。忽然，或指圣城陷落，子民入囚。

⁴ **因我知道，你有多死硬！** 比作法老，斥其愚顽，出 4:21 注。

你颈脖是铁打的筋肉

你额头是一块铜？几如造主的一件杰构，伯 40:19。

⁵ 所以我早早宣布

不待发生便让你聆取，意同 42:9。

免得你说：是我的偶像所为

那木偶或铸像下的指令。

⁶ 你都听到了，也见了这一切

难道你们不该承认？ ngd，同上文 "宣告 / 布"，兼指作证，3:9。

而今，我要你聆受新事，如居鲁士灭巴比伦、布法、释囚。

那些秘密你闻所未闻：

⁷ 全是新近造就，非古已有之

此前你从未听说的，

免得你咕哝：哼，我早知道了。

⁸ 不，你没听过，你不知道

你自古就没开呢，耳朵！谴责子民屡拒先知。


虽然明知你会一次次背信

甫出子宫，即以忤逆为号，

⁹ 但为圣名故，我强按怒火　不后悔立子民为业，出 19:5，申 7:6。

为了我的颂歌，我要忍住——

就没把你剪除。¹⁰ 看哪　颂歌，tehillah，兼指美名，43:21。

我熔炼了你，不似炼银，似，原文：作。熔炼，七十士本：买。

而是以困厄为炉，将你拣选。困厄，指巴比伦之囚。

¹¹ 这么做是为我，为我自己：理论上，也是宏图的设计，结 36:22。

圣名，岂能受污损？圣名，从七十士本。原文：它。

我的荣耀，决不让与他人。泛指异神。

## 耶和华所爱

<sup>12</sup> 雅各啊，请听我说

以色列呀，容我召唤：

我，就是"他"——元始在我，三申造物主无疆，41:4, 44:6。

终了亦在我。<sup>13</sup> 我曾亲手

给大地奠基，那展开诸天的

是我右手；我唤一声，

它们一齐立定。犹言完工。

<sup>14</sup> 聚拢来，大家听听

这一切，他们可有谁宣示？他们，指众神。诸抄本：你们。

那耶和华所爱的 第二次言爱，43:4；赞居鲁士，宏图之人，46:11。

必在巴比伦实现他的旨意

把迦勒底［交与］他的巨臂。他，指上帝或波斯王，皆通。

<sup>15</sup> 我，唯有我，说过且已召唤：

有我引领，他一路得胜！

## 他的名在我面前

<sup>16</sup> 挨近些，你们听好了：

我自始就不曾在隐秘处说话 由摩西布法，有上帝之人传谕。

万事之初，那儿，我就在——

今天，是主耶和华遣我

与他的灵同来。与，犹言身怀。此句为先知插话，61:1。

¹⁷ 如此，耶和华，那救赎你的

以色列的圣者有言：

我乃耶和华，你的上帝，

我教你，是要你受益

指一条正道该你走。

¹⁸ 但愿，你还能留意我的诫命！ 反言子民忤逆成性，上文第 8 节。

那你的平安就会像长河

你的公义如大浪滚滚，

¹⁹ 似海沙你子裔无数

如沙粒，你腹中所出： 重申对圣祖的允诺，创 15:5, 22:17。

他的名，就常在我面前 他，七十士本：你。

不剪不灭，永不。

²⁰ 快，走出巴比伦，逃离迦勒底！ 想象帝国覆灭，奴隶趁乱出逃。

尽情欢呼而宣告，传扬

直至地极：耶和华

他赎回了仆人雅各！

²¹ 跟随他穿行大漠的

没有一个渴倒，为了他们

他令磐石淌水，让峭岩 借手先知摩西，出 17 章，民 20 章。

裂开，涌泉——

²² 不，耶和华说了 插入此句，照应前章结尾。

恶人绝无平安。

以赛亚书·中篇 - 293

# 忠仆第二歌

四十九章

列岛啊，请听我说

远方的部族，请留意。

耶和华召我时，我尚在子宫　参以赛亚自述蒙召，第6章。

未出母腹，便取了名字。—似耶利米所言，耶1:5。

[2] 他使我口如利剑

庇荫于巨手之下；

又拿我做一支矢镞闪亮

藏入他的箭囊：

[3] 你是我的仆人，他说

以色列，我要藉你赢美誉。以色列，少数抄本脱此词，或是插注。

[4] 可是我说：白辛苦呵

我拼尽全力，只换来一口嘘气！直译：为混沌和嘘气，30:7注。

当然，还我公道的，是耶和华

我的酬报在我的上帝。


[5] 于是耶和华，那抟我于子宫

给他为仆，要领回雅各　可见忠仆非指以色列，上文第3节注。

让以色列复归身畔的　从死海古卷。原文：但以色列不许复归。

有言——愿耶和华眼里

我受宝重，我的上帝　按文意，此句可移至上节末。参12:2, 43:4。

是我的力量——[6] 他说：

你当我的仆人，复兴雅各

众支族，把以色列保住了

领回，不算什么；我还要举你

为万国的光，俾我的救恩　光，喻福分，皈依而获救，42:6。

囊括地极。

⁷ 如此，耶和华

以色列的救赎主并圣者

对那鄙视之灵，那被外族憎恶　灵，犹言备尝（鄙视）。

饱受统治者奴役的说：原文无"被"字，从死海古卷及七十士本补。

要君主见了忙起立

王公们个个屈膝，

只因耶和华至为信实

以色列的圣者拣选了你！

## 拯救之日

⁸ 此乃耶和华之言：

悦纳之时，我应允了你

拯救之日，我佑助了你。

我将你抟来，给众人为约，旧译中保，不妥，42:6 注。

是要复兴疆土，叫人继受荒芜；犹言重整河山。

⁹ 是向囚徒说：出来吧！

命那黑地里的：露［脸］吧！

上路即有牧草，秃山遍被绿茵　比作上帝的羊群，14:30, 40:11。

¹⁰ 再没有饥渴难熬

没有炽灼的日头伤害，炽灼，或作焦土、沙漠吹来的热风，35:7。

因为，那怜悯他们的必为向导

领他们来到淙淙水泉——

¹¹ 啊，我要变众山为通衢，呼应 40:3, 43:5。

把大路筑高。¹² 看哪

他们从远方走来，

从北面，从西海，还有

从阿斯旺的大地！阿斯旺，sinim，旧译秦国，误。结 29:10。

¹³ 讴歌啊诸天

欢跃吧大地，群山要放声歌唱！同 44:23。

因为耶和华安慰了子民，安慰，婉言宽赦，12:1, 40:1。

受苦人他最怜恤。


¹⁴ 然而锡安说：耶和华抛弃了我　不信天父言，44:21。诗 22:1。

我主已把我遗忘。

¹⁵ ——可有妇人忘掉她的乳儿　上帝自比母亲，66:13。

不怜爱自己子宫所生？

纵使她会忘记，我

也不能忘了你呀！记得信约之爱，申 4:37, 7:8，耶 31:20。

¹⁶ 看，我已将你刻在了掌上　如爱人志爱；呼应 44:5。

你的城墙常在我眼底。

¹⁷ 那重建你的正急急赶来　重建你，从死海古卷。原文：你儿子。

而摧毁你的即将逃离。

¹⁸ 你就抬起眼，往四下望：

都聚拢来了，他们！子民从流散地回归，圣城复起。

—如我永生——耶和华宣谕——

你必以他们为珠宝而梳妆，

束作腰带，仿佛新娘。拟人，61:10，启 19:7, 21:2。

¹⁹ 至于你的废墟，你的颓垣断壁

如今你要嫌它窄，不够住，

那吞噬你的要远远遁去；

²⁰ 你耳中就又要听见

曾以为丧失了的儿女在说：直译：你丧子之子说，47:8–9。

这地方太窄，求你

给我腾一个居处！复国后人口大增。

²¹ 叫你心里纳闷：

谁替我生的他们？

我原已丧子绝后，流亡异乡　七十士本脱此四字。

他们，是谁养大的？绝后，旧译独居，误；伯3:7。

明明只剩我孤身一个

这些人，却是哪里来的？


²² 如此，我主耶和华有言：

看哪，我这就向列国举手　召唤状，11:12。

为万民竖一面大纛：

要他们把你的儿子抱在怀里　形容爱护，60:4。

女儿则背在肩上，带来。

²³ 列王要做你的养父

王后当你的乳母；

他们鼻子贴地，朝你叩拜　主奴颠倒，革命成功。

舔你脚上的尘土。

而后你就懂了，我乃耶和华

翘盼我的，不该受辱！

²⁴ 那勇士抢走的岂可夺回?
  暴君的俘获,也能解放? 暴君,从死海古卷,11:4 注。原文:义人。
²⁵ 但此乃耶和华之言:
  便是勇士所俘,也要夺回
  暴君抢去的定将解放;
  与你相争的,我必斗争  即以子民之敌为敌,出 23:22。
  你的儿女,归我拯救。
²⁶ 我要使欺压你的食自己的肉  喻痛苦,熟语;同态复仇,9:19。
  被自家的血醉倒,如饮甜酒——  `asis,或指鲜榨的葡萄汁。
  叫肉身皆知,我乃耶和华你的救主
  雅各之大能者  见 1:24 注。
  救赎所在。

# 休书

五十章

  此乃耶和华之言:
  你们母亲的休书在哪儿  自命丈夫,借休妻喻剥夺福地,申 24:1。
  我遣她走的那一张?  暗示上帝信实,子民不忠,耶 3:1,何 2:2–5。
  或是给哪一个债主
  我把你们卖了?
  不,卖掉,是抵你们的罪孽  罪/债互训,24:2,太 6:12 注。
  你们忤逆,才被休了母亲。 喻亡国。
² 为什么,我来时没人[迎候]?
  召唤,却无一应答?
  莫非我手太短,赎不了? 熟语,手喻能力,民 11:23。

还是救援之力匮乏？

看，我一声呵斥，大海枯竭

江河变为荒漠，同诗 107:33。

鱼儿发臭，因缺水而干死。

³ 诸天我用昏黑裹起

一领缞衣遮蔽。准备审判仇敌，3:24 注二。

## 忠仆第三歌

⁴ 主耶和华赐了我受教的舌头

教我用言语将困乏的抚慰。`uth，另读开导；生僻词，无定解。

每天早晨他来唤醒——

我耳根清醒，如受教者聆听。语气似先知自况忠仆。

⁵ 是主耶和华开了我的耳，参诗 40:6。

我不曾违抗，亦无退避。

⁶ 只把背对准打我的人，说明如何面对欺凌。太 5:39。

脸颊给那拔胡须的

没有掩面躲侮辱与啐唾。见 7:20 注。

⁷ 幸亏我主耶和华佑助

那份屈辱，我不必忍，反言义人有替天父担苦难之责。

乃至仰起脸，如峭岩　hallamish，燧石、磐岩，形容坚定。

因为认准了我不会蒙羞。

⁸ 那称我为义的已近——

谁可与我相争？

站出来，当庭对质！直译：让我们一起站（上法庭）。

谁敢告我的状？

叫他上前，找我！

9 看，佑助我的是主耶和华

谁还能定我的罪？

瞧瞧他们，像旧衣烂裳　喻脆弱，伯13:28。

终要被蛾子蛀光。

10 你们中间有谁敬畏耶和华　解作弟子论老师，亦通。

愿听他仆人的话？仆人，即先知，20:3。

谁走在黑地里，不见光明

却信靠耶和华的名，仰仗上帝？

11 当然，你们也可以自己点火，警告不听劝诫、自以为是者。

围一圈火把——去呀

藉自家的光焰，让火炬烧！火把/炬，或作火箭。此句无定解。

这才是我亲手给你们的：

受尽痛楚，栽倒。

## 盼巨臂

五十一章

追求公义，寻觅耶和华的人哪

请听我说！

想一想那块凿出你们的磐石

那口开采你们的岩坑；

2 再想想亚伯拉罕你们祖宗　福源须上溯圣祖，创12:1–3。

还有生你们的莎拉：

不是吗，蒙召时仅仅一人，夫妻一体，算一人，创2:24。

蒙我赐福，他壮大了！

³ 是呀，耶和华必安慰锡安

　　凡她的废墟，皆有慰藉，盼子民苦难将尽。

　　荒野要变为伊甸

　　大漠成耶和华的乐园；回放创世的第二个版本，创 2:8 以下。

　　处处是欢乐，是幸福

　　感恩与歌声相伴。

⁴ 都给我留意，我的子民　少数抄本：万民。

　　我的部族啊，请侧耳。部族，诸抄本作复数。

　　因为教导必由我出　教导，兼指圣法，2:3 注。

　　我的公道乃万民的光。通过忠仆／以色列，42:1, 49:6。

　　眨眼间，⁵ 我的正义已近　眨眼，另读接上句：立（公道），42:4。

　　我的救恩已出，如圣法所应许，46:13。

　　我的双臂要审判万民；

　　列岛在盼我，在等待巨臂！

⁶ 抬起眼，你们仰望诸天

　　再把大地俯视：

　　啊，苍天就要像青烟消散　末日临头，屠戮开始。对比诗 102:26。

　　大地如旧衣破损，

　　居民一群群蚊子般死去；蚊子般，另读：也如此。出 8:12 注。

　　唯有我的救恩万世常存

　　我的正义永不废除。

⁷ 听哪，认识公义、圣法在心之民！认识，犹言忍受痛苦。

　　莫怕人辱骂，莫惊惶于亵渎。

⁸ 恰似旧衣，他们必给蛾子为食　见 50:9 注。

或如羊毛喂了蛀虫。

唯有我的正义永世常在

我的救恩泽被万代。

⁹ 醒来呀醒来，披上伟力　先知呼唤。

耶和华的巨臂；

醒了，一如往日，世代之前！

不是你吗，那斩骄龙　创世的原始版本，源自近东神话，30:7 注三。

刺海怪的？ ¹⁰ 那令汪洋干涸

深渊水枯，海床变干道，

让获救者穿行的，不正是你？　回忆子民出埃及，出 14 章。

¹¹ 凡耶和华赎下的必返归　同 35:10。

载歌载舞回锡安，

把永远的幸福戴头顶——

欢乐并幸福，他们收取

让悲伤跟哀叹逃逸。

¹² 我——那安慰你们的，是我。　上帝回答。

怎么，那必死的人

小草似的人子，你也害怕？　小草，状其脆弱，40:7。

¹³ 竟忘了你的造主，那铺展诸天　恰如摩西预言，申 32:15。

奠立大地的耶和华！

只会日复一日地恐惧，

慑于那执意毁灭的压迫者的

怒火——可是哪里还有

压迫者的怒火？ ¹⁴ 马上

屈身为奴的就要开释， 当喜讯/佳音做成新事，40:9, 43:19。

他决不会死于深坑　即阴间/冥府，14:9–11。

不会断了面饼。

¹⁵ 我乃耶和华你的上帝，

那搅动大洋使惊涛澎湃的　同耶 31:35。

名为万军之耶和华！

¹⁶ 圣言已放进你的嘴里，见 59:21 注。

有巨手替你庇荫——

我栽种诸天奠立大地　栽种，校读如古叙利亚语译本：铺展。

是要告诉锡安：我的子民是你。

## 圣怒之杯

¹⁷ 奋起呀，你快奋起， 第二以赛亚喜用叠词，烘托气氛。

立起来，耶路撒冷！

你从耶和华的手里饮了

他的圣怒之杯，那踉跄之爵， 原文此处重复"杯"字，似插注。

连残渣都喝个干净！

¹⁸ 她生了这许多儿子　她，指圣城。

没有一个来引领， 反言子民被福地抛弃。

养大的孩儿没有一个

搀住她的手——¹⁹ 祸上加祸　直译：这两样你遇上。

这般遭遇，谁会摇头

为你哀伤？荒芜与毁灭

饥馑和刀兵，谁能给你慰藉？ 谁，从死海古卷。原文：我如何。

²⁰ 你的儿子们神志不清

躺在街头，仿佛直角大羚羊　to', 或作野牛，te'o，申 14:5。

落入猎网：一个个满载

耶和华的盛怒，该你的上帝

呵斥！

²¹ 所以你给我听好了

卑微的，你醉了却没沾酒！　醉于圣怒，故无力摆脱，63:6。

²² 此乃你的主，耶和华

即为子民申辩的上帝之言：

看，我这就取走你手上

那只踉跄之杯，我的圣怒之爵，　原文重复"杯"字，同上文 17 节。

你不必再饮了。²³ 我要把它

交到虐待你的人手里，　预言报应之日，49:26，耶 25:15。

因为他们曾对你的灵说：

趴下，让我们踏过去！　侮辱俘虏。

于是你的背脊竟成了平地

像条土街，任人踩踏。

# 救恩在上帝

## 五十二章

醒来呀醒来，锡安，披上你的伟力　同 51:9。

穿好你的华服，耶路撒冷圣城！　对比巴比伦贵妇解裙，47:2。

因为那留包皮的不洁的　贬称外族侵略者。

再也不会入内了。

² 掸落尘土，起来，入座吧　升殿复国。另读如下句：被俘的。

耶路撒冷；解开你项上的锁链

被俘的锡安女儿！

³ 如是，耶和华有言：既然卖你们未曾开价，旧译无价，不妥。卖，婉言被掳，亡国为奴，下文第 5 节。赎回也无须银子。拯救一如惩罚不讲对价，只能"白送"，归于神恩。⁴ 是的，此乃我主耶和华之言：初时，子民曾南下埃及，雅各逃荒，创 46 章。在那里寄居；而后亚述又无端把他们压榨。其实是做了上帝的马蜂、圣怒之杖，7:18, 10:5。⁵ 如今，我还在这儿干什么？另读：这儿谁归我。暗示救恩延宕，虽一再应许，46:13。耶和华宣谕：啊，子民被掳，一无作价，统治他们的在吹嘘——耶和华宣谕——没完没了，吹嘘，从死海古卷与通行本。原文：嚎叫。我的名终日遭大不敬。⁶ 就因为这个，我的子民定会认我的名，原文此处重复"就因为这个"，据死海古卷及七十士本删。待到那一天〔他们必明白〕，那降言的是我：看哪，是我！hinneni，应答语，38:5 注。

⁷ 多美啊，那喜讯使者上山的脚！呼应 40:9。

他传布平安、报佳音、宣救恩 保罗引此节指认福音，罗 10:15。

向锡安道：你的上帝为王了！重申万国皈依，43:15，诗 47, 93 章。

⁸ 啊，你的岗哨的声音？岗哨，美称忠信者、先知，21:6 注。

是他们异口同声在欢歌，

因为都看见了，亲眼目睹

他回了锡安——耶和华！结 43:1 以下。

⁹ 放声唱吧，一起唱，

耶路撒冷的废墟；

是耶和华安慰了他的子民

赎回了耶路撒冷。

¹⁰ 耶和华已袒露他的圣臂，喻审判，复指救恩，30:30, 51:5。

叫万国看见，大地四极仰望

救恩在我们上帝。

[11] 离开，快离开，从那儿出来！

不洁的东西别碰；

走出大城，洁净自己　　大城，即巴比伦，原文：她内。13:22 注三。

你们，抬耶和华器皿的人。器皿，指居鲁士敕令归还的圣殿礼器。

[12] 但这一次出走不必慌张　　不似出埃及仓促，出 12:11，申 16:3。

你们不是在逃亡——　对比 48:20。

看，耶和华要走在你们前头

以色列的上帝为你们殿后。降云柱与火柱护佑，出 13:21, 14:19。

## 忠仆第四歌

[13] 看哪，我的仆人必兴盛　　yaskil，兼指审慎。此段为天父预言。

必得高举，极受尊崇。

[14] 而之前，人见了无不震惊：了／他，从二抄本，原文：你。

他形容枯槁，不成人样

残躯已不似人子——[15] 如今

他要威震万国，令列王闭嘴。直译：列王向他闭嘴。噤声状。

因为，那不曾讲述的　　威震，本义使跳起、惊吓。无定解。罗 15:21。

要他们看到，那从未听说的

他们须领悟。

五十三章

我们说与人听的，有谁肯信？罗 10:16。或作：我们听到的……

耶和华的巨臂，曾向谁显露？ 子民／追随者表白。

² 如嫩芽生发在［上帝］面前

又如根子扎进旱土，形容忠仆，真信仰生于苦难，41:18。

他本无光彩照人的美颜

不具仪容，让我们爱慕。

³ 受尽侮蔑，被人遗弃，hadal，另作（视为）卑贱之极。

一个疾苦人，他认得病痛，旧译疏漏：多受痛苦，常经忧患。

但就像一个大家藏脸不理的 暗示上帝藏脸降罪，8:17, 45:15。

他侮蔑受尽，我们没尊重。


⁴ 而他，承受的是我们的病痛 holi，古人以为病因罪生，申 7:15。

背走的是我们的疾苦，福音书引此句指耶稣，太 8:17 注。

可我们竟以为，他遭打击

是上帝出手，将他折磨。直译：被上帝打而贬损／受苦。

⁵ 不，他是因我们忤逆才被刺穿 meholal，旧译受害，不确。

因我们罹罪而被碾碎；

是为我们复元而身负惩戒

道道鞭痕，俾我们愈痊——

⁶ 一个个仿佛羊儿迷途，族人为领袖误导，3:12, 9:15；彼前 2:24–25。

各找各的路；

耶和华却把众人的咎责

归了他一人。


⁷ 啊，如此折磨贬损了 或如犹太社本：如此折磨，他仍顺服。

也不开口！像羔羊牵去屠宰 参较耶 11:19。

又像母羊面对剪毛人

沉默：他不开口。后世引为耶稣受审之预象，太 26:63，徒 8:32–33。

⁸ 囹圄之中，不容他申辩。直译：从监禁，从审判／申辩他被夺。

谁会思念他的一世，doro，圈、世代、人生；另作住所，38:12。

当他从生者之地被割弃　生者之地，犹言今世。

因我子民的忤逆，遭击杀；我，死海古卷：他。

⁹ 当他跟恶人葬在了一处

坟头挨着财主，`ashir，校读：造孽的，`ose ra`。财／恶／孽互训。

尽管他一向远离暴力　坟头，从死海古卷。原文：他死后。

口里断无诡计？

¹⁰ 然而耶和华乐意，以病痛

将他碾碎——若是你献出他的灵　你，指上帝；通行本：他。

成一赎罪祭，他定能看到子实　喻追随者。

而延年，让耶和华的旨意　hephez，兼指目的、事务，44:28。

藉他的手实现。

¹¹ 待劫难过后，天父回应，应许拯救。

他的灵必见光明而满足；光明，从死海古卷及七十士本。原文无。

凭此认知，众人要因我的义仆　真知得自病痛，上文第 3 节。

而称义，而咎责却要他独自背起。

¹² 所以，我要把他那一份增大，rabbim，双关，兼指众人。

叫他与强者分掳获。义民终将击败征服者。

只因他向死亡倾泻自己的灵，喻舍命。倾泻，he`erah，或作裸露。

被归于忤逆之列：

是他，承受了众人的罪愆　路 22:37，来 9:28。

替忤逆的求得赦免。正如先知，任中保之职，申 29:13 注。

308　以赛亚书：53:8–54:6

# 发妻

五十四章

欢唱吧，不育而无子的女人，<sub>喻锡安，比作莎拉，创 11:30。</sub>

放声讴歌，喊哪

你这没临盆扭动过的！<sub>形容分娩之痛，13:8，迦 4:27。</sub>

因为，被遗弃的要比有丈夫的

儿女更多——耶和华说了。

² 拓宽你的扎帐篷处

你居所的幔子要伸展，别顾忌！

还要拉长绳索，敲牢木橛。<sub>做新以色列的母亲，创 24:67。</sub>

³ 因为向右向左你都要进击，tiphrozi，击破；旧译不通：开展。

让你的子实占列国为业　圣战复仇。

住满废弃的城邑。


⁴ 莫害怕，你不会再蒙羞了

别自卑，骂名已经过去；

是的，你将忘却放荡青春的羞耻　喻信仰不坚，追随异神。

不必记得你守寡受的辱骂。

⁵ 因为，那造你的是你夫君　ba`al，兼指主人、丈夫。

名为万军之耶和华；<sub>同 47:4。</sub>

那救赎你的乃以色列的圣者

必称全世界的上帝。

⁶ 是呀，就像一个弃妇，灵中悲苦

当耶和华把你召唤；

年轻时娶的发妻，岂可鄙弃？<sub>呼应 49:15，箴 5:18 以下。</sub>

——你的上帝有言。

7 我离弃你，短短一瞬　天庭一日，世上千年，诗90:4。
却要发大慈悲将你迎回。
8 当初怒洪流溢
瞬息，我曾对你藏脸，
而今我要以永恒的仁爱悲悯你　道出信约的感情基础。
——那救赎你的耶和华有言。

9 此事于我，正如挪亚当年，从诸抄本，原文重复下句：洪水。
我曾起誓，挪亚洪水永不淹没大地；彩虹之约，创9:11以下。
同样，我现在立誓
再不向你动怒，再无呵斥。
10 是的，大山可移，小山可覆
但我对你的慈爱，决不移迁，
我的平安之约永不倾覆
——那怜悯你的耶和华有言。

## 新耶路撒冷

11 苦难的，你遭狂风摧折　so`arah，阴性单数，指圣城。
还不得安慰！
看，我要拿玛瑙垒起你　直译：用黑灰浆/玛瑙放你的石头。
以天青石给你奠基，玛瑙，puk，某种灰浆、绿松/孔雀石，无定解。
12 再取红玉修你的垛堞　shemesh，本义太阳，转指尖顶、城垛。
绿柱石造你的城门，
叫你四面围墙，琳琅悦目。唯独不说圣殿，66:6。启21:9以下。

¹³ 你的儿女皆要从耶和华受教

　　大平安归你的子孙。

¹⁴ 只要你立于公义

　　就能远离欺压，无所畏惧；

　　惊吓，就再也近不了你。惊吓，me<u>h</u>itah，或作毁灭。

¹⁵ 若有人寻衅，那绝非我的意思；直译：出于我。

　　谁向你挑衅，让他栽在你面前！或作：因你而栽倒。

¹⁶ 须知，是我造了铁匠

　　他吹旺炭火，生产好用的器具；keli，特指兵器，亦通。

　　那肆意破坏的毁灭者，也是我造——　生灭同源，37:26 注。

¹⁷ 兵器，凡设计了对付你的

　　都不会成功；

　　舌头，凡起来与你争讼的

　　都要被定罪。

　　此乃耶和华仆人的产业

　　他们得自于我的公义

　　——耶和华宣谕。

# 永约

五十五章

　　哦，口渴的，请都来泉边

　　哪怕你们没有银子，也来！

　　买吧，吃吧，快来买

　　不要银子的酒和奶，免费！拯救纯是信约之恩典，无对价，52:3。

² 为什么，不能食的东西却要掏银子

拿辛劳所得，换那吃不饱的？ 私欲餍足，实为异神邪路。

听着，听我的话，即有佳肴

肥馔尽你们的灵享用。加入圣宴或上帝的国，25:6。

³ 侧耳吧，都来我这儿

聆教，让你们的灵得生命！

我要与你们立一永约　否定大卫之约因亡国而失效，59:21, 61:8。

就是应许大卫的不变的仁爱。不变，本义可信靠的，16:5, 25:1。

⁴ 看，我已立他向万民做见证，

万部之领袖并施令者——　由一家而万族，称平安之约，54:10。

⁵ 是呀，不认得的一族你要召见

素不相识的外族要奔来迎你，

为的是，耶和华你的上帝

以色列的圣者，他赐了你美誉。

## 宏图

⁶ 快寻耶和华，趁他还能被找见

呼求呀，趁他就在近处。救恩已近，虽无定期，46:13, 51:5。

⁷ 让作恶的背离恶途

造孽的丢掉孽谋，旧译意念，不妥。下同。

让他们回到耶和华身畔

而蒙垂怜，归我们上帝，

因为他宽恕极丰：

⁸ 不，我的宏图非你们的谋虑　箴 19:21。

正如你们的歧路不是我的大道　又名圣道，35:8。

——耶和华宣谕。

⁹ 一如诸天高于大地,
  我的大道必高于你们的歧路
  万般谋虑不可企及我的宏图。

¹⁰ 又如雨雪降自昊天,
  回升之前,要润泽田亩
  生发草木,让人有种子可播,林后9:10。
  有面饼可食;¹¹ 同样
  我口中所出,每一言
  都不会无功而还——不,
  它定将实现我的旨意
  完成我派下的任务。下阕为中篇"安慰书"结语。

¹² 是呀,你们将满怀喜悦,出来　破巴比伦之囚,返归福地。
  入平安而获引领;
  大山小山要放声讴歌
  欢迎你们,遍野树林的掌声! 欢迎,直译:在面前。
¹³ 取代荆棘,是巍巍丝柏
  荨麻丛要让位于香桃木。象征旧世界消遁,41:19, 44:3, 51:3。
  啊,耶和华在此一显圣名
  那永世之标识,不会剪除。标识,兼指永约,旧译证据,误,37:30。

以赛亚书·中篇 - 313

## 下篇

# 万民的殿

五十六章

此乃耶和华之言:

你们应守公平,行正义,<sub>国与人,命运皆系于此,9:6。</sub>

因为快来了,我的救恩

我的公义即将昭示。

² 福哉,人若笃行于此,

若人子能坚持,谨守安息日　<sub>圣法之下,永约的凭证,出 31:17。</sub>

而拒绝亵渎,双手不沾

任何恶事!

³ 莫叫归附耶和华的异族说:<sub>公布新会众资格,申 23:2 以下。</sub>

耶和华还是要把我剔出他的子民!

也别让阉人说:

瞧我,一棵枯树。<sub>阳具受损,原本不得入耶和华的会众。</sub>

⁴ 因为此乃耶和华所言:

阉人,凡谨守安息日

择我所乐,并坚持我的约的,<sub>参观智 3:14。</sub>

⁵ 我必赐他们在我的殿上

在我城墙内,有手有名,<sub>手,喻力量、榫头,暗示阳具复元,57:8。</sub>

更比儿女绕膝还美。<sub>忠信之福,胜于儿女。</sub>

我还要以永久的名相赠,

那不得剪除之名。卑贱如阉人亦可获救，与圣名同在，55:13。

⁶ 至于归附耶和华的异族，直译：异族儿子，60:10 注。

那些侍奉他、爱耶和华的名

而给他为仆的，凡谨守安息日　学习子民，爱神守法，出 20:6。

而拒绝亵渎，并坚持我的约的——　包括割礼，结 44:7。

⁷ 我必把他们领到我的圣山，

使之欢愉在我的祈祷之殿；强调祷告之功。太 21:13。

他们的全燔祭与牺牲

献上我的祭坛，必蒙悦纳，

因为，我的殿必称祈祷之殿，想象万民来朝，普世皈依，60:3。

迎来万民！

⁸ 我主耶和华，希冀圣殿向皈依的各族开放。

那召集放逐了的以色列的宣谕：

集拢了这些，我还要召人

归于子民。直译：归他。

## 假牧人

⁹ 野兽啊，都来吞吃吧，野兽，喻敌族，如红岭。

林子里所有的兽类！

¹⁰ 他的岗哨全瞎了眼，谴责误导以色列的假先知，21:6。

懵懵懂懂，一个个成了

哑巴狗，不能吠，

只会躺着做梦，贪睡。

¹¹ 还有一群狗，胃口极大，胃口，本义呼吸、咽喉，43:4 注。

从来不知餍足——这帮"牧人"　似痛斥祭司或贵族腐败。

根本不想弄明白什么,

　　各走各的,自寻不义之财:<sub>呼应 33:15。</sub>

<sup>12</sup> 来呀,拿酒来,

　　让我们一醉方休!明天

　　一如今日,还有更大的欢宴!<sub>此节似酒歌。</sub>

## 五十七章

　　义人死了,谁也不放在心上;

　　虔敬者被攫去,有谁明了? <sub>mebin,兼指关注。</sub>

　　是呀,恶照面,才攫走了义人;<sub>照面,指因由;或作离开、免遭。</sub>

<sup>2</sup> 然而,他必入平安

　　长眠在自己的床榻,<sub>喻坟墓,14:11。</sub>

　　每个走正道的人。

# 淫物

<sup>3</sup> 还有你们!近前来呀,

　　巫婆的儿孙,奸夫妓女的种!<sub>转喻背信,拜"邪神"。</sub>

<sup>4</sup> 你们在取笑谁呢?

　　向谁这么张口吐舌?<sub>做怪脸讥嘲、不敬状。</sub>

　　是你们不是,忤逆的崽儿

　　谎言的子实,<sup>5</sup> 钻进橡树林　<sub>子实,旧译不通:种类。</sub>

　　发情,在绿荫深处——　<sub>发情,比作牲口交配,贬损异教,申 12:2。</sub>

　　在溪谷里,崖缝下

　　干那屠宰孩童的活计?<sub>迦南土著的童子祭,利 18:21 注。</sub>

<sup>6</sup> 那小溪的卵石有你一份,

那东西,对呀,做你的石阄! goral, 或拈阄决定之物, 如产业。

就是给它们,你酹了酒

献素祭:这等事我岂能姑息?

⁷ 你把床榻放上高山之巅,

往那儿攀登,把牺牲供奉。丑化异教神庙和祭祀。

⁸ 然后在门背,即门框后面  mezuzah, 刻上帝诫命处,申 6:9。

置你的淫物——好了,淫物, zikaron, 或指生殖力标记、灵根。

丢下我,赤裸身子爬上去,

把床铺开!你喜欢谁的床

便与谁搞交易,色迷迷

盯着他的手! yad, 婉言阳具, 暗喻偶像, 56:5 注。同下文 10 节。

⁹ 还携带膏油去见耻王, 另读大王, 即迦南冥王, 享人祭, 利 18:21。

香料添了又添,使节远远地派

连阴间也没落下。

¹⁰ 路遥,你未免困乏,

但从来不说"无望";

你总能找回手的活力, hayyah, 犹言性欲旺盛。

所以不觉体虚。


¹¹ 谁呀,让你焦虑又恐惧?

你竟撒了谎,没想念我

没把我存在心底!

莫非是我沉默了太久, 校读: 沉默而闭目。形容克制, 42:14。

你就不敬畏我了? 敬畏, 旧译不妥: 怕。

¹² 我承认,你有义举也能成就, 反话。承认, 或作宣布, 48:6 注。

然而那帮不了你。

¹³ 你喊哪，叫你积攒的

[淫物] 来救援！

别等风把它们卷走， 风，ruah，暗示圣灵，4:4 注，及下文苦灵。

轻轻一嘘，尽数吹散。 极言偶像之脆弱，"邪神"不可靠。

唯有那信靠我的，必继承福地 重申普世救恩，56:7。

领受我的圣山。

## 耶和华的苦灵

¹⁴ 于是放言：

筑高，筑高，预备大道， 呼应 40:3。

把我子民路上的绊脚石搬开！ 植石移石，皆耶和华，8:14。

¹⁵ 因为，此乃至高无上

居永恒而名为圣者的所言：

我居处至高至圣，

却与灵中破碎、卑微的同在， 破碎，dakka'，形容悔罪。

以复活卑贱者的灵

让碾碎的心复苏。 如忠信者所企盼，诗 69:32。

¹⁶ 不，我不会永远指控 即便以圣法为据，3:13。

也不会一直发怒，

除非我要某个灵昏厥—— 直译：灵在我面前昏倒。

哪一口气不是我造？ 灵/气（neshamoth）互训，生命所系，创 2:7。

¹⁷ 我是为他图财犯罪而动怒， 他，指以色列。

打了他，愤然藏起； 上帝藏脸，反言降灾，8:17, 45:15。

可是他心里不服，照旧

走他的老路。

$^{18}$ 那歧路 我见了，我会医治，会引导，收回成命，拯救先于悔改，6:10。

使他复得安慰，在为他哀恸的

$^{19}$ 唇上造出佳果：喻佳音、救恩，40:9, 52:7。造，bore'，美言生长。

平安！平安！远近同归——

耶和华有言——我必医治。有损伤即有赦免，19:22 注。

$^{20}$ 而恶人，就要像大海翻滚

不得宁静，浊浪翻卷污泥：

$^{21}$ 平安，我的上帝说了，不属恶人！意同 48:22。

# 禁食

五十八章

叫啊，放开喉咙，别顾忌，

如吹羊角号，你扬声！

向我的子民宣布，他们忤逆

叫雅各家坦白罪行！

$^{2}$ 他们居然还天天找我，来圣殿献祭，或向祭司、先知求征兆。

以熟知我的道为乐，讽刺，不知大道另有预备，57:14。

似乎他们是行义的一族

从无背弃上帝的律令；

还向我求问公义之判决，

喜滋滋地挨近上帝：婉言祈祷、供奉牺牲。

$^{3}$ 为什么，我们禁食，你没看见？

我们的灵受磨练，你不理会？磨练，复指禁食守斋，利 16:29 注。

——看，守斋日你们还在寻欢，上帝回答，掷下指控。参 57:16。

把做苦工的轮番盘剥。

4 看，说是禁食，只为争斗

用邪恶的拳头打人。

不，像今天这样禁食，

再嚷嚷也没用，不会得天听！

5 如此斋戒，难道是我选的，

找个日子，人把灵磨练？ 反言斋戒走了形式，未触及灵魂。

要他垂头学一根芦苇

躺进缞衣和尘灰？ 形容哀伤，伯2:8, 42:6。

你就把这个称禁食，

耶和华悦纳之日？

6 不对，这才是我选立的禁食：

解开邪恶之锁链，松脱套轭的皮索　　恶/轭互训，53:9 注一。

送被蹂躏的回自由，子民结束巴比伦之囚，重返福地。

将一切重轭打断。

7 不是吗，要你同挨饿的分面饼

把苦命的流浪汉接进屋，

碰见裸身的，给他衣穿

是亲骨肉就不可躲开？ 按圣法规定，周济贫苦。太25:35–36。

8 而后，你的光必如朝旭喷薄，yibbaqa`，旧译发现，误。

你的伤口必迅速愈合；旧译不通：你所得的医治要速速发明。

公义要走在你的前头

耶和华的荣耀为你殿后。意同52:12。

9 于是你求得了耶和华应允，

你呼救，他必答：我在这儿！参38:5, 8, 52:6注。

若是你卸下项上的重轭，项上，直译：你中间。

那戳人的指头及恶言恶语，戳人，直译：伸出。鄙视、威胁状。

<sup>10</sup> 若你心系挨饿的人，心，同下句灵，少数抄本：（送）面饼。

遇苦灵，不吝施与，直译：满足苦灵。

那么黑地里定将升起你的光　　喻生命、救恩，9:1。

幽冥为你化作正午。

<sup>11</sup> 你常有耶和华指引，

焦土之中，你的灵依然丰足

骨骼强健：像一座润润的园子，复得幸福生活，耶 31:12。

又如甘泉涌流，水无谎骗。喻断流，反衬子民撒谎背主，57:11。

<sup>12</sup> 你荒芜已久的，要重建

那世代的根基，要重起，

人要唤你：补缺口的——

那修复街巷筑新居的，是你。但不言重修圣殿与城墙，54:12 注。

## 安息日

<sup>13</sup> 若是你收敛脚步守安息，脚，双关暗喻羞处，6:2, 7:20 注。

不在我的圣日作乐，旧译不通：以操作为喜乐。出 31:13–17。

若你称安息日"可喜"

叫耶和华的圣日"可敬"，

且因敬重而不走歧路

不寻欢也不乱语，路 / 语互训，统称做工、经商等安息日的禁忌。

<sup>14</sup> 那么，一旦你以耶和华为喜悦　　回归正道，伯 22:26, 27:10。

我必教你驾驭大地的群山，典出摩西之歌，申 32:13。

让你独飨祖宗雅各的产业——

此乃耶和华亲口所言。同 1:20, 40:5。

## 悔忤逆

**五十九章**

不，不是耶和华手短，救不了，见 50:2 注。

亦非他耳背，听不见；

[2] 而是你们的咎责，把你们

与上帝隔绝，是你们的罪愆

叫他藏脸，不再垂听。报应之日迟迟不来，需要向子民解释。

[3] 因为你们手掌沾了鲜血

指头被咎责玷污，

嘴唇在欺瞒，舌尖吐不义——

[4] 无人按公义起诉，无人据实判决；伦理崩坏，导致司法腐败。

全靠混沌即编造谎言　或作空话，指伪证，出 20:16，申 5:20。

怀上祸种，生的是罪孽。似成语，参 33:11，伯 15:35。

[5] 他们抱的是虺虫的蛋　见 11:8 注。

织一张蜘蛛的网；喻虚幻、徒劳，伯 8:14–15。

谁吃了这蛋，必死，

蛋破，孵出的是毒蛇。

[6] 蛛网缝不成衣服，

那种活计，没法蔽体；

可他们干的是作孽的活

一双手只会暴力。

[7] 一抬脚便追着邪恶

迫不及待要流无辜的血，迫害忠信者，26:21 注。箴 1:16。

凡有谋虑，不脱孽谋，呼应 55:7–8。

所修所筑：荒芜与毁灭。同 51:19；对应为义人预备的通衢，49:11。

⁸ 啊，平安的道他们不识，

所行之处，绝无公正，

前路，被他们通通扭曲　执意走歧途，同义人相反，26:7。

只消踏足，就不认得太平！


⁹ 于是，公平远离了我们，受了先知谴责，开始忏悔。

再也够不着正义；zedaqah，兼指拯救。

盼光，却盼来黑暗

朝着亮处，竟走入了幽冥！摩 5:20。

¹⁰ 又仿佛瞎子摸墙

像没了眼睛那样摸索，化用圣法之诅咒，申 28:29。

大白天跌跤，如走夜路，直译：如傍晚。

看似壮实，不啻死人。看似，直译：在（壮实者）里。无定解。

¹¹ 一个个低吼着，像熊，

如鸽子咕咕哀鸣，形容痛苦，同 38:14。

盼望公平，是白盼，

救恩呢？离我们已远！


¹² 多少次我们忤逆，反你，

累累罪愆，皆是见证，

是的，我们与忤逆为伴

自己的咎责怎会不知：

¹³ 忤逆，即假装认耶和华，假装认，kahesh，旧译不确：不认识。

却对我们上帝背转身子

鼓吹欺诈和反叛，

怀上谎言，从心底吐露。呼应上文第 4 节。

¹⁴ 公平退却了，正义远远站开

因为忠信摔倒在了广场，

诚实又不得入内。诚实，兼指正直、真相，30:10。

¹⁵ 而一旦忠信缺失

避恶的反遭劫掠。


耶和华见了，恶人眼中：形容不悦、厌恶，创 38:10，民 22:34 注。

公平，哪儿去了？

¹⁶ 且不见一人，连求情的　暗示先知/中保已牺牲，53:12。

也没有，令他一惊。yishtomem，荒废、遗弃，转指震惊，52:14。

便出巨臂施救，以正义

为自己支撑——他

¹⁷ 公义当胸甲披挂　保罗引作对传道者的要求，弗 6:14。

头戴救恩之盔，

伸冤作礼服穿好，末日在望，申 32:35。

裹一件外袍，叫不容不忠！道出圣名，9:6 注。旧译热心，误。

¹⁸ 他必按人的行事报应

对敌人发怒，向仇家复仇，显出战神本色，42:13，出 15:3。

列岛，他也要一一回报。七十士本脱此句。

¹⁹ 要日落处畏惧耶和华的名，畏惧，诸抄本：望见。

日出之地，敬他的荣耀，

因为他来时必如峡谷激流　他，指仇敌（被圣灵驱散），亦通。

受耶和华的灵驱使。灵，犹言自己身；或作大风，创 1:2。

²⁰ 终于，锡安迎来了救赎主，

雅各之内回绝了忤逆

——耶和华宣谕。

## 圣言永存

<sup>21</sup> 至于我，耶和华说，我同他们立有此约：插入此段散文，重申永约为据，55:3。我赋予你的灵，我放进你嘴里的话，指圣言，51:16。救恩之日，实现摩西理想，子民人人先知，民11:29。决不会离开你的口，你子实的口，你子实的子实之口——耶和华有言——从现时直到永远。同9:6。

## 白鸽

六十章

起来呀，放光！你的光明来了，以下至62:12为一单元，翘盼解放。

耶和华的荣耀已向你升起！

<sup>2</sup> 看哪，幽暗笼罩大地

黑云覆盖万民，形容苦难，圣怒之下，5:30。

耶和华却要为你升起　如朝日驱散阴霾。

在你身上一显他的荣耀：

<sup>3</sup> 让列国加入你的明光

众王进你旭日之辉煌！启21:24。

<sup>4</sup> 你举目往四方瞭望，

啊，都在聚拢，来你这儿！呼应49:12, 18以下。

你的儿子纷纷从远方走来

小女儿抱在胸口。或作：乳母抱。胸，zad，侧面，转指肋、胯。

⁵ 看到了！你容光焕发，

　心儿颤抖、膨胀！ 兴奋、狂喜状。

　因为大海的宝藏要转归于你　攫取万族，颠倒世界，诗 72:10。

　列国要交出财富；

⁶ 成群的骆驼将你挤满， 直译：覆盖。

　不乏米甸、黑娃的单峰驼；

　示巴则要全体来朝　三部族均属阿拉伯，属香娘之后，创 25:1-4。

　进贡黄金与乳香，

　传扬耶和华的美名。 参 43:21, 48:9 注。

⁷ 基达要把羊群替你赶拢

　尼拜约的公绵羊供你献祭， 此二族亦属阿拉伯，21:16，创 25:13。

　要放上我的祭坛， 蒙悦纳：同 56:7。

　我的美誉之殿我必称誉。


⁸ 这些飞云一般，像白鸽

　旋绕鸽棚的，是谁？

⁹ 哦，在翘盼我呢，列岛， 校读：列岛舟楫齐聚。

　拓西的船队领头

　把你儿子从远方送归，

　满载他们的金银——　他们，指列岛及地中海沿岸各族。

　奉耶和华你的上帝之名，

　并以色列的圣者，是他　同 55:5。

　赐了你声誉。

　　　　　　¹⁰ 而异族的儿子　虚指，民 17:25 注，对上节"儿子"。

　必重建你的城墙，他们的王

　要给你服役；诚然我曾动怒

打你，恩泽中我必垂怜。唯怜悯是恩，成悦纳与拯救。

¹¹ 于是你的四门必常开，

　昼夜不闭，以便列国为你

　输送财富，众王被牵着游行——

¹² 若有一族一国拒绝侍奉而讨死的，此节破格律，似补注。

　此等番邦一个不留，必夷平！


¹³ 还有黎巴嫩的荣耀，也归你，荣耀，美称雪松，10:34。

　率同丝柏、云杉与黄杨　同41:19。

　一齐美化我的圣所，

　让我踏足之处享尊荣。重建圣殿，感怀往昔，王上5:15以下。

¹⁴ 那折磨你的人的子孙

　必来降服，凡蔑视过你的

　皆要匍匐在你脚下，唤你：

　耶和华的城，以色列圣者之锡安。

¹⁵ 尽管你被遗弃，受憎恶，比作弃妇、废墟，49:14。

　连一个过路的也没有，我却要你

　做永世的骄傲，万代的欢愉。

¹⁶ 还要你，吃列国的奶

　捉众王的乳房吮吸，乳房，shod，七十士本意译：财富。参66:11。

　教你认得，我乃耶和华你的救主

　雅各之大能者

　救赎所在。同49:26。


¹⁷ 铜的我要用金，铁的用银，描摹新圣城，荣华远胜昔日。

　木的用铜，石的用铁；

我要"太平"做你的官府　或作执事。

"公义"任你的总督。或作监护，1:26。

<sup>18</sup> 从此国土不必听说暴力

　　荒芜与毁灭，境内绝迹；

　　你要唤你的城墙"救恩"

　　以"美名"称你四门。

<sup>19</sup> 从此你不用太阳照亮白昼

　　夜晚，也无须明月；原文无"夜晚"，从死海古卷及七十士本补。

　　你有耶和华作永世的光　故名上帝之城，启 21:23, 22:5。

　　有上帝扬你的声威。

<sup>20</sup> 从此，你的太阳不落

　　你的圆月不缺，

　　只需耶和华作你永世的光

　　你举哀的日子必终结。

<sup>21</sup> 啊，你举国是义民，承这片地

　　为永业；这新芽是我栽培，死海古卷：耶和华所栽。

　　我的手工报我以美誉。子民与天父，互为荣耀，上文第 9 节。

<sup>22</sup> 那渺小的要增千倍，那极弱的

　　要变强国；我乃耶和华，千倍，'eleph，或作（成一大）家族。

　　届期，必速成此事。

## 公义之橡树

六十一章

　　主耶和华的灵降临我身，

　　因为耶和华膏立了我。耶稣引此节称基督，路 4:18–19。

他遣我为贫苦人传喜讯　先知自陈使命，40:9, 52:7。

包扎破碎的心，

向被掳的宣告自由，如禧年来临，利 25:10。

囚徒得了解放——² 宣布

耶和华的悦纳之年

我们上帝的复仇之日！重申报应在即，34:8，虽然已一再延宕。

并安慰一切哀恸的人，

³ 给他们，锡安的举哀者　此六字出格律，似插注。

洗去尘灰，代之以华冠，

脱下丧服，代之以喜油，指膏礼圣油，诗 45:7。

让沮丧的灵披上礼赞。直译：礼赞的披风取代沮丧的灵。

而他们要叫作"公义之橡树"

是耶和华彰美誉而栽培。呼应 60:21，一说为补注。

⁴ 昔日的废墟，他们必重建，意同 58:12。

让荒芜已久的复起，倾圮的城邑

更新，哪怕荒废了几世。

⁵ 外邦人则要来替你们放羊　参观申 6:10–11。

异族的儿子干农夫、园丁；皈依不仅是信，亦是臣服，60:10。

⁶ 但你们必名为"耶和华的祭司"　悦纳而归圣，出 19:6。

人称"我们上帝的侍从"。

还要享用列国的财富

拿他们的宝物炫奇。或作：荣耀中取代他们。

⁷ 只因你们曾双倍蒙羞，被上帝惩罚，40:2。你们，另读他们。

人喊：受辱是他们的产业！此句无定解，译文从犹太社本。

——不，土地他们要继承双份　至高者语。

领取永远的幸福。呼应 35:10, 51:11。

⁸ 因为我，耶和华，爱公道，

　　痛恨藉燔祭行抢掠；燔祭，`olah，校读：不义，`awlah。

　　我必以信实赐人酬报，信实，旧译不妥：诚实，16:5。

　　同他们立一永约。承续圣祖之约，创 12:1–3, 17:7。

⁹ 他们的子实要闻名列国

　　后裔为万民所仰慕；

　　凡见了他们的均承认

　　这是耶和华赐福的一族。

## 赞辞

¹⁰ 啊，欢愉在耶和华，我的灵

　　在我的上帝内忻喜！

　　因为他让我穿上了救恩

　　身披公义之外袍，

　　像一个新郎头戴华冠，yakin，校读。原文：做祭司，yekahen。

　　又像新娘通体珠玉。

¹¹ 一如大地生发新枝　喻获救的"余数"，4:2, 45:8。

　　园圃里种子吐芽，

　　我主耶和华也必对天下万族

　　生公义，发赞誉。

## 耶和华的新娘

六十二章

　　为了锡安，我决不缄默，

为耶路撒冷，我不会停息

直至公义如明辉将她照临，她，拟人指耶京，1:8 注。

她的救恩如熊熊火炬。lapid，犹如神现，创 15:17。旧译明灯，误。

² 于是列国望见了你的公义

众王瞻仰你的荣耀，

而你，要另起一新名，改名象征变命运，1:26，创 32:29。

是耶和华亲口所赐。

³ 你将是耶和华手中的美誉之冠　极言恩宠，46:13。

上帝掌上，一顶王冕。

⁴ 从此，再无人说你"被遗弃"，`azubah，女子名，王上 22:42。

你的国土，亦非"荒芜"；shemamah，形容犹大遭蹂躏，1:7。

相反，你要叫"我中意她"，hephzibah，女子名，王下 21:1。

你的国该称"婚配"：be`ulah，有夫之妇，54:1。

因为，耶和华中意于你

你的国婚配在即。

⁵ 恰如一个青年迎娶少女，旧译处女，不妥，23:4 注三。

你的重建者也必娶你；重建者，校读，54:5。原文：儿子们。

又如新郎的欢乐在新娘，

你的上帝，必以你为欢愉。熟语，化自何 1–3 章。


⁶ 耶路撒冷啊，我在你城墙上

布了岗哨，日日夜夜

他们从不沉默。祈祷并见证，是忠信者的使命，52:8。

要提醒耶和华不忘，旧译不确：呼吁耶和华。

就别想歇息了，你们！先知为中保，有牺牲之责。

⁷ 也别让他歇息，直到他

令耶路撒冷复起，享誉大地。敦请上帝不再藏脸，54:8, 59:2。

⁸ 耶和华已举右手并大力之臂
立誓：再不会了，
我拿你的五谷喂你的仇敌，
任由异族的儿子喝你的新酒　结束信约之诅咒，申 28:30, 39。
你的辛劳所得——⁹ 不，
唯有那收割的可享用
而赞美耶和华，那堆仓的
必畅饮于我的圣洁之庭。

# 未遗弃

¹⁰ 走啊，走出四门
预备子民的道！
筑吧，筑高大路，通向圣城，49:11, 57:14。
把乱石搬走，竖起大旗　召回流散的子民，11:12, 49:22。
向着万民！
¹¹ 听哪，上帝的宣言响彻地极：
告诉锡安的女儿，拟人喻圣城。旧译居民／女子，误。太 21:5。
看，你的救主来了；
看，他的酬劳与他同在，同 40:10。
缴获摆在他面前！
　　　　　　¹² 人要称他们为圣民——
"耶和华所救赎"；
　　　　　而你要被唤作寻回——
"那城未遗弃"。呼应上文第 4 节。

# 酒榨

六十三章

是谁，这从红岭来的，报应始于耶和华的家乡，申 33:2。

袍子血红，出自堡都，校读：如榨葡萄。诅咒世敌，34:5–8。

这一身华衮，步伐如此有力？步伐，校读。原文：屈身。

——是我，我出言即公义，上帝与先知对话。

施救最力。

² ——那为何你的衮服红了

袍子像踩了酒榨？

³ ——那酒池是我独自踩的

我的子民无一在旁；子民，从死海古卷。原文：万民。

所以我动怒了，踩他们，指敌族，下文第 6 节。

狠狠将他们践踏！

他们的葡汁溅上我的袍子  葡汁，喻鲜血；下同。启 14:19–20。

弄污了全身衣裳。

⁴ 因为，复仇之日已入我心，决心已下。

我的救赎之年到了。

⁵ 可是我四望，没人援手  圣民伤亡惨重，余数寥寥，59:16。

我惊愕，竟无一支持。

结果拯救唯有靠自己的臂，痛诉至高者之孤独，无法抛下子民。

靠愤恨，把自己支撑；

⁶ 一怒，我踏倒万民

叫他们醉饮我的激愤，醉饮，诸抄本：粉碎（他们）。

让葡汁流淌，入土！

## 众山震颤

⁷ 我要称颂耶和华的仁爱，称颂，或如七十士本：牢记。

礼赞耶和华——

为我们，耶和华如何成就一切

洪福赐予以色列家，

以慈恩与大仁爱成全他们。七十士本：我们。

⁸ 他曾想：他们确是我的子民

做儿女的不会欺瞒。爱之切，忘了人子腐败狡诈的一面，申 32:5。

他便做了救主

⁹ 加入他们一切的苦难——　或如钦定本：一切苦难有他的苦。

不是某个使节或天使，使节，zir, 57:9；部分抄本：苦，zar。

而是他亲临施救；钦定本：他面前的天使救了他们。

是出于大爱与怜悯，将众人赎回　至此三申神爱，43:4, 48:14。

抱起背着，日日年年。直译：日日永远。回放 46:3–4, 申 32:11。

¹⁰ 而这些人居然抗命，

刺痛了他的圣灵。天父又一次痛心，创 6:6。旧译不确：圣灵担忧。

于是他转而与之为敌

亲自发动了攻击。

¹¹ 他［们］这才想起了昔日

摩西他的仆人：校读从古叙利亚语译本。原文：他的民。

那将羊群连同牧人救出波涛的

他在哪儿？牧人，原文复数，诸抄本及七十士本单数。

哪儿呀，那往内中降圣灵，暗示立圣民，民 11:17。

¹² 藉摩西右手，以光荣之巨臂

指道，向前，分开海水，回顾子民越芦海，出 14:15 以下。

为自己赢得永世美名；

[13] 那深渊引路，无一失足

如马行荒野，[14] 如兽下山谷的

他在哪儿？

哦，安息只在耶和华的灵——

如此，你当了子民向导，转换人称，咏赞上帝，诗 77:20。

赢来你的美誉之名！

[15] 求求你，从天庭俯察

自你的美誉之圣居垂顾，

你的不容不忠，你的伟力

在哪儿？你肝肠所系，直译：肝肠之声 / 丰。喻内心感情，何 11:8。

你对我的慈恩，都收了？

[16] 可你是我们父亲呀！

诚然亚伯拉罕不认识我们

以色列也未必承认，担心子民入囚巴比伦丢了传统，辜负祖宗。

但是你，耶和华，是我们父亲

救赎主自古便是你的圣名。提醒造主，拯救乃天父的信约义务。

[17] 耶和华啊，你为何让我们

误入歧途？令我们硬了心 愚顽如埃及法老，出 4:21 注。

失去敬畏？

回来吧，

为了你的仆人，你各支产业！以色列原有十二支族，申 32:9。

[18] 你的圣民承业，才片时

敌虏已糟践了你的圣居。

19 我们俨然成了从未受你统治

不归你名下的一族。俨然，校读从通行本。原文：自古。

啊，愿你裂诸天而降，通行本此节归下章。

愿你面前，众山震颤——　神现的景象，诗 18:7 以下。

## 六十四章

恰如柴枝着火，火烧水滚——

你的圣名要让敌虏知道

叫列国在你面前发抖！

² 万没想到，你行神迹

竟如此恐怖。

愿你降临，你面前

众山震颤！ 此句重复 63:19b，或是补注。

³ 自古可曾听说，耳闻或是眼见，

除了你，上帝，还有谁

那样行事——只因人把他翘盼？

⁴ 然而你打击了乐于执义　打击，paga`，兼指欢迎。

谨记你正道的人！译文从七十士本。原文：在你的道谨记你。

看，是你发怒，我们才罹罪；怪上帝，万有之因，63:17。

且沉溺日久，还有救否？此句原文晦涩，或有讹，无定解。

⁵ 一个个皆属不洁，

连义事也像是月经布。经血不洁，30:22，利 15:19 以下。

全凋落了，我们不啻枯叶

咎责如狂风把人卷走。

6 没了，那唤你圣名的，

　没人奋起，握住你，

　因为你藏起脸，不理我们

　将我们交在咎责手中。交在，从死海古卷。原文：溶化／颤抖。

7 可如今，耶和华，你是我们父亲　连叫三声父亲，63:16。

　我们是黏土，你是陶工，呼应 29:16, 45:9。

　我们是你的亲手制作。天父的义务起于创造，63:16 注二。

8 耶和华啊，你莫多怒

　不要记罪责太久。

　看哪，求求你，都是你的子民；

9 你座座圣城已成旷野，

　锡安沦为荒漠，耶路撒冷

　一片瓦砾。10 我们美誉之圣殿

　即祖宗赞颂你的去处

　已被大火焚塌；

　所珍爱的一切只剩废墟。

11 事已如此你还忍着，耶和华？提醒上帝，救恩已延宕。

　还保持沉默，任由我们受尽折磨？祸福同源，诗 28:1, 79:5。

## 新天新地

六十五章

　那没在求问的，我曾让他寻我，至高者答。

　不曾找我的，我要让他觅着。保罗引以指外族，罗 10:20。

　这儿，我在这儿！我说，

　对那未呼圣名的一族。未呼，从七十士本。原文被动语态。

² 我整天伸出双手

向一群违命之民，斥责以色列，30:1。民 20:10。

尽管他们依从自己的谋虑　旧译不确: 意念 / 思念。

走了不善之路。

³ 这些人时时惹我动怒　呼应申 32:21。

当我的面在园子里献祭，拜异神，1:29, 57:5。

砖台上焚香；⁴ 竟然坐进坟丘　或指招魂术，撒上 28:8 以下。

在隐秘处过夜，吃起猪肉，猪不洁，禁食，利 11:7。

汤汤水水，一盘盘污物！汤水，maraq，校读。原文: 碎块，paraq。

⁵ 站远点，他们说，别挨着我　做完仪式，入"邪教"者言。

当心你碰了圣洁！怕旁人触碰，圣洁转移，出 29:37，结 44:19。

啊，全是我鼻孔里的烟，上帝发怒状。

天天烧不完的火！

⁶ 看，这是写在我面前的:

我决不缄默，我必报还

往人的怀里报应: 怀里，外袍束起形成兜，可装食物，路 6:38。

⁷ 你们的咎责要同你们祖宗的

一起算，包括上大山焚香

登小山丑诋——耶和华有言——

将这些报应称量了，一总扔他们怀里。

⁸ 此乃耶和华之言:

葡萄串若是还存有新酒，汁未干，可酿酒，24:7。

人会说: 别毁它，粒儿有福呢。

同样，我这么做是为我的仆人，

决不会把他们灭尽。拯救仅及残存者或余数，10:21 以下。

⁹ 我要从雅各生养子实

经犹大传承我的群山；

必使我拣选的继受，那里

给我的仆人定居。

¹⁰ 沙垄要做羊群的牧场，见 33:9 注。

祸谷，留与耕牛躺卧，祸谷，`akor，约书亚拈阄定罪处，书 7 章。

为了那寻我的子民。息战事，望太平，何 2:17。

¹¹ 至于你们，背弃耶和华，

忘了我的圣山，帮"幸运"摆筵席

替"命定"调酒又斟酒：幸运／命定，gad/meni，亚兰神名。

¹² 我要你们命定倒在剑下

人人屈身受戮，

因为我召唤，你们不答

我讲话，你们不听；

尽干些我眼中的恶事

专拣我不喜欢的去行！


¹³ 于是，我主耶和华这样宣示：同 28:16。

将来，我的仆人有吃的　　将来，直译：看哪。

你们却要挨饿，

我的仆人有喝的

你们却要忍渴；

看哪，我的仆人一片欢欣

你们却要蒙羞，

¹⁴ 我的仆人唱着心中的幸福

你们却要哀嚎，心悲而灵碎——

¹⁵ 只留下你们一个名字

给我的选民咒人：

你个主杀的、耶和华毙的！ 省略：跟某某一样。

而他的仆人，必另起一名。 象征蒙福而获救，56:5。

¹⁶ 故而凡在世上为己求福的

必凭阿门之上帝蒙福， 阿门，'amen，兼指信实、真确，25:1。

凡在世上立誓的

必指阿门之上帝起誓。

因先前的磨难，终要忘记， 婉言救主宽赦。

从我的眼前隐去。


¹⁷ 因为，看哪，我要造新天新地了！ 天启主义的理想和口号。

那先前的，不必再记住　否定自己的旧创造，51:6, 彼后 3:13。

不必绕心头。

¹⁸ 只须你们欢愉，永远忻喜

于我的创造，因为

看哪，我要造耶路撒冷为"忻喜"　磨难结束，锡安复兴。

造她的子民为"欢愉"。

¹⁹ 我必忻喜于耶路撒冷　如新郎迎新娘，62:5, 启 19:7, 21:2。

欢愉在我的子民。

从此，城内再不闻哭声或哀叹； 勾画新耶路撒冷，启 21:4。

²⁰ 从此，那儿再无婴儿夭折

也没有老人寿数未满；

那百岁而卒的只算青年， 废人类 120 岁寿限，创 6:3。

不足百岁的，算受了诅咒。 病残灾祸，源于神意，申 32:39。

²¹ 他们要建房，自己住

以赛亚书·下篇 - 341

要栽葡萄，自己食；

²² 但不会建好让别人入居

或栽培了，任别人摘吃。

是的，我的子民必寿如大树，

我拣选的，双手所得要自家享用。 yeballu, 耗费、使用。

²³ 他们决不会白辛劳，

生儿女，也不必是种祸； behalah, 横祸、恐慌，诗 78:33。

不，他们是耶和华赐福的子实

后裔也个个如此。

²⁴ 并且不等他们呼求，我就应允

还在祈祷，我已垂听。

²⁵ 狼与羊羔要一起放牧， 回归创世之初，创 1:30。

狮子如牛，嚼着干草　借自 11:6 7。

而大蛇以尘土为食：依神的诅咒，创 3:14。此句似插注。

在我的整座圣山之上　同 11:9。

再无作恶，无伤亡

——耶和华有言。

## 废圣殿

### 六十六章

此乃耶和华之言：

诸天放我的宝座，大地做我的脚凳

那么何处你们能建我的殿　贬斥圣殿祭礼，太 5:34，徒 7:49 以下。

哪里，可供我安息？ 废亲选的圣所与立名之处，申 12:5, 11。

² 万物皆出于我手，

故而万物归我——耶和华宣谕——

但我要垂顾的是这人：归我，从七十士本。原文：乃成。

他贫苦，灵受了打击　旧译不确：虚心痛悔。太 5:3 注。

他因圣言而颤栗。形容虔敬。


³ 那宰公牛的，杀没杀人？或作：不啻杀人。指童子祭，57:5。

献上羔羊，又打断狗的颈子？

那备素祭的，可供了猪血？猪狗按律法属秽物，利 11:27 注。

焚完乳香，再拜孽偶？谴责子民调和信仰，拜异神，65:3–5。

既然这些人都选了歧路

把灵的喜悦寄予种种秽物，蔑称迦南祭礼。

⁴ 我也要选他们来愚弄　另作责罚，无定解。译文从七十士本。

叫他们最怕的临头！

因为我召唤，无人应答　同 65:12。

我讲话，无人肯听；

尽干些我眼中的恶事

专拣我不喜欢的去行。


## 大审判


⁵ 请听，耶和华的话，回到前章的天启主义理想，表信心，65:17。

因圣言而颤栗的人！

你们兄弟，那些仇视你们

奉我的名驱逐你们的　从此兄弟间冲突迫害，皆奉上帝之名。

说过：愿耶和华显荣耀

让我们看看，你们多幸福！嘲讽。

——然而，蒙羞的定是他们。

⁶ 听，城里阵阵喧嚷

似雷声，起于圣殿！与前诗背景不同，圣殿未废，仍是圣居。

啊，那是耶和华的雷霆，qol, 上帝的话音，26:21。

他在向仇敌施报应！

⁷ 她没等临盆，即已生产

不及阵痛，便诞了一个男孩。喻新天地降临之神秘、突然。启 12:5。

⁸ 这等事，可曾有谁听说　约 16:21。

谁见过如此种种？

一国，岂能一天娩出

一族人一次生完？

然而锡安刚一临蓐，就产下了

她的儿女。

　　　　　⁹ 开胎在我，我岂能不生？

耶和华有言。

　　　　　生育在我，我岂能闭宫？

你的上帝所言。

¹⁰ 欢庆吧，与耶路撒冷同乐

所有爱着她的人！

忻喜呀，一同喜庆

所有曾为她哀伤的人——

¹¹ 而你们，就可以吃饱她的奶

她的安慰，

可以美美地吮吸

她荣耀之乳头。ziz，另如钦定本：丰盈。

12 因为，此乃耶和华之言：

看哪，我要赐她平安如长河蜿蜒

并列国的财宝如山溪泛滥。财宝，ke<u>bod</u>，兼指荣耀。

而你们就有奶吃，被抱在胸口　参60:4注。

在膝上逗弄。

13 好比孩子要母亲抚慰　天父自比人母，49:15。孩子，直译：人。

我必给你们慰辑，

入耶路撒冷你们得安慰。

14 而你们见了，必喜上心头

身子骨如草木葳蕤。

是耶和华要人知道，他巨手

与仆人同在，而圣怒

已对准仇雠。


15 因为，看哪，耶和华在火中降临　传统意象，42:13。

他战车好似旋风，

他用烈火发泄怒气

炽焰熊熊，是他在呵斥。

16 是的，耶和华要降大火

要挥剑，审判一切肉身；参40:5注。火与剑的审判，意谓不饶恕。

他，必杀无数——

耶和华！

¹⁷ 而那自行称圣、取洁而入园子的，回放 65:3–5，祭"邪神"。

他们跟在当中那一个身后，那一个，指异教（女）祭司。

猪肉鼠肉什么秽物都吃：秽物，古叙利亚语译本：爬虫。

就一块儿灭了！耶和华宣谕。

¹⁸ 因我知道他们干了什么　原文无"知道"，据七十士本补。

又图谋什么。

## 新月复新月

来了！七十士本：我来。我要聚拢万族万舌，让他们来见证我的荣耀。万族归顺。¹⁹ 我要给他们立一征兆，从皈依的外邦选召传道人。派他们的逃生者走遍列国：逃生，反言抗拒必亡，45:20 以下。从拓西、见 2:16 注。利比亚、pul，校读：put，耶 46:9。开弓的吕迪亚，lud，小亚细亚西岸，结 27:10；另说在北非，即路德，创 10:13。到图巴和雅完，小亚细亚东部及希腊，结 27:13。以及遥远的诸岛，所有未听说我的声威、没见识我荣耀的地方——去向万族宣告我的荣耀。²⁰ 这些人要从各族中间把你们的兄弟全数领来，解放流散地的子民。作祭品敬献耶和华，不论骑马、乘车、坐轿、驾骡抑或单峰驼，齐集我的圣山，耶路撒冷——耶和华有言——就像以色列子民携洁净器皿，将献仪送上耶和华的殿堂。²¹ 并且，其中一些我还要立为祭司，做利未人，向外族开放神职，以合普世信仰之宗旨。耶和华有言。

²² 的确，一如我要造的新天新地

必常存于我面前——耶和华宣谕——

你们的子实、你们的名字

必永立。

²³ 于是新月复新月，守月朔，47:13 注。

安息日复安息日，一切肉身

皆要前来，向我叩拜，

耶和华有言。

²⁴ 而他们出去

便会看见那背叛我的，尸首狼藉：呼应 1:2, 59:13，主题：背叛。

这些人的蛆不死，火不熄，圣山下惨不忍睹，臭不可当。启 22:15。

必为一切肉身所憎恶。犹太会堂传统，诵经至此须重复上节。

二〇一二年七月初稿

一四年八月定稿

# 参考书目

拙译《以赛亚书》所据原文底本，跟之前的《摩西五经》《智慧书》与《新约》(2006，2008，2010) 相同：希伯来语《圣经》用德国斯图加特版 Kittel-Kahle-Elliger-Rudolph 传统本第五版 (Biblia hebraica stuttgartensia, 1997，简称 BHS)，希腊语《新约》则取斯图加特版 Nestle-Aland 汇校本第二十七版 (Novum testamentum graece, 1993，简称 NTG)，皆西方学界公认的权威。释义、串解、断句及风格研究，BHS、NTG 脚注所载异文异读之外，主要参考了六种经典西文译本，即希腊语七十士本、拉丁语通行本、德语路德本、法语圣城本、英语钦定本和犹太社本。

以下罗列本书上编论及或引用的典籍、译本、专著和文章，并一些相关的圣经学研究。排序按著/编者姓氏或中译名的汉语拼音和四声笔画。外国经典作家，中译名已约定俗成的，不附西文原名，如：奥古斯丁。

## A

阿甘本（Giorgio Agamben）：《语言的圣礼》(*The Sacrament of Language: An Archaeology of the Oath*), Adam Kotsko 英译，斯坦福大学出版社，2011。

艾磊拉（R. A. Herrera）：《沉寂的音乐》(*Silent Music: The Life, Work and Thought of St. John of the Cross*), Wm. B. Eerdmans Publishing Co., 2004。

《埃克哈文选》(*Meister Eckhart: A Modern Translation*), Raymond Blakney 英译，HarperOne, 1941。

艾尔曼：《造假：以上帝的名义写作》(*Forged: Writing in the Name of God - Why the Bible's Authors Are Not Who We Think They Are*), HarperOne, 2011。

奥古斯丁:《上帝之城》(*The City of God*), R.W. Dyson 译注, 剑桥大学出版社, 1998。


B

巴丢(Alain Badiou):《圣保罗》(*Saint Paul: The Foundation of Universalism*), Ray Brassier 英译, 斯坦福大学出版社, 2003。

包耶(Andrian Bowyer):《为什么会计师闷, 吉他手爽》, 载《时间压缩技术网刊》(*Time Compression Technology Magazine*) Vol. 15, Issue 3, 2007。

柏拉图:《理想国》, Paul Shorey 英译, 二卷, 哈佛/罗伯丛书, 2003。

伯特(Robert Burt):《旋风中》(*In the Whirlwind: God and Humanity in Conflict*), 哈佛大学出版社, 2012。

波斯纳:《法律经济学与法律实用主义》, 载《北大法律评论》14:1, 2013。

勃洛赫(Ernst Bloch):《基督教里的无神论》(*Atheism in Christianity*), J. T. Swann 英译, Verso, 2009。

博尔赫斯(Jorge Luis Borges):《诗艺六讲》(*This Craft of Verse*), 哈佛大学出版社, 2000。


C

查德维克(Henry Chadwick):《早期教会》(*The Early Church*), 修订版, 企鹅丛书, 1993。

常凯:《关于罢工合法性的法律分析》, 载《战略与管理》7/2010。

陈平:《新自由主义的警钟: 资本主义的空想与现实》, 观察者网, 2014.5.29。

陈徒手:《人有病天知否》, 修订版, 生活·读书·新知三联书店, 2013。


D

道金斯(Richard Dawkins):《上帝是错觉》(*The God Delusion*), Houghton Mifflin

Co., 2006。

德福（Rolland de Vaux）:《古以色列之生活与制度》(*Ancient Israel: Its Life and Institutions*), John McHugh 英译，Wm. B. Eerdmans, 1997。

德雷贺斯（Peter Drahos）:《知识产权哲学》(*A Philosophy of Intellectual Property*), Dartmouth, 1996。

F

菲罗（Philo of Alexandria）:《菲罗集》(*Philo*), F. H. Colson & G. H. Whitaker 英译，十卷，哈佛/罗伯丛书，1991。

冯象:《玻璃岛》，生活·读书·新知三联书店，2003。

冯象:《政法笔记》，增订版，北京大学出版社，2011。

冯象:《创世记：传说与译注》，修订版，生活·读书·新知三联书店，2011。

冯象:《宽宽信箱与出埃及记》，第二版，生活·读书·新知三联书店，2012。

冯象:《信与忘：约伯福音及其他》，生活·读书·新知三联书店，2012。

弗雷兹（Peter Frase）:《四种未来》，载《雅各宾》季刊（*Jacobin*），2013.2.11。

傅利门:《上帝之消失》(*The Disappearance of God: A Divine Mystery*), Little, Brown & Co., 1995。

G

高音:《舞台上的新中国》，中国戏剧出版社，2013。

格拉伯（Lester Grabbe）:《祭司、先知、智者：古以色列宗教专家之社会历史研究》(*Priests, Prophets, Sages: A Socio-Historical Study of Religious Specialists in Ancient Israel*), Trinity Press International, 1995。

H

哈克尼（编）:《非凡的时光》(*Legal Intellectuals in Conversation: Reflections on* the Construction of Contemporary American Legal Theory），榆风译，北京大学出版社，2016。

哈蒙德（Gerald Hammond）：《圣经英译》，载《圣经文学指引》（The Literary Guide to the Bible），Robert Alter & Frank Kermode 编，哈佛大学出版社，1990。

哈佐尼（Yoram Hazony）：《希伯来圣经哲学》（The Philosophy of Hebrew Scripture），剑桥大学出版社，2012。

黄觉：《戏剧和剧场的历史碎片——李畅访谈》，载《艺术手册》2014卷。

J

金凯伦（Karen King）：《何谓灵知派》（What Is Gnosticism），哈佛大学出版社，2003。

K

考茨基：《基督教之基础》，叶启芳等译，生活·读书·新知三联书店，1955。

柯丽茨娜（Judy Klitsner）：《圣经中的颠覆性接续》（Subversive Sequels in the Bible: How Biblical Stories Mine and Undermine Each Other），Maggid Books，2011。

科瓦可夫斯基（Leszek Kołakowski）：《上帝幸福否？》（Is God Happy? Selected Essays），Basic Books，2013。

克罗斯（Frank Cross）：《迦南神话与希伯来史诗》（Canaanite Myth and Hebrew Epic: Essays in the History of the Religion of Israel），哈佛大学出版社，1973。

孔德-思朋维尔（Andre Comte-Sponville）：《论无神论的灵性》（The Little Book of Atheist Spirituality），Nancy Huston 英译，Viking，2007。

库格尔（James Kugel）：《怎样读圣经》（How to Read the Bible: A Guide to Scripture, Then and Now），Free Press，2007。

库兹韦尔（Ray Kurzweil）：《奇点临近》（The Singularity Is Near: When Humans Transcend Biology），Viking，2006。

L

李斯特:《契约即身份:"中国好声音"的法理学批判》,载《清华法律评论》7:2/2014。

列文森(Jon Levenson):《爱子的死与复活》(*The Death and Resurrection of the Beloved Son: The Transformation of Child Sacrifice in Judaism and Christianity*),耶鲁大学出版社,1995。

柳鸣九:《杨周翰的"矜持"》,载《文汇报》,2007.9.17。

M

马蒂(Martin Marty):《基督教世界》(*The Christian World*),现代文库,2007。

《马克思恩格斯选集》,中央编译局编译,第二版,人民出版社,1995。

迈尔斯(Jack Miles):《上帝传》(*God: A Biography*),Vintage Books,1996。

麦克弗森:《林肯传》(*Abraham Lincoln*),田雷译,中国政法大学出版社,2016。

N

纳德勒(Steven Nadler):《一切可能世界中最好的那个》(*The Best of All Possible Worlds: A Story of Philosophers, God and Evil*),Farrar, Straus & Giroux,2008。

尼采:《苏鲁支语录》,徐梵澄译,商务印书馆,2010。

努兰(Sherwin Nuland):《麦蒙尼德》(*Maimonides*),Schocken Books,2005。

O

欧麦利(John O'Malley):《西方的四种文化》(*Four Cultures of the West*),哈佛大学出版社,2004。

P

帕尔蒂丝(Ilana Pardes):《圣经里的反传统:女性主义解读》(*Countertraditions in the Bible: A Feminist Approach*),哈佛大学出版社,1992。

帕斯卡:《思想录》(*Pensées*), A. J. Krailsheimer 英译,修订版,企鹅丛书,1995。

佩格尔思(Elaine Pagels)a :《亚当夏娃与蛇》(*Adam, Eve and the Serpent: Sex and Politics in Early Christianity*), Vintage, 1989。

皮文睿(Randall Peerenboom):《中国的法治长征》(*China's Long March toward Rule of Law*), Cambridge University Press, 2002。


S

萨拉马哥(Jose Saramago):《该隐》(*Cain*), Margaret Costa 英译, Mariner Books, 2012。

斯布福德(Francis Spufford):《红色的富裕》(*Red Plenty*), Graywolf Press, 2012。

《死海古卷》(*The Complete Dead Sea Scrolls in English*), Geza Vermes 英译,企鹅丛书,1998。

《死海古卷圣经》(*The Dead Sea Scrolls Bible*), Martin Abegg, Peter Flint & Eugene Ulrich 译注, HarperSanFrancisco, 1999。


T

陶伯斯(Jacob Taubes):《保罗的政治神学》(*The Political Theology of Paul*), Dana Hollander 英译,斯坦福大学出版社,2004。

涂四益:《我国宪法之"公共财产"的前生今世》,载《清华法学》5/2015。


W

瓦尔泽(Michael Walzer):《上帝庇荫》(*In God's Shadow: Politics in the Hebrew Bible*),耶鲁大学出版社,2012。

王晶:《集体协商谈判制度须以劳工三权为基础》,载《战略与管理》9/2011。

王为衡:《中国共产党入党誓词的演变及其解读》,载《中直党建》,2015.7.1。

维尔麦希(Geza Vermes):《犹太人耶稣》(*Jesus the Jew: A Historian's Reading of* the Gospels), Fortress Press, 1981。

苇叶（Simone Weil）:《致教士》（Letter to a Priest），企鹅丛书，2003。

X

希克（John Hick）:《言成肉身之神的比喻》（The Metaphor of God Incarnate），修订版，SCM Press, 2005。

Y

雅各斯（Alan Jacobs）:《原罪》（Original Sin: A Cultural History），HarperOne, 2008。

杨周翰:《饮水思源——我学习外语和外国文学的经历》，载《外语教育往事谈：教授们的回忆》，上海外语教育出版社，1988。

易社强（John Israel）:《战争与革命中的西南联大》，饶佳荣译，传记文学出版社，2010。

优西比乌（Eusebius of Caesarea）:《教会史》（Historia ecclesiastica），二卷，哈佛/罗伯丛书，2000。

于明:《法条主义、实用主义与制度结构》，载《北大法律评论》14:1, 2013。

约瑟夫:《全集》（《犹太战争》《犹太史》《自传》和《斥阿比安》），H.St.J. Thackeray 等英译，十三卷，哈佛/罗伯丛书，1926–65。

约西波维奇（Gabriel Josipovici）:《上帝之书》（The Book of God: A Response to the Bible），耶鲁大学出版社，1988。

Z

《中国宗教报告（2010）》，金泽/邱永辉编，社会科学出版社，2010。

《宗教哲学文选》（Ten Essential Texts in the Philosophy of Religion: Classical and Contemporary Issues），Steven Cahn 编，牛津大学出版社，2005。